JN022379

設計のための建築環境学

みつける・つくるバイオクライマティックデザイン
第2版

日本建築学会 編

第2版の刊行にあたって

　本書は、バイオクライマティックデザイン（以下BD）の魅力を多くの人に伝えたいという思いのもと、2011年に刊行された。本書が刊行されて10年、その間多くの人に届けられ、ご好評いただいてきたことに加えて、第2版の刊行が実現したことは、委員一同にとって大きな喜びである。執筆者をはじめとして関わって下さった全ての方々に深く感謝申し上げたい。

　今回の主たる改訂内容は以下の通りである。
1）法改正への対応と情報の更新
・省エネ法の改正による地域区分の変更や外皮平均熱貫流率（U_A値）への対応
・初版から10年間の情報を年譜やコラムに反映
・2010年以降に設計された事例の追加
2）内容の拡充
実際に授業等で使用した経験を元に、初学者が学びやすい構成とした。
・BD概念と本書で学べることを一覧に整理
・1章に「エネルギー」を追加し、建築環境学の基礎分野を補強
・環境要素から設計へのプロセスが学べる「地域の気候」と「環境をカタチに」を
　追加
・資料編の内容精査および解説文の追加

　さらには、全体を通じて、内容の更新や拡充および、より伝わりやすい表現への見直しが行われており、本改訂を経て、より実践的でかつ使いやすくなったのではないかと自負している。
　本書が刊行された2011年は東日本大震災が起こり、今回は新型コロナウイルスが世界中で感染拡大を続けている最中での改訂作業となった。こうした災害や感染症の世界的流行は、BD概念の重要性を示唆している。BDを普及させ、持続可能な地域環境や地球環境の創造に寄与することが委員一同の目指すところである。そのためにも、本書がこれまで以上に多くの人に届くことを願っている。

2021年3月

日本建築学会　企画刊行運営委員会
バイオクライマティックデザイン改訂本作成小委員会
主査　廣谷純子

はじめに

　本書の出版の動機は、委員会委員全員の「バイオクライマティックデザインを広めたい！」という強い気持ちにあった。地球温暖化防止という喫緊の課題に迫られ、環境に配慮した真に快適で美しい建築を広めたい、設計してもらいたい、使ってもらいたいという気持ちである。別な視点から言えば、「建築環境学を建築デザインに活かして欲しい」ということである。建築家や学生諸君に、バイオクライマティックデザイン（ＢＤ）の思想や本質、実際の性能や快適さを知ってもらえれば、ＢＤの普及が大きく促進される。それが結果的に地球環境保全につながるという思いである。

　この裏には、あまりに原理を知らない、あるいは、知っていても実際の設計に活かさない建築家や、意匠ばかりに気を取られて中に住む人のことを考えずに設計課題を行う学生諸君がいるという事実がある。また、学生に人気のある「建築家」の中には、環境共生建築や環境配慮などの言葉と一線を画する方々がいるという悲しい現実もある。

　ＢＤを、若い建築家や学生に理解してほしいという目的を遂げるために、本書の内容として当初からあがっていたアイデアは、下記の４点である。

　１）環境配慮型建築の良さをわかってもらうには、体感してもらうのが一番早い！
　　　自分でできる実験を紹介して体感してもらう。それも現象を見えるようにするとわかりが早い。
　２）環境配慮型建築の設計に役に立つものを載せる
　　　ＢＤの設計に必要な資料と実例をあげることが必要。
　３）使用者のコメント・評価も入れる
　　　実際の性能（快適性など）は、住宅であれば居住者、つまりその建築の使用者の評価が一番正しい。
　４）「バイオクライマティックデザイン」の定義・説明をする
　　　ＢＤとは何？　と聞かれたとき、自信を持って答えられないという声が委員からあがり、ＢＤを定義することが必要。
　さらに、ＢＤの定義をするには、ＢＤにつながる歴史をはっきりさせる必要がある。そこで、ＢＤに含まれるであろう、建築計画原論、バウビオロギー、ＰＬＥＡ、環境共生建築といった日本や世界の動きを示そうということになった。これらの歴史は、今、まとめておかないとわからなくなってしまうという心配があった。

一方、具体的に出版を考える時になって、出版社から「教科書として使えるもの」という注文がついた。しかし、これはもともと「実験・体感」のところで現象の解説をすることになっていたので特に問題はなく、むしろ、建築環境学を建築デザインに結びつけるという本書の特色を強化することに役立った。

　以上のような経緯から、紆余曲折を経て、現在の本書の構成が生み出された。すなわち、2章を、①実験的なこと（見つける：見える化）、②その現象の解説（特に建築環境学の教科書的な部分）、③ＢＤに有用な資料（設計資料）、④実例（設計資料＋使用者のコメント）という構成とし、本書の中心的な位置づけとした。また、3章は、ＢＤの代表例とＢＤに関係する概念の解説（コラム）を年代ごとに示すことにより、ＢＤの系譜を明確にし、ＢＤを理解するための一助となるようにした。1章は2章を理解するために必要な建築環境学の基礎的な事項であるが、これも2章に準じて「見える化」を心がけた。

　建築は本来「安全で安心、快適、美しい」ものであるが、現在はこれに「環境配慮：二酸化炭素排出量削減」を加えることが求められている。「建築の定義」が変わっているのである。さらに、今後10～20年のうちにゼロ・エネルギー建築（年間のCO_2の排出量が0）とすることが求められており、さらにはＬＣＣＭ（Life Cycle Carbon Minus）建築（太陽光発電などにより、長期間［建築の生涯］でみるとCO_2の排出量がマイナス、つまり自然エネルギーですべてを賄いお釣りがくる建築）に変わってゆくであろう。本書の編集を通して明らかになった、現時点でのバイオクライマティックデザインの定義・説明を8頁にまとめた。本書が、バイオクライマティック・アーキテクチャー、すなわち、「安全安心で、気候に適応した快適で環境に優しく、そして、美しい建築」の早期普及の一助となることを、委員一同、心から祈念している。

日本建築学会　環境工学本委員会　熱環境運営委員会
バイオクライマティックデザイン小委員会
主査　須永 修通

企画刊行運営委員会
バイオクライマティックデザイン企画刊行小委員会
主査　長谷川兼一

目次

1章　目でみる建築環境

2章　みつける・つくる建築環境

3章　バイオクライマティックデザインの系譜とデザイン手法

デザイン：長島恵美子（長島デザイン）

バイオクライマティックデザインとは
What is Bioclimatic Design?

「バイオクライマティックデザイン（Bioclimatic Design）」という言葉が初めて使われたのがいつかは定かではないが、気候と建築デザインの関係を示した本として著名な『Design with Climate』（Victor Olgyay, 1963）には、"Bioclimatic Approach to Architectural Regionalism" という副題があり、これが原点と思われる。Bioclimatic Design は、直訳すれば「生物気候学的デザイン」であり、当初は「生態系と気候と人間（の環境）を調和させた建築」、すなわち、「その地域の自然環境や風土に適した人間に快適な建築デザイン」を意味していたと理解される。

類語に「パッシブデザイン」がある。これは「地域の気候に合わせて快適な環境をなるべく少ない化石エネルギーで達成する建築デザイン」を意味すると考えられるが、Bioclimatic Design（以下BDと略す）にはより明確に「生態系をも含めた」という意味があり、さらに現在では「地球環境保全のための」という意味合いが強くなっている。換言すれば、現在のBDは「その地域の自然に合致し地球環境を維持できる人間に快適な建築デザイン」と言える。これは、コラム3（120頁）で示される「環境共生住宅」の定義とほぼ同じである。

また、小玉祐一郎は、「近未来の住宅：6つの原則」、すなわち、

①環境負荷を減らす（省エネ・長寿命）
②健康的な建物をつくる
③自然との接点を増やして快適に住む
④内と外のバランスを考える
⑤等身大の技術を使い、居住者参加のしかけをつくる
⑥高度情報技術のメリットを生かす

を示している。これは、BDを設計に活かすためにより具体的に示したものととらえられる。

さらに、本書では建築の使い方・住まい方、換言すれば使用者の意識が重要であるという考え方を強く示している。BDが本書の内容すべてを包含するものであるとすれば、BDは建築の運用までをも強く考慮し

It is not exactly clear when the term "Bioclimatic Design (BD)" was first used, but the well-known book "Design with Climate" (Victor Olgyay, 1963), which included the subtitle "Bioclimatic Approach to Architectural Regionalism" to show the relationship between architectural design and climate, is thought to be among the first. BD is bioclimatology-based design and was initially understood to refer to buildings that are designed with humans in harmony with the ecosystem and climate. Or, in other words, architectural design for human comfort that is suitable for the local climate and environmental conditions.

A similar term is "Passive Design". This term is considered to refer to architectural design that achieves a comfortable indoor space that suits the local climate with minimal fossil energy use. In contrast, BD more clearly indicates the inclusion of the ecosystem, and has now further taken on a stronger sense of designing for the conservation of the global environment. Put another way, BD at present refers to architectural design for human comfort that matches local natural conditions and sustains the global environment. This definition is almost the same as the one for "Environmentally Symbiotic Housing" shown in Column 3 (page 120).

Moreover, Yuichiro Kodama describes the six principles for houses in the near future as follows:

1. Reducing environmental impact (promoting energy efficiency and long life)
2. Building structures oriented towards human health
3. Increasing contact with nature and living comfortably
4. Considering the balance between indoor and outdoor spaces
5. Using appropriate technology to create mechanisms with which residents can participate
6. Leveraging advanced information technology

たものとなる。建築の運用は使用者、すなわち、人間が行う。それを、積極的に、楽しんで行うのが BD である。したがって、本書で言う BD は「その地域の自然に合致し、地球環境を維持できる、人間に快適かつ悦びを与える建築デザイン」となる。

　下図に、委員会で作成した BD の概念を示す。この図には使用者の意識まではうまく表現されていないが、気候と人間の関係を表す生気候学（Bioclimatics もしくは Bioclimatology）の考え方を採り入れて、あるいは建築と気候と人間の相互の影響を考慮して、建築内外での光、熱、風、水の動きをデザインする BD の考え方が示されている。

　この BD の考え方を採り入れて設計された建築が、バイオクライマティック・アーキテクチャー〈安全安心で、気候に適応した快適で環境に優しく、そして、美しい建築〉となるのである。

日本建築学会バイオクライマティックデザイン小委員会

methods

This can be considered a more concrete way of adopting the BD approach in design.

Furthermore, this book expressly shows how to manage and live in buildings by strongly imparting the idea that the attitude of the user is important. If BD encompasses the entire contents of this book, then it also strongly takes building operations into consideration. Buildings are operated by their users, i.e., humans. Actively carrying out these operations with joy is a core principle of BD. Therefore, the BD described in this book refers to architectural design that matches local natural conditions, sustains the global environment, and provides comfort and joy to humans.

The figure below shows the concept of BD developed by the committee. Although the attitude of the user is not reflected well, the figure incorporates the concept of bioclimatics or bioclimatology to express the relationship between climate and humans, and to consider the interactions between architecture, climate, and humans. It can also be used to show the BD approach of designing in consideration of the environmental factors such as light, heat, wind, and water inside and outside the building.

A building designed by adopting this BD approach is bioclimatic architecture – a safe, secure, climate-adapted, comfortable, environmentally friendly, and beautiful building.

Subcommittee of Bioclimatic Design, AIJ

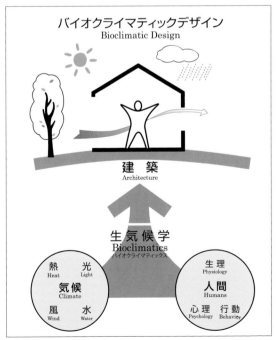

バイオクライマティックデザイン概念図
Concept of Bioclimatic Design.

バイオクライマティックデザインがめざすもの

小玉祐一郎

1

パッシブデザインの古典とされるV. オルゲーの著書『Design with Climate』（1963年）に、バイオクライマティックチャートという図がある。渡辺要編著『建築計画原論 Ⅲ』（丸善、1965年）では「生気候図」と訳されて紹介されている。温湿度、風速、放射が人体の快適さにどのように影響するか、ヤグローの図をもとにして、わかりやすく示したもの。冬と夏の快適範囲を示し、それが風や放射の加減によってどの程度拡大されるかが一目瞭然なので、設計の目安を得たいと考えている設計者にもありがたい図だ。快適さは外界の条件だけで決まるものではなく人間側のメタボリズムにも左右されることを示すこの図の名称には、気候と生物の相互的関係を扱う生気候学の認識が反映されていてなるほどと思う。環境や気候は人間の活動に影響を与えるが、一方的なものではないとする認識はいわゆる環境決定論とは似て非なるもの。人間の環境に対する働きかけをも重視するこのようなまなざしは、建築を考えるときの重要なポイントなのである。

2

中国語起源の風土という言葉は、季節の循環に対応する土地の生命力に由来するといわれる。中国語には気候のほかに物候という言葉もある。気と物。それらは「二十四節気七十二候」のように用いられ、季節の循環に対応する地上の変化を表すものとされる。土地の生命力には人間の活動も含まれ、それが地域固有の文化を創造し、歴史として土地に刻まれる。日本の各地に伝わる風土記はそのようなものだ。そのような自然と人間の総体をあらためて風土と捉えたのが和辻哲郎であった。「地霊」（ゲニウス・ロキ）[*1]や批判的地域主義[*2]という概念にもつながる。

バイオクライマティックデザインは、人間と環境が相互的な依存関係にあると考えるのが基本だ。この考えは、パッシブデザインの国際的ネットワークであるPLEAにも受け継がれ、発足以来のキーワードとして定着している。生物と環境との関係学は一般に「生態学」と呼ばれるが、この意味でいえば、エコロジカルデザインの概念ともきわめて近い。

いまなぜ、バイオクライマティックデザインなのか——それは次代の環境を創造するためには、上述したような風土の再認識が不可欠と考えられるようになったからである。自然と人間の関係の在り方があらためて問われているのだ。

3

20世紀は、人類史上初めて手中にした豊富なエネルギーと資源を用いて、人工環境を実現した時代である。風土の如何に関係なく、一定の快適性を力任せに室内にもたらす技術が出現した時代であるといってもよいであろう。過酷で不順な天候の悩みから人類を解放したといえるほど、その恩恵は絶大であった。しかしながらそのような技術を支える化石エネルギーへの過剰な依存が、一方で、地球環境問題の一因となり、さまざまな意味で自然と人間の関係をいびつにしたと考えられるようになった。

またその一方で、過剰なエネルギーや資源の消費が、結果として土地固有の生命力—ポテンシャルを削ぎ、生活を彩る風土の豊かさを消失させてきたと考えられるようになったのだ。既に明らかなように、バイオクライマティックデザインの第一歩は地域のポテンシャルを発見することから始まる。そのポテンシャルを生かすことがデザインであり、それによってこそ、閉ざされた人工環

境では代替できぬ居住環境が創造されると、以前にもまして強く考えられるようになったのだ。

4

　もちろん、なにが望ましい居住環境かは個人の価値観によるところが大きい。なにがポテンシャルであるかは観察者の感性や資質にも左右される。バイオクライマティックデザインの作業は、自然と共生する居住環境の価値を共有し、風土のポテンシャルを発見し、分析する感性や能力を培うことから始まるだろう。次いでそれらを理論化・体系化してデザインにつなげる。これはかつての建築計画原論*3そのものだといえるのではないか。

　試みにその価値をあげてみよう。自然との接点をもち、自然との交感が可能であること、心地よいこと、健康的であること……。それを達成するためには、パッシブな

等身大の技術を駆使し、居住者の意識や参加を促すことが重要であること、そしてなによりも、自然のポテンシャルを低下させる環境負荷を減らすために省エネ・脱エネであること。そして可能であれば、建築をすることによって自然のポテンシャルを減らすのではなく逆に増やすこと……。

　ヴァナキュラーな建築と多くの接点を持ちながら、高度な解析技術を必要とすること、おそらくそのためにはITの活用が有効であること……。このどれかに関心がある人は数多く居るだろう。その中にはそれぞれの分野の専門家である人も少なくないだろう。この本では関連する多くの分野の記述がされるが、繰り返すように人間の感覚と建築デザインの効果が対話的に、総合的に論じられるのが、バイオクラマティックデザインたるところだ。専門の垣根を越えて、融通無碍な議論に展開していくことに期待される。

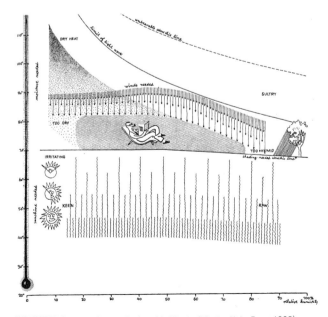

生気候図（出典：Victor Olgyay, *Design with Climate*, Prinston Univ. Press,1963）

註
*1　クリスチャン・ノルベルク＝シュルツ『ゲニウス・ロキ』加藤邦男・田崎祐生訳（住まいの図書館出版局、1979年）。建築史家鈴木博之にも『東京の地霊』（文藝春秋、1990年）という著作がある。
*2　ケネス・フランプトン「クリティカル・リージョナリズム」『現代建築史』（中村敏男訳、青土社、2003年）。
*3　もともと建築計画学の一分野として位置づけられていたが、急速に発展普及した建築設備技術を含む分野として新たに確立された建築環境工学に統合された（1964年）。それゆえ、設備技術の興隆の時期には計画原論の意義が薄れたと考えられた時期もあった。

バイオクライマティックデザイン建築を設計しよう

本書は、バイオクライマティックデザイン（BD）概念を構成する環境要素を学び、BD建築を設計するための教科書である。

1章ではBDを構成する環境要素（気候、光、熱、風、人間、エネルギー）の基礎、2章では現象を視覚的に理解して設計に生かす方法を学べるよう構成している。そして「環境をカタチに」（88頁）では、環境に配慮した設計プロセスを具体的に紹介した。

さらに3章では、環境技術や国内外のBD建築の系譜や情報を提供。各年代の代表的なBD建築のなかから、複数の環境要素を採用し建築デザインとして統合している事例も紹介している。

巻末には、設計時に必要となる基準値や物性値等の参考資料を用意した。本書を活用して、新たなBD建築を創造してほしい。

1章で学ぶ環境要素と2章で紹介するデザイン要素

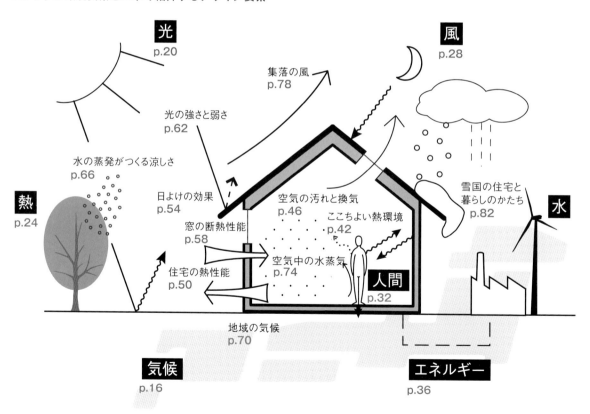

光 p.20
風 p.28
集落の風 p.78
光の強さと弱さ p.62
水の蒸発がつくる涼しさ p.66
日よけの効果 p.54
空気の汚れと換気 p.46
ここちよい熱環境 p.42
雪国の住宅と暮らしのかたち p.82
水
熱 p.24
窓の断熱性能 p.58
空気中の水蒸気 p.74
住宅の熱性能 p.50
人間 p.32
地域の気候 p.70
気候 p.16
エネルギー p.36

3章で紹介する事例と環境要素と技術

事例	光	熱	風	水	エネルギー	調整行動
聴竹居 (1928) p.100			換気、排熱→屋根裏、排気口、導気口、地窓		地中熱利用→導気筒	・通気口の季節調整
Domo Multangla (1936) p.101		空間構成による熱取得→サンルーム		雨水利用→天水槽		・人糞や台所ごみの燃料、たい肥利用 ・敷地内での作物生産や燃料の確保
日土小学校 (1958) p.102	採光と遮光→すりガラス、傾斜天井	日射遮蔽→小庇、ルーバー	空間構成による風の制御→水路のある中庭 換気、排熱→地窓、欄間窓	蒸発冷却→川、水路		・地窓や欄間窓の開閉調整（夏）
NCRビル (1962) p.103		外皮による熱の制御→ダブルスキン、エアフローウインドー	排熱、換気→ダブルスキン、下窓			・自然換気口の開閉調整
札幌の家・自邸 (1968) p.104	採光と遮光→太鼓張り障子	開口部での熱損失の低減→複層ガラス、太鼓張り障子、カーテン				・太鼓張り障子や厚手カーテンの開閉調整（冬）
つくばの家I (1984) p.106		熱容量の確保→RC外断熱 開口部での日射取得→南面の大開口 日射遮蔽→壁面緑化、落葉樹	通風→吹き抜け、南北窓、夜間通風用の窓		地中熱利用→無断熱の床タイル 太陽光利用→太陽光発電パネルの設置 木質バイオマス利用→薪ストーブ	・夜間通風のための窓の開閉（夏） ・植栽の手入れ ・薪割り
相模原の住宅 (1992) p.110		熱容量の確保→コンクリートブロック壁（外断熱）、基礎 日射遮蔽→保存樹木、壁面緑化、庇			空気式屋根集熱システム→給湯、床暖房 地中熱利用→地下室 木質バイオマス利用→薪ストーブ	・植栽の手入れ ・地下室と地上階の環境を生かした使い分け ・すだれやゴーヤによる壁面緑化（夏）
アシタノイエ (2004) p.116	採光→光壁 外部空間による光の制御→斜面からの反射	開口部の熱損失の低減→真空複層ガラス、光壁 熱容量の確保→潜熱蓄熱体を入れた床、外壁 屋根の遮熱・冷却→屋上緑化				
オレンジリビングベース (2017) p.118	空間構成による光の制御→北面窓、高窓 採光と遮光→太鼓張り障子	熱容量の確保→RC外断熱、放射パネル 日射遮蔽→テラス、外付けすだれ 屋根の遮熱・冷却→屋上緑化	換気、排熱→高窓		木質バイオマス利用→薪ストーブ	・季節に応じた心地よい居場所の選択行動（フリーアドレス）

本書で取り上げた技術で整理

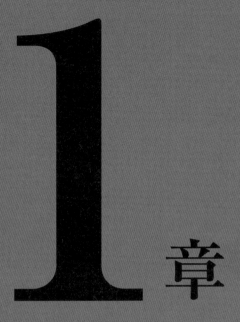

1章

目でみる建築環境

バイオクライマティックデザインの基礎を学ぶ。

建物が建つ地域の気候特性、
建物の中や人間のまわりの光や熱、風などの現象をイメージできるビジュアルと、
その現象を解説した建築環境学の基礎理論で構成する。
この章では、地域特有の気候の様子を知り、
建物の中でおこる光、熱、風の現象、環境に対する身体の反応、
建物とエネルギーの関係を学ぶことで、
バイオクライマティックデザインによってつくられる
建築環境をとらえる目を養おう。

気候 季節によって変わる地域特有の様子

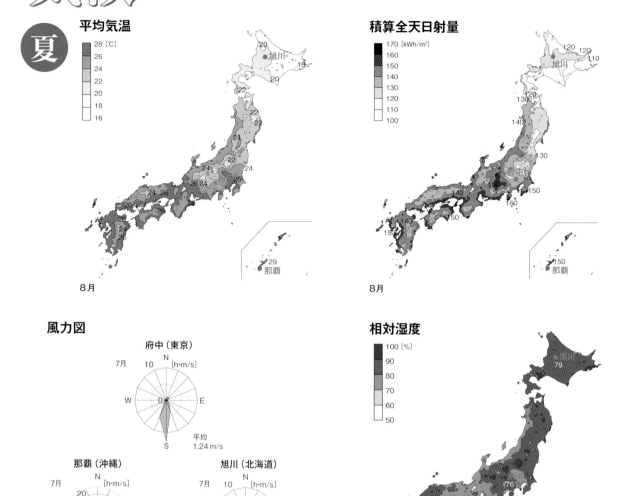

夏

平均気温

28 [℃]
26
24
22
20
18
16

8月

積算全天日射量

170 [kWh/m²]
160
150
140
130
120
110
100

8月

風力図

府中（東京）
7月 N [h・m/s]
10
W — E
0
S
平均 1.24 m/s

那覇（沖縄）
7月 N [h・m/s]
20
10
W — E
0
S
平均 2.80 m/s

旭川（北海道）
7月 N [h・m/s]
10
W — E
0
S
平均 1.44 m/s

相対湿度

100 [%]
90
80
70
60
50

79

76

79
那覇

8月

■ 気温

人間の「温熱快適性」に最も影響を及ぼす環境要素。温度の高低だけでなく、年間変動、日較差*にも地域による差がある。

1月の日本の平均気温は－10℃程度から＋10℃程度まで、20℃もの差がある。沖縄や九州は気温が高く、北海道内陸部が最も低い。8月の平均気温は16℃から30℃程度まで14℃の差がある。内陸部は沿岸部に比べて低く、北海道東部が最も低い。

*日較差：1日における最低気温と最高気温の差。

■ 日射

日本に四季があることは一般に知られているが、地域によりそれぞれの四季の訪れや長さが異なる。四季の様子の違いは全天日射量*にもよく表れる。

冬の日射量は、夏のほぼ半分しか得られない。日本全土の日射量は1月は日本海側と太平洋側で、8月は東日本と西日本で大きく異なる。

*全天日射量：水平面における全日射量（直達日射量［22頁］と天空日射量の合計値）。気象台などで通常測定される値。

16、17頁の気象マップは『拡張アメダス気象データ1981-2000』（日本建築学会編、2005年）による。

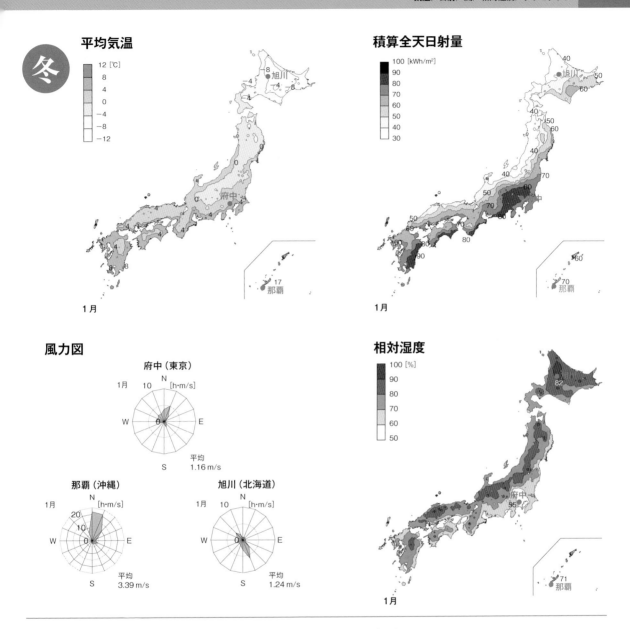

冬

平均気温

12 [℃]
8
4
0
−4
−8
−12

1月

積算全天日射量

100 [kWh/m²]
90
80
70
60
50
40
30

1月

風力図

府中（東京）

那覇（沖縄）　　　旭川（北海道）

相対湿度

100 [%]
90
80
70
60
50

1月

■ 風

　夏の涼房には、建物内への風の導入は欠かせない。該当地点の風速は、地形や周辺建物の状況により大きく異なり微気候を形成するが、周辺地域の風速には特徴がみられる。

　各月における各風向の平均風速と頻度割合を掛け合わせた風力図により、各季節の卓越風とその勢いを知ることができる。上図によると、旭川は1月に南南東、7月に北北西、府中は1月に北北東、7月に南、那覇は1月に北、7月に南南西の風が強い。また、1月には府中の3倍もの強さの風が吹く。

■ 相対湿度

　夏の湿度（相対湿度）は、南から湿った空気が日本列島に流れ込むため全国的に高い傾向となるが、気温が高い関東等の都市部では湿度が低い傾向となる。一方、海からの湿気を多く含む空気が流れる沖縄等の島嶼地域や、降水量が多い地点等では湿度が高い傾向にある。

　冬の湿度は、気温が低く積雪の多い北海道や日本海側、山間部等で高くなり、晴天が多く山間部から乾燥した空気が流れ込む太平洋側を中心に低い傾向となる。

地域特有の気候

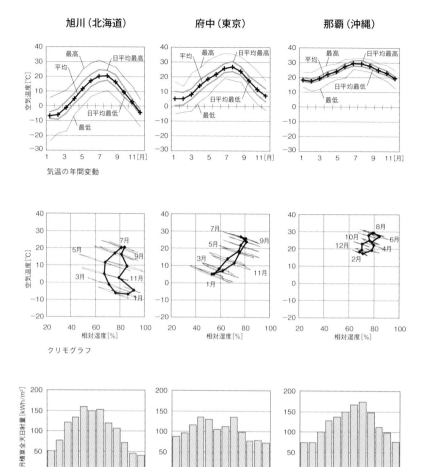

旭川（北海道）　府中（東京）　那覇（沖縄）

気温の年間変動

クリモグラフ

月積算全天日射量の年間変動

気温の年間変動

　各月の平均気温に加え最高（低）気温、日平均最高（低）気温を示すことで、各都市の日較差と年間変動をみることができる。旭川の1月の平均気温は－6℃程度であるが、最寒日には－24℃にも達する。8月は日平均最高気温で24℃、最暑日で31℃になる。府中の冬は零下になることもあり、夏は最暑日で36℃と那覇より高温になることがある。那覇では最寒日でも10℃を下回ることがなく、最高は32℃程度で年間の気温変動が小さい。

クリモグラフ

　各月ごとの平均空気温度と平均相対湿度を示すクリモグラフに、時々刻々の点も併せて示す。各地の気候特性と共に、各月の日較差もわかる。旭川は年間を通して気温の日較差が大きく、－9℃から25℃まで変動する。湿度は夏から秋、冬にかけて高く、春には低い。府中は年間0℃から30℃まで変動し、湿度は冬低く夏高い。那覇は年間を通して気温変動、日較差が小さく、湿度の変動も小さい。

日射量の年間変動

　月積算全天日射量の年間変動を示す。3地域とも夏の日射量が多い。旭川と府中の年平均の月積算全天日射量はほぼ等しいが、旭川のほうが年間変動は大きい。那覇は年平均の月積算全天日射量が大きく年間変動が大きいが、冬でも70kwh/m²以上の日射量がある。

クリモグラフの読み方

　クリモグラフは2種類の気候要素を縦軸と横軸にとり、直交座標上にプロットした図である。ここでは縦軸を空気温度、横軸を相対湿度とする。右図は、ローマと府中のクリモグラフを重ねたもの。ローマは、冬は気温・湿度共に府中より高く、夏は府中と同等の気温であるが相対湿度が低いことがわかる。

　さらに、月ごとの日平均気温と相対湿度を併せて示すことで、年間の変動と共に日変動を知ることができる。この図には1月と8月の日変動も併せて示した。

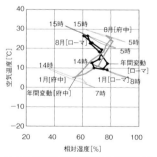

ローマ（イタリア）と府中（東京）のクリモグラフ

風力図の読み方

　右図の左は各方位から吹く風の頻度がわかる「風配図」、中央は各方位からの平均風速がわかる「風速分布」を示す。通風や防風を考える際、頻度が高く、風速が大きい方位に着目する。そのため、両者を掛け合わせたものを右に示し、これを「風力図」と呼ぶことにする。

　ローマの7月は平均風速が2.55m/sで、主風向は西である。風速は北寄りの方が大きいため、風力図も西と西北西が大きくなり、この方向からの風を取り入れられるようにするとよいことがわかる。

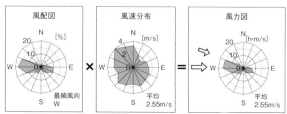

ローマ（イタリア）の7月の風向・風速

省エネ法における地域区分

令和元年 省エネルギー基準地域区分*

「住宅の省エネルギー基準」で分類された8つの地域区分。期間暖房負荷と相関の高い暖房デグリーデー（度日）（D_{18-18}）を指標とし、市区町村の行政単位で区分。地域区分ごとに断熱性能などの基準が定められている。　＊市町村ごとに地域区分を定めている。

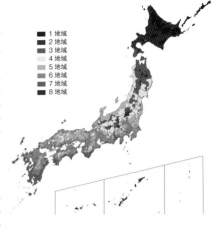

地域区分	年間暖房度日 D_{18-18}	主な該当都道府県						
1・2地域	3,500 以上	北海道						
3地域	3,000 以上 3,500 未満	青森県	岩手県	秋田県				
4地域	2,500 以上 3,000 未満	宮城県	山形県	福島県	栃木県	新潟県	長野県	
5・6地域	1,500 以上 2,500 未満	茨城県	群馬県	埼玉県	千葉県	東京都	神奈川県	富山県
		石川県	福井県	山梨県	岐阜県	静岡県	愛知県	三重県
		滋賀県	京都府	大阪府	兵庫県	奈良県	和歌山県	鳥取県
		島根県	岡山県	広島県	山口県	徳島県	香川県	愛媛県
		高知県	福岡県	佐賀県	長崎県	熊本県	大分県	
7地域	500 以上 1,500 未満	宮崎県	鹿児島県					
8地域	500 未満	沖縄県						

年間の日射地域区分

「住宅の省エネルギー基準」で規定されている「年間の日射地域区分」は、太陽熱利用給湯設備の集熱量の計算および太陽光発電設備の発電量の計算に適用され、日射量の多寡により5つの地域区分（A1～A5）から構成される。

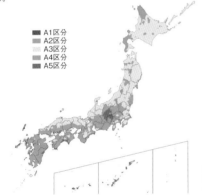

暖房期の日射地域区分

「住宅の省エネルギー基準」で規定されている「暖房期の日射地域区分」は、蓄熱利用による暖房負荷の低減を評価する場合に適用され、暖房期の日射量の多寡により5つの地域区分（H1～H5）から構成される。

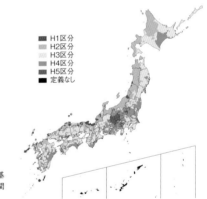

出典：建築研究所「平成28年省エネルギー基準に準拠したエネルギー消費性能の評価に関する技術情報（住宅）」2020年

暖房デグリーデー（度日）D_{18-14}

地域の寒さを表す指標であり、住宅などにおける一冬の暖房に必要な概算熱量、あるいは概算燃料費を計算するときに用いられる。

一般に、暖房開始、終了時期には、外気温がやや低くても暖房しないことが多い。そのため、日平均外気温 θ_{om}、暖房設計室温 θ_i、暖房開始・終了温度を θ'_{om} とすると、θ_{om} が θ'_{om} 以下となる n 日間について、$(\theta_i - \theta_{om})$ を合計した値がデグリーデーとなる。一冬の暖房に必要な熱量はデグリーデーを用いて下式で求められる。

$$H_{h(season)} = \overline{KS} \times 24 \left(\sum_{1}^{n} (\theta'_{om} - \theta_{om(n)}) + n(\theta_i - \theta'_{om}) \right) [Wh/シーズン]$$

（下線部：デグリーデー）

$\overline{KS}$：総合熱貫流率

アメダス（AMeDAS）

日本の気象状況を地域的、時間的に把握するために気象庁が設置した地域気象観測システムで、四要素（降水量、風向・風速、気温、相対湿度）*を含む地点として約840カ所設置されており、気象庁のウェブサイトから過去の時刻別データ等をダウンロードすることが可能である。またアメダスをベースに標準年気象データや自然風利用・制御のためのデータ等、数値解析や設計に役立つデータが広く整備されている。

＊2021年3月4日より順次変更。

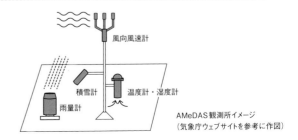

AMeDAS観測所イメージ
（気象庁ウェブサイトを参考に作図）

光

昼
12:30

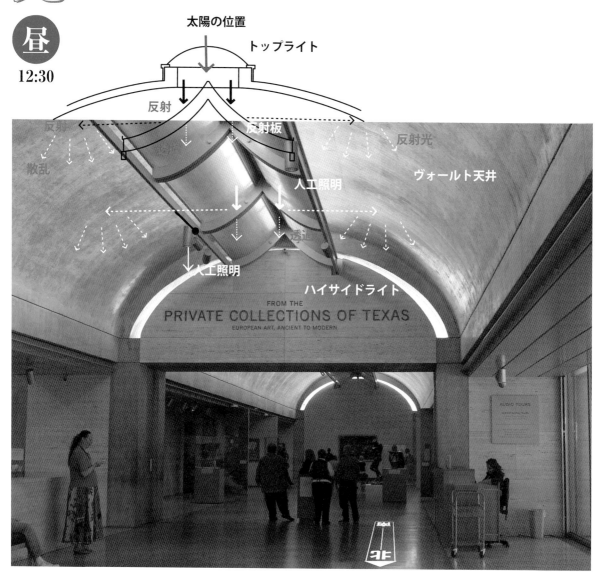

太陽の位置

トップライト

反射

反射板

反射

反射光

散乱

ヴォールト天井

人工照明

人工照明

透過

ハイサイドライト

FROM THE
PRIVATE COLLECTIONS OF TEXAS
EUROPEAN ART, ANCIENT TO MODERN

AUDIO TOURS

写真中のオレンジ色文字は現象を、白色文字は設計要素を表す

■ 自然光の特徴

　自然光は時刻や季節によって変化する。地球の自転が1日の変化をもたらし、さらに地球の自転軸（地軸）が公転軸に対して約23.4°傾いていることによる太陽高度の違いが、季節の変化をもたらす。

　太陽から放たれた自然光は、チリや大気に当たって拡散する天空光と、大気中で拡散せず地表に届く直射光に分けられる。直射光はとても強い光で、快晴時には10万ルクス（lx）を超える。これは一般的な人工照明による室内照度である500 lxの200倍に相当する。

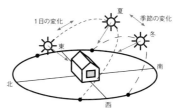

太陽の動きと開口部の位置関係

南中時の太陽高度
自然光が差し込む様子と太陽の関係を見る際、時刻ごとの太陽方位角と共に、太陽が最も高い位置になる南中時の太陽高度を考えるとよい

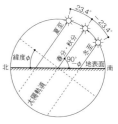

夏至（冬至）の南中高度 ＝ 90°－（緯度）±*23.4° 　*夏至（＋）、冬至（－）

キンベル美術館／設計：ルイス・カーン

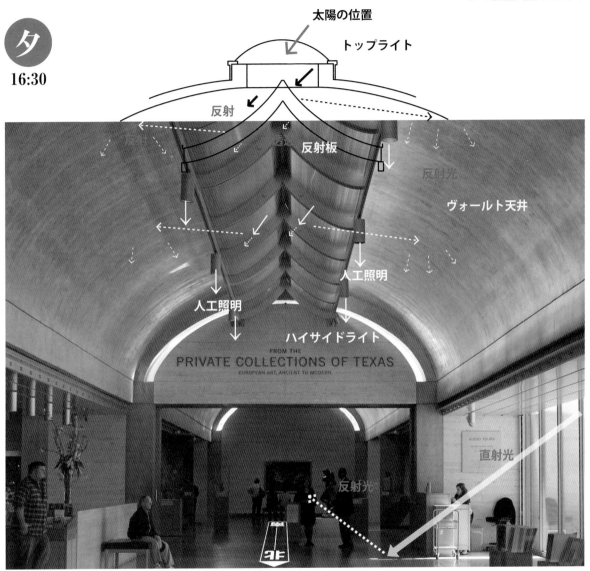

夕
16:30

太陽の位置
トップライト
反射
反射板
反射光
ヴォールト天井
人工照明
人工照明
ハイサイドライト
FROM THE
PRIVATE COLLECTIONS OF TEXAS
EUROPEAN ART, ANCIENT TO MODERN
直射光
反射光

■ 自然光と窓の関係

　自然光が室内に差し込む様子は、窓の面積と位置の影響が大きい。窓の面積が同じならば、トップライトやハイサイドライトのように床面より高い位置にある窓の方が、床面で受ける光の量が大きい。

　窓から自然光を取り入れる際には、直射光をそのまま採り入れるだけでなく、反射板を使う、半透明な素材を透過させて拡散させるなどの方法によって、変動の大きい自然光を柔らかく均質にすることを検討する。

　キンベル美術館ではヴォールト天井の中央に連続

的に開けられたスリット状のトップライトから自然光を採り入れている（上写真）。採り込まれた光は弓型のメッシュ状のアルミ製反射板によってヴォールト天井へ反射し、コンクリート打放しの天井が均質で柔らかな反射光で満たされた後、さらに細かな反射光となって床全体に届く。一方で、メッシュ状の反射板を透過した光は、天井面からの反射光と混じり合い、柔らかく均質な自然光で満たされた空間を生み出す。太陽高度が低くなる夕方はトップライトからの自然光が弱まり、ハイサイドライトから直射光が入る。

1．直射光と天空光

　太陽エネルギーは、太陽から地球に向かう電磁波（放射）で、紫外線、可視光線、赤外線域に分けられる（図1）。波長が 0.48 マイクロメートル（μm）で最大強度となる。太陽の表面温度はおよそ 6,000 K と推定されている。人の目が知覚できる可視光線の領域は、0.38 ～ 0.78 μm である。

　太陽エネルギーを「光子（こうし）」という粒子群の流れとしてイメージすると、太陽から地球に向かってほぼ平行に放たれた光子群は、大気圏に突入すると、一部は大気中の分子（窒素、酸素、水蒸気や塵など）に衝突して散乱・吸収される（図2）。残りは方向をあまり変えずに大気をすり抜けて地表に到達する。昼間に空全体が明るいのは、光子の散乱による。この空全体から地表に届く光子群を「天空光（天空日射）」という。すり抜けて直進して地表に届く光子群を「直射光（直達日射）」という（図3）。大気中のさまざまな分子に衝突し吸収された光子は、分子を激しく振動させ、自らの振動数は小さくなる（短い波長から長い波長へと変化）。このことから、太陽エネルギーは「短波長放射」、吸収後、分子からの再放射エネルギーは「長波長放射」（3.0 ～ 30 μm）という。

　一般に、短波長放射（光）は普通単層ガラスを透過するが、室内表面からの（熱）放射は長波長放射なのでガラスを透過しない。温室で日中に温度が高くなる「温室効果」はこのことによる。低放射（Low-E）複層ガラスは、近赤外線以上の長波長の放射を透過しにくく（図1）、低放射膜のある室内側ガラスから屋外側ガラスへの放射も小さいので普通単層ガラスより断熱性が高い。

2．照度と輝度

　太陽を光源とする自然光や電気設備による電灯光は、建築を構成する開口部、壁面などで透過や反射を繰り返し、室内の光環境を形成する。光環境を表す指標には「照度」と「輝度」がある。

　光は光源を出た後、空間を伝わり壁面などに入射する。面に入射する光束（こうそく）（単位時間あたりの光のエネルギー量）の単位面積あたりの密度を「照度」という。照度は対象物を「照らしている」度合いを表す指標で、受照面の光量である（図4）。単位はルクス（lx）。

　「輝度」は、光または光が当たっている部分を目で見たときの光量である（図5）。ある方向から光源面を見たときの「光度」を、その方向への光源のみかけの面積で割った値。輝度が高すぎるとグレア（まぶしさ、34頁）を生じ、不快感や疲労を引き起こす。「光度」は、点光源の光の強さで、点光源からある方向へ発する単位立体角あたりの光束量である。単位はカンデラ（cd）。

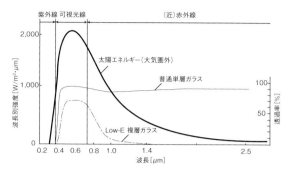

図1　太陽エネルギーの波長別強度とガラスの波長別透過率

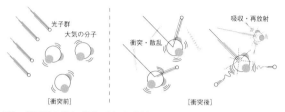

図2　「光子」の衝突・散乱・吸収・再放射のイメージ

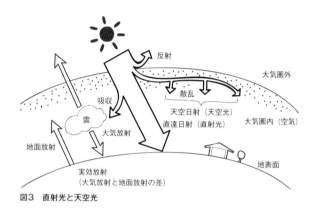

図3　直射光と天空光

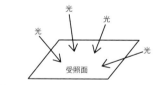

図4　照度の考え方

$$受照面に入るすべての光 = 光束 [lm（ルーメン）]$$

$$照度 [lx（ルクス）] = \frac{光束 [lm]}{受照面の面積 [m^2]}$$

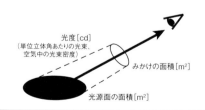

$$輝度 [cd（カンデラ）/m^2] = \frac{光度 [cd]}{みかけの面積 [m^2]}$$

図5　輝度の考え方

3．採光（昼光照明）

　建築設計の際は、自然光（昼光）を積極的に採り入れた、「昼光照明」を計画すべきである。その利点は、電灯用の電力を要しない（省エネルギー、省コスト）、最大光量が大きい、演色性が良いなどである。一方、グレアの原因になるほか、天候によって大幅に変動し、室内全体に均一に光を行き渡らせることが難しいので、十分に配慮した採光計画が求められる。

1）採光方法の種類（図6）

・側窓採光：一般的な壁面にある側窓からの採光。構造・保守が容易、通風が可能。対向面に窓がないと、窓際と室奥での室内照度分布が不均一になりやすい。

・天窓採光：屋根面にある窓からの採光。トップライトという。建築基準法では、天窓は側窓の3倍の採光効果があるとされている。構造・保守が難しい。降雨・積雪時に窓を開放できない。

・頂側窓採光：ハイサイドライトという。壁面上部や天井面より高い位置に設けられた側窓からの採光。鉛直面の照度を上げられる。面積の大きい室内に対して比較的均一に採光できる。美術館の展示空間などに適する。

2）均斉度（図7）

　教室や事務所など高作業性が求められる空間は、「均斉度」は1.0に近い方が良い。休息や落ち着きが求められる空間は、均斉度は低い（光のムラが多少ある）方が良いとされる。

3）昼光率（図8）

　「昼光率」は、昼光が得られる室内での最低限の明るさを表す指標である。室内の対象点における昼光（天空光のみ）の採り入れやすさで、全天空照度と室内の対象点の照度の比（％）である。昼光率は室内の位置によって異なる。天空光のみを対象とするのは、昼光照明にとって有利な晴天時ではなく、不利な曇天時に昼光だけで照度がどれくらい確保できるかを確認するためである（昼光率は曇天日が日本よりも多い欧州で生まれた指標）。曇天日（全天空照度5,000 lx）で昼光率が10％の場合、室内照度は500 lxになる。

　昼光率や均斉度を向上させる建築的工夫に、図9の例がある。これらは入射光を壁面や天井面で拡散させ、室奥に導く方法である。効果の高い方法としては、a）高窓や天窓を設ける、b）窓形状は縦長より横長にする（もしくは、縦長の窓を並列する）、c）水平ルーバー・ブラインドなどの設置、d）室内の壁面や天井面反射率を高める（極端に高めるとグレアが生じる）、e）拡散性の高い窓ガラス、障子を採用するなど。窓を確保することが困難な建物では、反射鏡を使って採光する（光ダクト）方法がある。

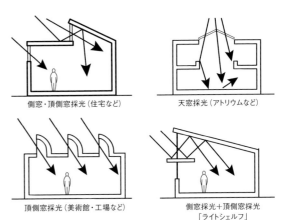

図6　採光方法の種類

（各図ラベル）側窓・頂側窓採光（住宅など）／天窓採光（アトリウムなど）／頂側窓採光（美術館・工場など）／側窓採光＋頂側窓採光「ライトシェルフ」

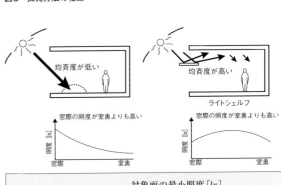

図7　均斉度の考え方

（図内）均斉度が低い／均斉度が高い／ライトシェルフ／窓際の照度が室奥よりも高い／照度[lx]／窓際／室奥

$$均斉度[-] = \frac{対象面の最小照度[lx]}{室内平均照度[lx]}$$

$$または、\frac{対象面の最低照度[lx]}{対象面の最高照度[lx]}$$

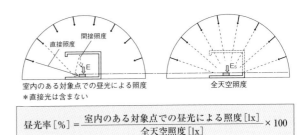

図8　昼光率の考え方

（図内）間接照度／直接照度／室内のある対象点での昼光による照度／全天空照度／＊直接光は含まない

$$昼光率[\%] = \frac{室内のある対象点での昼光による照度[lx]}{全天空照度[lx]} \times 100$$

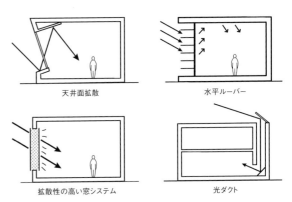

図9　昼光率・均斉度を向上させる建築的工夫

（各図ラベル）天井面拡散／水平ルーバー／拡散性の高い窓システム／光ダクト

23

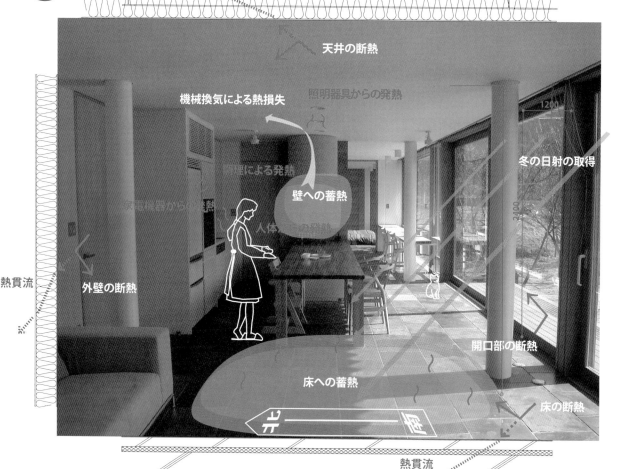

冬

熱貫流

天井の断熱

機械換気による熱損失

照明器具からの発熱

冬の日射の取得

調理による発熱

壁への蓄熱

家電機器からの発熱

人体への発熱

熱貫流

外壁の断熱

開口部の断熱

床への蓄熱

床の断熱

熱貫流

写真中のオレンジ色文字は現象を、白色文字は設計要素を表す

■ 冬の室内での熱の流れ

　太陽高度の低い冬は、日射が室内の奥深くまで入り込む。一方、室内では人間の行動によってさまざまな熱が発生する。これらの熱は、高温（室温20〜22℃）の室内から低温の外部へ、窓、壁、天井、床を通して流れる（熱貫流）。断熱の強化やすきま風を抑えるなど気密を確保することによって、外部に流れる熱の速さを抑えることができる。また、日中は集熱面となる開口部も、夜間は熱放出の大きな部分となり、断熱戸を設けるなどの工夫が必要になる。

　石やコンクリートなどの熱容量の大きな素材を室内に用いることで、日中の日射熱を蓄え（蓄熱）、その後夜間の放熱によって室温の変動幅を小さくすることができる。

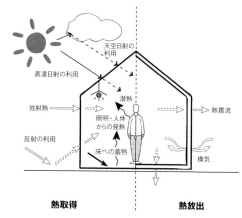

天空日射の利用

直達日射の利用

潜熱

放射熱

照明・人体からの発熱

熱貫流

反射の利用

床への蓄熱

換気

熱取得　　　　　　**熱放出**

冬季の建築の役割：熱取得を最大にして熱放出を最小にする

高知・本山町の家／小玉祐一郎＋エステック計画研究所

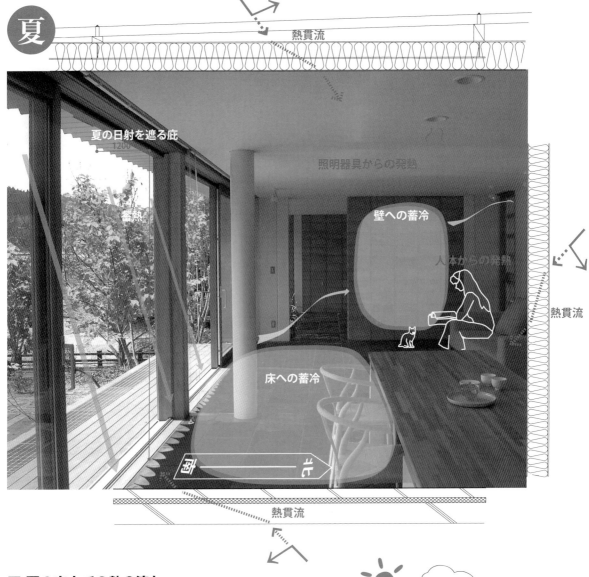

夏

熱貫流

夏の日射を遮る庇
1200

照明器具からの発熱

蓄熱

壁への蓄冷

人体からの発熱

熱貫流

床への蓄冷

南　北

熱貫流

■ 夏の室内での熱の流れ

　夏の日中は、日射を直接室内に入れないことが原則である。その際、庇やルーバー、樹木などによって窓の外で日射を遮へいする方法が、熱取得を小さくする効果が高い。外壁や屋根の断熱強化によって、日射熱や周囲からの放射熱を抑えることができる。また、直射日光が当たらないよう二重屋根にしたり、外壁に通気層を設けたりすることで、気温の高い外部から流れ込む熱を抑えることができる。

　室内で発生した熱を外部に速やかに放出するため、換気、通風の計画にも考慮する必要がある。外気温が下がる夜間に換気を行い、コンクリートなどの熱容量の大きな素材に冷気を蓄えることで翌日の冷却効果をもたらす。

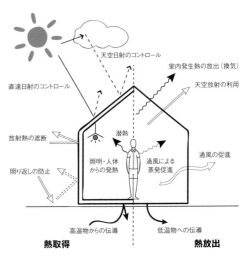

夏季の建築の役割：熱取得を最小にして熱放出を最大にする

1．伝熱の原理

伝熱（熱のふるまい）には放射、対流、伝導がある（図1）。蒸発は一般に、伝熱に含まれないが、ここでは蒸発も含めて紹介する。

1）放射（熱伝達）

高温面から低温面への電磁波による熱伝達。すべての物質の表面は、その温度に応じて振動し電磁波を放出する。高温面と低温面の両面から電磁波が放たれるが、高温面からの電磁波は低温面からの電磁波よりも強いので、正味分の放射熱伝達は高温面から低温面となる。

2）対流（熱伝達）

固体の表面とそれに触れる流体（気体や液体）の間に温度差があるときの高温部から低温部への熱伝達。熱伝達量は流体速度に比例する。

3）伝導（熱伝導）

同一固体の内部、もしくは接する異種の固体間に温度差があるときに、高温部から低温部への（隣り合う分子を通じての）熱の移動。

4）蒸発

主として液体水が周囲空気から熱を得て気化し、水蒸気になる相変化にともなう熱の移動。周囲空気から奪われる熱を「蒸発潜熱」という。

放射による熱移動量（放射熱伝達量：q_r）[W/m²]
= 放射熱伝達率 α_r [W/(m²·K)] × 温度差 [K]

対流による熱移動量（対流熱伝達量：q_c）[W/m²]
= 対流熱伝達率 α_c [W/(m²·K)] × 温度差 [K]

熱伝導量（伝導による熱移動量：q_{co}）[W/m²]
= 熱伝導率 λ [W/(m·K)] × 温度差 [K] × $\dfrac{1}{材料厚さ [m]}$

K（ケルビン）：絶対温度（0 K ＝ － 273.15℃）
＊放射・対流を合わせて「総合熱伝達」という（次項「壁体の熱貫流」を参照）。

2．壁体の熱貫流

屋根、壁体、床、窓などの外皮を貫く伝熱を「熱貫流」という。外皮周囲での放射、対流の熱伝達と外皮内部での熱伝導からなり、その大きさは「熱貫流率」で表す。

総合熱伝達率は放射と対流の熱伝達率の和である（表1）。壁体の室内側と室外側の総合熱伝達率は風速によって異なる。室外側は風速が大きいので対流熱伝達率も大きい。なお、室内空気、外気の熱伝達抵抗はそれぞれの総合熱伝達率の逆数、壁体内における熱伝導抵抗[（m²·K）/W]は、材料の厚さ d[m]／材料の熱伝導率 λ [W/(m·K)] である。

表1　壁体の総合熱伝達率

	室内側	室外側　[W/(m²·K)]
放射熱伝達率	5.0	5.0
対流熱伝達率	4.0	18.0
総合熱伝達率	9.0	23.0

＊屋根、天井、床の値は異なる。

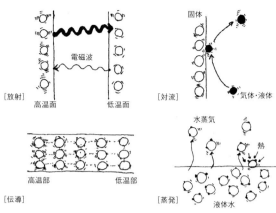

図1　熱のふるまいのイメージ

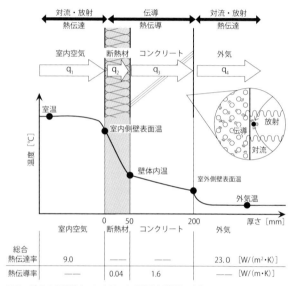

図2　壁体の熱貫流（コンクリート壁体[内断熱]の例）

熱貫流率（U 値）・熱貫流量の計算例

外気温 0℃、室温 20℃とする。コンクリート（厚さ150mm）と断熱材（厚さ50mm）の壁体（図2）の熱貫流率 U は、各部位の熱伝達抵抗とその総和（熱貫流抵抗 R）の逆数である。各部位の熱貫流量 q_1、q_2、q_3、q_4 は熱貫流率 U に内外温度差を乗じた熱貫流量 q [W/m²] である（$q_1=q_2=q_3=q_4=q$）。

室内空気 熱伝達抵抗 $r_1 = \dfrac{1}{室内側総合熱伝達率}$
$= \dfrac{1}{9.0}$ (m²·K) / W
（表1参照）

断熱材 熱伝達抵抗 $r_2 = \dfrac{厚さ [m]}{熱伝導率 [W/(m·K)]} = \dfrac{0.05}{0.04}$ (m²·K) / W

コンクリート 熱伝達抵抗 $r_3 = \dfrac{0.15}{1.6}$ [(m²·K) / W]
（図2、4参照）

外気 熱伝達抵抗 $r_4 = \dfrac{1}{室外側総合熱伝達率} = \dfrac{1}{23.0}$ (m²·K) / W
（表1参照）

熱貫流抵抗 $R = (r_1+r_2+r_3+r_4) = 1.49$ (m²·K) / W

熱貫流率 $U = \dfrac{1}{熱貫流抵抗 R} = 0.67$ W/(m²·K)

熱貫流量 $q =$ 熱貫流率 U × （内外温度差）
$\fallingdotseq 0.67 \times (20 - 0) = 13.4$ W/m²

3．建築の断熱性・気密性

建築の熱損失は、外皮（図3の④＋⑤＋⑥＋⑦）からの放熱分と換気・すきま風（図3の⑧）の放熱分の和である。建築の「断熱性」は「外皮平均熱貫流率（以下、U_A値）」の大きさで評価する。U_A値は外皮からの熱損失量を総外皮面積で除した値で小さいほど断熱性が高く、室温を維持しやすい。また、平均放射温度（MRT）と室温が概ね等しくなり、室内は快適で過ごしやすい熱環境になる。

「気密性」を高めるためには、換気・すきま風による熱損失のすきま風分を小さくする必要がある（必要換気量は確保する）。気密性とは外皮の「すきま」の少なさを示し、「相当すきま面積（以下、C値）単位：cm²/m²」で表す。C値は現場での実測値で小さいほど気密性が高い。気密化は、外からの冷気の侵入を抑えるとともに湿った室内空気を断熱された壁体内部に漏らさない技術である。

※「改訂省エネルギー基準」ではC値の基準が削除されたが、壁体の気密化は断熱化とともに重要である。

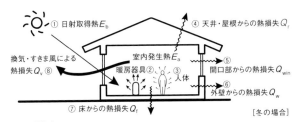

① 日射取得熱 E_b
④ 天井・屋根からの熱損失 Q_r
換気・すきま風による熱損失 Q_v ⑧
室内発生熱 E_a
暖房器具② ③ 人体
⑤ 開口部からの熱損失 Q_{win}
⑥ 外壁からの熱損失 Q_w
⑦ 床からの熱損失 Q_f
［冬の場合］

建築の熱収支
熱取得（①＋②＋③）＝熱損失（④＋⑤＋⑥＋⑦＋⑧）

図3　建築の熱収支

外皮平均熱貫流率（U_A値）の計算例

U_A値 [W/(m²・K)] は、室内外温度差が 1 K [℃] のとき、外皮面積 1 m² あたりの熱貫流量である。

1）外皮の各部位の熱損失（開口部 Q_{win}、外壁 Q_w、床 Q_f、天井・屋根 Q_r）を各部位の熱貫流率に各面積を乗じて求める。

各部位の熱損失 [W/K] ＝各部位の熱貫流率 U [W/(m²・K)] ×各部位の面積 A [m²]

2）各部位の熱損失の総和を外皮面積で除す（Q値）。

$$U_A [W/(m^2・K)] = \frac{外皮の総熱損失 [W/K]}{外皮面積 S [m^2]}$$

$$= \frac{開口部 Q_{win} ＋外壁 Q_w ＋床 Q_f ＋天井・屋根 Q_r}{S}$$

地域区分による外皮平均熱貫流率の基準値（改正省エネルギー基準：2013～）

地域区分	1	2	3	4	5	6	7	8
U_A値 [W/(m²・K)]	0.46	0.46	0.56	0.75	0.87	0.87	0.87	－

4．建築の蓄熱性

建築の蓄熱性は、建築材料の熱容量を生かすことによって高まる。周壁の熱容量による蓄熱効果によって室温の著しい変動を抑え、快適性を確保し、条件によっては省エネルギー性の向上に有効である。

熱容量は、容積比熱（単位体積あたりの材料の温度を1 K上昇させるために加える熱量の大きさ）と材料容積の積である。蓄熱性の大きい材料は、コンクリートや石、土である。土は昔から壁や床（土間）の材料として使われてきた。一方、断熱材や合板などの木材の熱容量は小さい。空気（空隙）を多く含む材料は熱容量が小さいと考えてよい。ガラスの容積比熱は大きいが、建築では板状で使われる場合がほとんどで容積が小さいため熱容量は期待できない（図4）。

断熱性が良く、熱容量が小さい場合（主として木造、図5上）、暖房による室温上昇は早いが、暖房を停止すると室温は低下する。断熱性が良く、熱容量も大きい場合は室温の上昇・下降ともに緩やかで冬季を通して室温が安定している（図5下）。コンクリート造で、躯体の外側に断熱材を設ける「外断熱」はコンクリートの熱容量を生かす工法である（119頁）。建築の熱性能を最良にするためには、まず建築の断熱性を良好に（外皮平均熱貫流率を小さく）して、次に蓄熱性の向上を考えるべきである。

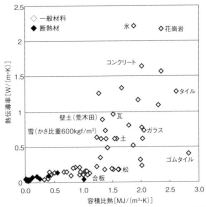

図4　建築材料の容積比熱・熱伝導率の関係（小原俊平、成瀬哲生作製。出典：日本建築学会編『建築設計資料集成 1 環境』丸善、1978年）

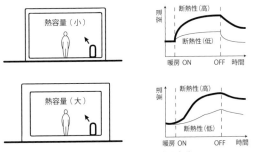

図5　断熱性と蓄熱性（熱容量の大小）による室温変動

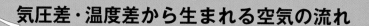
通風

通風を促進させる勾配天井

高窓

通風を考慮した欄間

開口部

通風

写真中のオレンジ色文字は現象を、白色文字は設計要素を表す

■ 風を取り込み涼を得る「通風」

「通風」の目的は、開口部から外気を積極的に取り込み、涼しさを得ることである。人間が感じる気流（可感気流）を取り込むことで、皮膚からの水分蒸発を促進させて体感温度を下げる。

地域の風向、風速を考慮し、風上側の開口部まわりに日影をつくって温度の低い風を取り込み、高い位置の開口部へ流れるようにするなど、風の入口、出口、通り道を連続して計画するとよい。また、居住者がコントロールしやすい開口部の形や開閉機構のほか、通風を導くための植栽や壁などの計画も重要である。

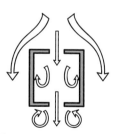

開口部と風向による風の流れ
建物の外形や室内の空間の形を考慮し、通風のための開口部を検討する

風をとらえる窓（ウィンドキャッチャー）
風速、風向は常に変化している。開口部の開閉方式を工夫することで風の変化に対応できる。縦軸回転窓や外開きなどは開口面と平行に吹く風に対しても採風が可能である

LCCM住宅デモンストレーション棟／基本計画：ライフサイクルカーボンマイナス住宅研究・開発委員会　設計：小泉アトリエ

換気・排熱

機械換気

排気、排熱を促進させる勾配天井

高窓

排熱

■ 空気を入れ換える「換気・排熱」

　快適な室内は新鮮な空気で満たされている必要がある。人間の呼吸にともなう二酸化炭素の増加のほか、熱や水分の発生、臭気、有毒なガス、ほこりなど、室内空気が汚染される要因はさまざまである。このような汚染空気を排出し、新鮮空気と入れ換えることが換気の目的である。

　自然換気には、地表の気圧差によって生じる風による風力換気、空気の温度差による温度差（重力）換気がある。いずれも圧力の高い方から低い方へ向かって生まれる空気の流れである。

　ファンによって強制的に気圧差を生じさせて換気を行う機械換気も、必要に応じて計画する。

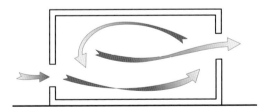

自然換気
気圧差や温度差で生じる風によって室内の汚染物質を排出する

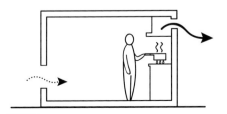

機械換気
局所的に発生する熱、水蒸気、臭気などを機械を利用して排出する

1. 換気の原理

　空気は圧力の高い所から低い所へ流れる。すなわち、換気の駆動力は圧力差である。いかなる換気形態であっても、換気はすべてこの圧力差を利用することになる。

　開口を通過する風量（換気量）Q は、ベルヌーイの定理（図1）に圧力損失を加味して、式（1）のようになる。

$$Q = a A \sqrt{\frac{2\Delta p}{\rho}} \quad \text{式（1）}$$

Q：換気量 [m³/h]　a：流量係数
A：開口部面積 [m²]　Δp：開口部両側の圧力差 [Pa]　ρ：空気の密度 [kg/m³]

　流量係数 a は開口の空気抵抗の度合いを示す（表1）。開口の配置は、図2に示すように並列と直列の場合が想定され、開口の実効面積 aA を合成できる。

2. 自然換気

1）風力換気

　建物に風が当たると、建物の壁や屋根面には圧力（風圧）が発生し、建物形状や立地条件に応じて圧力分布ができる。建物の風上側は圧力が大きくなり（正圧）、風下側では圧力が小さくなる（負圧）。壁面に開口部があれば、これらの圧力差によって空気が移動する。これが換気の駆動力となる。建物形状による風圧係数 C の分布は風洞実験や CFD 計算により求められている（図3）。

　風力換気は、風上側と風下側の風圧の差により生じる。風圧 P_W は風圧係数 C と外部風速 V を用いて、式（2）のようになる。風上側と風下側の圧力差は、式（3）のように、両者の風圧力の差より求めることができる（図4）。

$$P_W = C \cdot \frac{1}{2}\rho V^2 \quad \text{式（2）} \qquad \Delta P = (C_1 - C_2)\frac{1}{2}\rho V^2 \quad \text{式（3）}$$

C_1：風上側の風圧係数　C_2：風下側の風圧係数　V：外部風速 [m/s]

2）温度差換気

　建物の内外に温度差があると、空気の密度の差によって圧力差が生じ、換気が行われる。

　図6のような場合、暖房時には下部の開口から外気が入り、上部開口から室内空気が流出する。このとき、上下開口の圧力差 ΔP は、式（4）のように表現できる。

$$\Delta P = (\rho_o - \rho_i)gh \quad \text{式（4）}$$

ρ_o：外気の空気密度 [kg/m³]　ρ_i：室内の空気密度 [kg/m³]
g：重力加速度 [m/s²]　h：上下開口の距離 [m]
なお、空気密度は温度 θ の関数である。　$\rho = \dfrac{353.25}{273.15+\theta}$

　式（4）にみるように、室内外の圧力差は高さの一次関数となり、その傾きは室内外の温度差によって決まる。ある高さにおいて圧力差がゼロとなる部分が存在し、これを中性帯という。温度差換気により大きな換気量を得るためには、上下開口部の距離を確保し、開口部を天井付近と床付近に設ければよい（図7）。

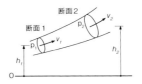

管路を流れる抵抗のない理想気体では、断面1、2間でエネルギーが保存される
$$p_1 + \frac{1}{2}\rho v_1^2 = p_2 + \frac{1}{2}\rho v_2^2 + \rho g(h_2 - h_1)$$

図1　ベルヌーイの定理

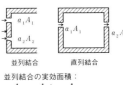

並列結合の実効面積：
$$a A = a_1 A_1 + a_2 A_2$$

直列結合の実効面積：
$$a A = \frac{1}{\sqrt{\left(\dfrac{1}{a_1 A_1}\right)^2 + \left(\dfrac{1}{a_2 A_2}\right)^2}}$$

図2　2つの開口の合成による実効面積の算出

表1　開口の種類と流量係数・圧力損失係数の例（$a = 1/\sqrt{\zeta}$）

名称	形状	流量係数 a	圧力損失係数 ζ	摘要
単純な窓		0.65～0.7	2.4～2.0	普通の窓等
刃形オリフィス		0.60	2.78	刃形オリフィス
ベルマウス		0.97～0.99	1.06～1.02	十分なめらかな吹出し口
よろい戸	β 90°	0.70		
	58°	0.58		
	50°	0.42		
	30°	0.23		

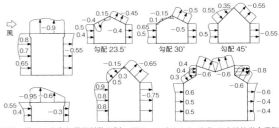

図3　風圧の分布と風圧係数の例（図1、3、表1とも、出典：日本建築学会編『建築環境工学用教材 環境編』丸善、2008年）

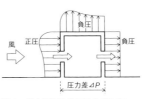

図4　風力換気の換気量の求め方
風上・風下側の開口面積を図2にしたがい合成して実効面積 aA を求め、式（3）の圧力差を式（1）に代入して換気量を算出する

図5　通風計画　建物の長手方向の面を卓越風に対し、±30°の範囲に正対させることが基本（出典：D. Watson et al., *Climatic Building Design*, McGraw-Hill, Inc., 1983.）

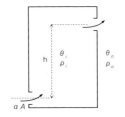

図6　温度差換気の換気量の求め方
上下の開口を直列結合として実効面積 aA を求め、式（4）の圧力差を用いて、式（1）により換気量を算出する
$$Q = a A \sqrt{2gh\left(1 - \frac{273.15+\theta_o}{273.15+\theta_i}\right)}$$

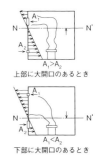

図7　間口のとり方と中性帯の位置　中性帯の位置（N－N'）は開口面積（A_1, A_2）の大きい方に近づく

3. 空気質と機械換気

1）機械換気の種類

空気は圧力の高い所から低い所へ流れる。この圧力差が、自然の力（温度差・風力）で生じて空気が流れ換気される場合を自然換気、機械力を利用する場合を機械換気という。機械換気には3種類あり、送風機と排風機の位置により分類される（図8）。

2）室内の空気質

空気質とは人間が吸い込む空気の物理的、化学的な性質と定義される。室内空気を構成する物質には、非常に多くの汚染物質が関連している。

室内には在室者（二酸化炭素、水蒸気、臭気等）や燃焼器具（二酸化炭素、一酸化炭素、硫黄酸化物、窒素酸化物、排熱、水蒸気等）、建築内装仕上げ（ホルムアルデヒド、VOC等）からさまざまな汚染物質が発生している（図9）。また、細菌、カビなどは主として屋外から侵入するが、室内で繁殖すれば、二次的に空気が汚染される。

一般に、これらの汚染物質の濃度は、屋外よりも室内の方が高いため、窓の開放や排煙、通風をはじめとした、換気が必要である。建築基準法やビル衛生管理法により環境基準が定められているほか、表2のように、主な汚染物質ごとに設計のための基準濃度も定められている。

3）室内の空気質濃度の予測と必要換気量

図10のように、単室の空間で、ある汚染物質が発生し、発生した瞬間に一様に拡散した状態（瞬時一様拡散状態）を仮定すると、室内の汚染物質濃度 p は次のように定式化できる。

増加中：$p - p_o = \dfrac{k}{Q}\left(1 - e^{-\frac{Q}{V}t}\right)$ 　式（5）

平衡状態：$p - p_o = \dfrac{k}{Q}$

減衰中：$p - p_o = \dfrac{k}{Q}\,e^{-\frac{Q}{V}t}$

p_o：流入外気の汚染物質濃度（m³/m³）
k：汚染物質の発生量（m³/h）
Q：換気量（m³/h）
V：空間の体積（m³）　t：時間（h）

室内の空気質を清浄に維持するためには、汚染物質の発生量 k に応じて換気量 Q を増やす必要がある（図11）。

汚染物質濃度を人体に影響のないレベルに保つために必要な換気量を必要換気量という。これは、式（5）の平衡状態の場合に、汚染物質の許容濃度（設計基準濃度）と発生量により算出でき、以下の式（6）となる。

必要換気量［m³/h］
$=\dfrac{\text{汚染物質の発生量［m³/h］}}{\text{室内の汚染物質濃度の許容値 ー 外気の汚染物質濃度}}$
　　　　　［m³/m³］　　　　　　［m³/m³］
　　　　　　　　　　　　　　　　式（6）

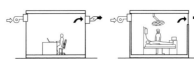

第1種機械換気	第2種機械換気	第3種機械換気
・室内圧を正圧、負圧いずれにも設定可能 ・漏気量に影響する内外圧力差を小さくできる ・熱交換機の採用が可能	・室内は正圧になる ・給気側に送風機、排気は自然に任せる ・給気以外からは空気が侵入することはない	・室内は負圧になる ・排気側に排風機、給気は自然に任せる ・排気以外からは空気を流出せず、汚染空気を局所的に排出できる

図8　機械換気の種類と特徴
（出典：建築の設備入門編集委員会編『「建築の設備」入門』彰国社、2005年）

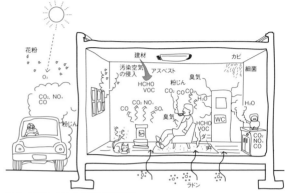

図9　建築における空気汚染源の例
（出典：加藤信介ほか『建築環境工学 第2版』彰国社、2002年）

表2　空気調和・衛生工学会の換気規準に定められている設計基準濃度

汚染物質	設計基準濃度	備考
二酸化炭素	1,000 ppm*	ビル衛生管理法（建築物環境衛生管理基準）の基準を参考

単独指標としての汚染物質と設計基準濃度

汚染物質	設計基準濃度	備考
二酸化炭素	3,500 ppm	カナダの基準を参考
一酸化炭素	10 ppm	ビル管理法の基準を参考
浮遊粉じん	0.15 mg/m³	（同上）
二酸化窒素	200 μg/m³	WHO（世界保健機関）の1時間基準値を参考
二酸化硫黄	350 μg/m³	（同上）
ホルムアルデヒド	100 μg/m³	厚生労働省の30分基準値を参考

＊ここに示した二酸化炭素の基準濃度1,000 ppmは、室内の空気汚染の総合的指標としての値であって、二酸化炭素そのものの健康影響に基づくものではない。すなわち、室内にある各種汚染物質の個別の発生量が定量できない場合に二酸化炭素の濃度がこの程度になれば、それに比例して他の汚染物質のレベルも上昇するであろうと推定する場合に用いる。
室内にあるすべての汚染物質発生量が既知であり、しかも、その汚染質の設計基準濃度が設定されている場合には、総合的指標である二酸化炭素の基準値1,000 ppmを用いる必要はない。この場合には、二酸化炭素自体の健康影響に基づく値、3,500 ppmを用いることができる。

（出典：空気調和・衛生工学会『SHASE-S 102-2011』2012年）

図10　汚染物質濃度の求め方
微小時間 dt における汚染物質の流出入バランスより次式が得られる。
$p_o \cdot Q \cdot dt + k \cdot dt - p \cdot Q \cdot dt = V \cdot dp$
この微分方程式に初期条件を与えれば、ある時刻 t での汚染物質濃度が求められる

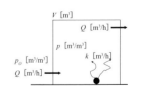

図11　汚染物質濃度の変動の例
汚染物質の発生にともない濃度が上昇し、十分な時間が経過すると、定常状態に達し、濃度は一定値に近づく。汚染物質の発生が停止した後は減衰し始め、外気の濃度に近づいていく（図7、11とも出典：田中俊六ほか『最新建築環境工学 第3版』井上書院、2006年。一部変更のうえ作図）

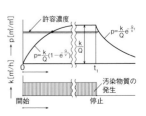

 室内環境に対する身体の反応

冬 夜：室温 24℃　相対湿度 30％

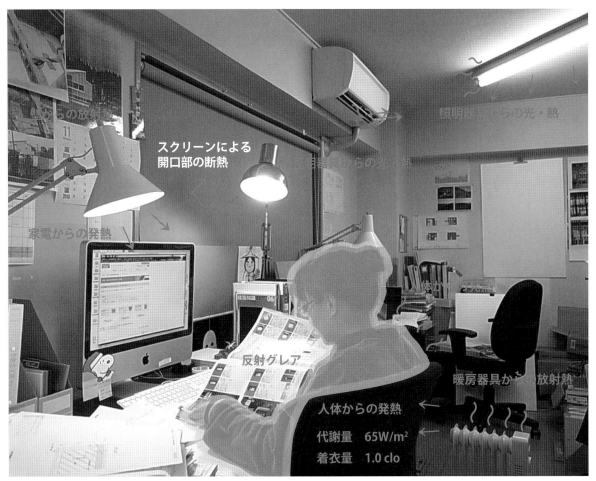

写真中のオレンジ色文字は現象を、白色文字は設計要素を表す

画像内のラベル：
- スクリーンによる開口部の断熱
- 照明器具からの光・熱
- 家電からの発熱
- 反射グレア
- 暖房器具からの放射熱
- 人体からの発熱
  - 代謝量　65W/m²
  - 着衣量　1.0 clo

■ 人間と光環境

光は、その波長によって人間が感じる印象が異なる。長波長の光は赤く、中波長の光は緑に、短波長の光は青く見える。たとえば夕焼けは、大気中を通過しやすい長波長の光が地表に到達することで、太陽が沈む方向の空が赤く見える現象である。不快に感じる光の状態として、金属などの光沢面や液晶画面に太陽光や照明などからの光が映り込み、見づらくなるグレア（まぶしさ）がある。

■ 人間の熱バランス

人間は発熱体であり（環境に対しては放熱体）、発熱量はおよそ 100 W の電球に相当する。代謝と放熱が動的に平衡することで、深部体温は約 37℃に保たれる。代謝が放熱を上回ると暑さを感じ、代謝が放熱を下回ると寒さを感じる。暑さ・寒さの感覚を温冷感といい、人間側の要素と、環境側の要素によって示される。

ある建築設計事務所にて

夏　昼：室温28℃　相対湿度70％

壁からの放射熱

太陽からの光

照明器具からの光・熱

自然風による対流

グレア

人体からの発熱

代謝量　65W/m²

着衣量　0.6 clo

皮膚からの水分蒸発

■ 冬と夏の熱環境

[冬] 人間周囲の空気や壁面が皮膚表面の温度より低いと、対流や放射の熱伝達により人間からの放熱量が増える。人間は、服を着込み（着衣量を増やす）皮膚からの放熱量を減らしたり、運動や震えによって代謝量を調整して発熱量を増やしている。室温や放射温度を上げる暖房は、放熱を減らし受熱を増やす目的がある。

[夏] 室温や放射温度が皮膚表面温より高いと身体からの放熱が小さくなる。人間は服を脱ぐことで放熱を促し、発汗で蒸発熱量を増やして体温上昇を抑える。通風は、人間周囲の空気を動かすことによって対流熱伝達を増やし、涼感を得る目的がある。

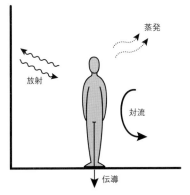

蒸発

放射

対流

伝導

人間と環境の間の熱バランス

33

1. 光

1）比視感度

人間の目は光の波長により異なる明るさ感「視感度」を持ち、色の識別も明るい場所（明所視）と暗い場所（暗所視）で異なる。可視域は380〜780 nmであり、明所視では555 nm、暗所視では507 nmで最も視感度が高い。比視感度とは最も高い視感度を1とした相対値であり、標準比視感度曲線で示される（図1）。

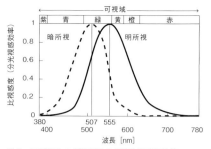

図1　明所視および暗所視の標準比視感度曲線

2）色温度

黒体を熱したときの温度と光の色を数値化した、光の色を示す尺度。色温度が低いと波長の長い暖色系の赤みを帯びた色となり、色温度が高くなるにつれて波長の短い寒色系の青白い光となる（図2、3）。

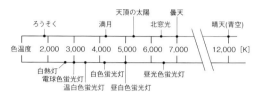

図2　生活の中の光と色温度の関係　（出典：田中俊六ほか『最新建築環境工学 改訂3版』井上書院、2006年。一部変更のうえ作図）

3）グレア

目の疲労や不快感を生じさせるようなまぶしさのこと。

┌ 直接グレア：光源からの直接光によって起こるグレア
└ 反射グレア：反射光によって起こるグレア

┌ 減能グレア（視力低下グレア）：ものが見えにくくなるグレア
└ 不快グレア：不快感を引き起こすグレア

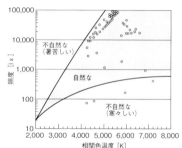

図3　相関色温度と照度による人間の感覚

人間の目は進化の中で見慣れた昼光を自然と感じ、色温度が低く、照度が高いと暑苦しく、色温度が高く、照度が低いと寒々しく感じる

2. 熱

1）平均放射温度（MRT）

人間は異なる表面温度の物体に囲まれて生活しており、常にこれらの物体と放射により熱授受を行っている（図4）。平均放射温度とは、周囲の表面温度を平均化して1つの温度で代表させた温度のこと。設計時などには、各壁体の面積を重みづけした平均温度（式（1）面積加重平均周壁温度）で代用することがある。

2）作用温度（OT）

対流と放射の影響を考慮した環境温度（≒体感温度）であり、発汗や気流の影響のない放熱器暖房、放射暖房時の快適指標（式（2））。昔から「頭寒足熱」といわれるように、人間は頭部の作用温度が低く、足元が高いときに快適と感じる（図5）。

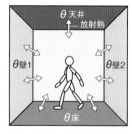

図4　人間と各面の放射熱授受

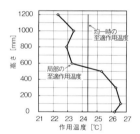

図5　人間の局部至適作用温度

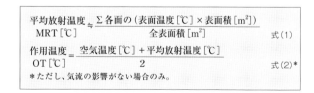

$$\underset{\text{MRT [℃]}}{平均放射温度} \fallingdotseq \frac{\Sigma 各面の（表面温度 [℃] \times 表面積 [m^2]）}{全表面積 [m^2]} \qquad 式（1）$$

$$\underset{\text{OT [℃]}}{作用温度} = \frac{空気温度 [℃] + 平均放射温度 [℃]}{2} \qquad 式（2）*$$

＊ただし、気流の影響がない場合のみ。

3. 風

人体に不快感を与える空気の流れをドラフト、とくに冬季に窓際などで生じる冷たい気流が降りてくる現象をコールドドラフトという。夏季において、人間は気流があると空気温度が高くても快適と感じる一方、気流が強すぎると不快に感じる。

ドラフトを感じる割合（PD）は空気温度、平均気流速度、乱れの強さが影響する。図6にPDが15%以下となる気温と乱れに対する平均気流速度を示す。平均気流速度が同じときでは、乱れが大きい方が高い空気温度でもドラフトが許容される。

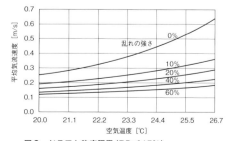

図6　ドラフト許容限界（PD≦15%）
（図6、9とも出典：ASHRAE STANDARD, 55-1992.）

4. 温熱環境評価

　人間は自らの温熱的快適性を、温熱6要素により総合的に評価している。温熱6要素とは、環境側要素（気温、表面温度、相対湿度、気流速度）と人間側要素（代謝量、着衣量）である。

5. 人間側要素

1）代謝量

　人間は食物を摂取し、それをエネルギーに変えて仕事をする。さらに、その作業程度に応じて熱エネルギーを発生する。このことを（エネルギー）代謝量という。また、作業の強弱の指標として、代謝量の比を用いたエネルギー代謝率Met［met］がある（図7）。椅座安静時の代謝量（58.15 W/m²）を基準とし、ある作業時の代謝量を割合で示す（式（3））。また、基礎代謝量とは空腹時に仰臥安静状態にあるときの代謝量のことである。

2）着衣量

　人間は、皮膚表面の温度が下がると寒く感じるが、衣服を着ると皮膚表面から熱量が逃げにくくなるために暖かく感じる。着衣の断熱力（熱抵抗）を示す指標として、着衣量（クロ値）［clo］がある。着衣量は気温21℃、相対湿度50%、気流速度0.1m/sの環境下で、椅座安静状態の人間が快適に感じる着衣の量（0.155 (m²·K)/W）を基準とし、着衣の構成別に示される（図8）。

6. 総合指標

　人間の温熱的快適性を温熱6要素で評価する指標（以下）がある。ただし、熱的不均一な空間には適用できない。

1）新有効温度（ET*）

　湿度50%を基準とし、温熱6要素を用いて環境を総合的に評価した温度。人体をコアとシェルに分割した生理学的制御モデル（2 node モデル）を用いて算出される。任意の代謝量、着衣量に対して定義されており、それらが同一の場合、直接比較できる（図9）。

2）標準新有効温度（SET*）

　標準状態（空気温度＝放射温度、相対湿度40～60%、気流：0.1～0.15 m/s［静穏］、代謝量1.0～1.2 met［椅座軽作業］、着衣量：0.6 clo）において定義された新有効温度ET*のこと。

3）予測温冷感申告（PMV）

　ある環境条件下で、大多数の人間が感じる温冷感予測値。「＋3（非常に暑い）・＋2（暑い）・＋1（やや暑い）・±0（暑くも寒くもない）・－1（やや寒い）・－2（寒い）・－3（非常に寒い）」の7段階で示す。ISO-7730では、PMV±0.5以内を快適推奨範囲としている。（図10）。

4）予測不満足者率（PPD）

　ある環境条件下で、何%の人がその環境を不満足と感じるかの予測値。ISO-7730では、PPD10%以下を快適推奨範囲としている（図11）。

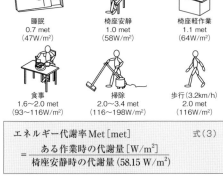

睡眠
0.7 met
（47W/m²）

椅座安静
1.0 met
（58W/m²）

椅座軽作業
1.1 met
（64W/m²）

食事
1.6～2.0 met
（93～116W/m²）

掃除
2.0～3.4 met
（116～198W/m²）

歩行（3.2km/h）
2.0 met
（116W/m²）

$$\text{エネルギー代謝率 Met［met］} = \frac{\text{ある作業時の代謝量［W/m}^2\text{］}}{\text{椅座安静時の代謝量（58.15 W/m}^2\text{）}} \quad \text{式（3）}$$

図7　エネルギー代謝率Met

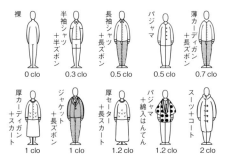

裸
0 clo

半袖シャツ＋半ズボン
0.3 clo

長袖シャツ＋長ズボン
0.5 clo

パジャマ
0.5 clo

薄カーディガン＋長ズボン
0.7 clo

厚カーディガン＋スカート
1 clo

ジャケット＋長ズボン
1 clo

厚セーター＋長スカート
1.2 clo

パジャマ＋綿入はんてん
1.2 clo

スーツ＋コート
2 clo

図8　着衣の構成による着衣量（クロ値）

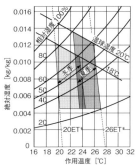

［冬季］
ET* = 20.0～23.5℃
wet ≦ 18℃
dew ≧ 2.0℃
V ≦ 0.15 m/s
Met ≦ 1.2 met
CLO = 0.8～1.2 clo

［夏季］
ET* = 23.0～26.0℃
wet ≦ 20℃
dew ≧ 2.0℃
V ≦ 0.15 m/s
Met ≦ 1.2 met
CLO = 0.35～0.6 clo

図9　ET*による快適範囲

前頁図5の出典：堀祐治、伊藤直明、須永修通、室恵子「不均一熱環境における熱的快適感の評価に関する研究―床面温度が熱的快適性に及ぼす影響と局部温冷感による熱的快適性の予測について」『日本建築学会計画系論文』501号、37～44頁、1997年

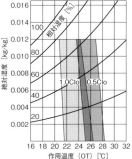

［冬季］
PMV = －0.5～＋0.5
dew ≦ 16.8℃
H ≦ 12g/kg
V ≦ 0.20 m/s
Met = 1.0～1.3 met
CLO = 1.0 clo

［夏季］
PMV = －0.5～＋0.5
dew ≦ 16.8℃
H ≦ 12g/kg
V ≦ 0.20 m/s
Met = 1.0～1.3 met
CLO = 0.5 clo

図10　PMVによる快適範囲
（出典：ASHRAE STANDARD, 55-2010.）

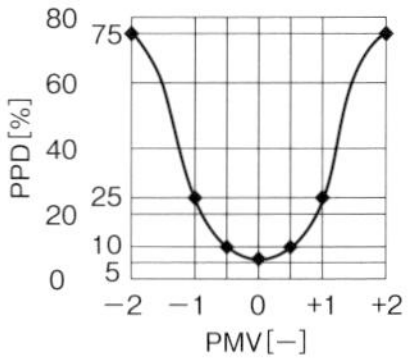

図11　PMVとPPDの関係
（出典：ASHRAE STANDARD, 55-2004.）

つくる

オフサイト（敷地外）から
届くエネルギー

太陽熱

オンサイト（敷地内）で
つくることのできるエネルギー

太陽熱回収パネル

太陽光

発電所から
届く電力

熱

太陽光発電パネル

電力　熱

写真中のオレンジ色文字はエネルギーを、白文字はそれを消費する機器を表す

■ オンサイトとオフサイトでつくるエネルギー

　一般に、建物で「つかう」エネルギーはオフサイト（敷地外）で「つくり」、オンサイト（敷地内）まで輸送して使用する。近年はオンサイト（敷地内）であっても、太陽光・熱、地中熱などを利用してエネルギーをつくることが可能となっている。オンサイトでつくるエネルギーは創エネとも呼ばれる。オンサイトでつくられる電気や熱のエネルギーは、必ずしも必要なときに必要な量が得られるわけではない。そのため、創エネの普及には、売電制度やスマートグリッド、蓄電の技術（蓄エネ）も不可欠である。また、オフサイトであっても、太陽光や風などの自然のポテンシャルを活用したメガソーラーや地上・

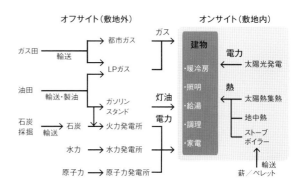

オフサイトとオンサイトでつくるエネルギーの関係

洋上風力発電は、クリーンなエネルギーをつくる技術の一つである。

佐戸の家／建築設計：もるくす建築社　設計・温熱環境監修：宮城女子学院大学 本間義規・長土居正弘　設備設計・エネルギーアドバイス：横山直紀・紺野透

つかう

家電（スピーカー）

照明器具

暖房器具
（温水パネルヒーター）

照明器具

暖房（温水床暖房）

熱（温水）

■ 住まいの用途別エネルギー

　各地域の年間エネルギー消費量には地域性があり
南下するほど総量は少なく、暖房用の割合が小さい。
給湯用、機器・照明用には地域性はみられず、関東
以南地域で給湯用の割合が高く3分の1を占める。
機器・照明用の電気使用量では、冷蔵庫や照明器具、
暖房便座の割合が高く、テレビ、エアコンを含める
と一世帯の消費量の半分を占めている。

　エネルギーの使用実態を理解したうえで、少ない
エネルギーで環境の質を高めることを目標として、
建物性能の検討や機器の導入を計画する。

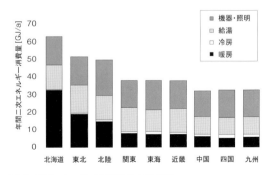

家庭用途別エネルギー消費原単位の地域比較
住宅で消費されるエネルギーは、暖冷房、給湯、家電・照明、調理用などに分類できる。
（出典：住環境計画研究所『家庭用エネルギー統計年報2017年版』2017年）

1．建物に供給されるエネルギー

1）一次エネルギーと二次エネルギー（図1）

　資源が加工されずに供給されるエネルギーが一次エネルギーである。石油、石炭、天然ガス、太陽熱、バイオマスなどが該当する。一方、一次エネルギー資源が熱や電気に変換されてつかえるエネルギーは二次エネルギーと呼ばれる。

　住宅内で消費される電気や灯油、ガスは二次エネルギーに該当する。電気の場合、一次エネルギーの発熱量は、燃料から電気への変換プロセスを考慮し 9.76 MJ/kWh（全日）、二次エネルギーでは一次エネルギーの約3分の1となり電気から熱への換算値は 3.6 MJ/kWh となる。「建築物省エネ法」では、一定規模の建物について、使用される一次エネルギーが基準以下とすることが求められる。

2）電気エネルギー（電力量）

　電力量の単位はキロワットアワー（kWh）である。家電製品には定格電力［W］が表示されているが、1 W とは 1 秒あたりに 1 J（質量 102.0 g の物体を 1 m 持ち上げるに相当するエネルギー）の電気エネルギーに相当する。電力量 1 kWh とは 1 kW の電力を 1 時間使い続けたときの積算値である。この電力量に応じて電気料金は算定されており、以下のような算出方法が基本となる。

> 電気使用量（kWh）＝消費電力（kW）×時間（h）
>
> 電気料金（円／月）＝電気使用量（kWh）×単価（円/kWh）
> 　　　　　　　　　　＋基本料金（円）

3）化石燃料

　石炭、石油、天然ガスが主である。これらを燃焼することによって熱エネルギーが得られるが、同時に二酸化炭素（CO_2）などを発生するため、地球温暖化を引き起こす要因にもなっている。地中の埋蔵量は限定され再生は不可能であるため、サステナブルな資源ではない。

4）再生可能なエネルギー（図2）

　再生可能エネルギー源は、「非化石エネルギー源のうち、エネルギー源として永続的に利用することができると認められるものとして政令で定めるもの」と定義されている。太陽熱・光、風力、水力、地熱、バイオマス等が該当する。日本の電源構成に占める再生可能エネルギー比率は、2017 年現在約 16%（ドイツでは33.4%）であり、2030 年度には 22 ～ 24% に達すると見通されている。

2．エネルギーの使われ方

1）温室効果ガスの排出

　化石燃料を燃焼すると温室効果ガス（CO_2、メタン、

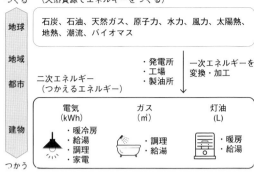

図1　一次エネルギーと二次エネルギー

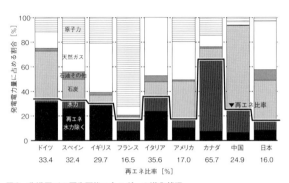

図2　先進国での再生可能エネルギーの導入状況
（出典：資源エネルギー庁「発電電力量に占める再生可能エネルギー比率の比較」2017年時点）

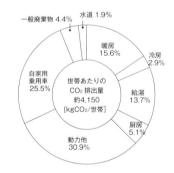

図3　1 世帯あたりの CO_2 排出量の内訳
（国立環境研究所による推計結果、2018 年度）

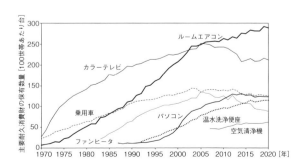

図4　家庭用エネルギー消費機器の保有状況
（出典：日本エネルギー経済研究所計量分析ユニット編『エネルギー・経済統計要覧2020』省エネルギーセンター、2020年）

フロンガスなど）が排出される。オンサイトでガスや灯油を熱源とする機器を使用したり、オフサイトで化石燃料による発電で得た電力を使用すると温室効果ガスが排出される。木質燃料の燃焼でも CO_2 は排出されるが、森林整備と併せてマクロなバランスを考慮すれば、実質的に排出されないとみなされる。1世帯あたりの CO_2 排出量の内訳では、動力（家電）と自動車の割合が高い（図3）。

2）家庭の実態

家庭では、複数のエアコンやテレビが保有されており、温水洗浄便座はほぼ全てに普及している（図4）。また、1世帯あたりの電気使用量のうち家庭内の家電が占める割合は高く、電気冷蔵庫、照明器具、テレビ、エアコンが全体の44％を占めている（図5）。

3）省エネ家電

日本では、「エネルギーの使用の合理化等に関する法律」（省エネ法）に基づいて、使用に際し相当量のエネルギーを消費する特定の家電製品は「トップランナー」として指定されている。トップランナー機器には、目標基準に対する達成度と達成期間が設定され、省エネルギーラベルとして消費者へ明示される（図6）。

4）高効率機器

建物で消費されるエネルギーのうち、消費割合が高い用途の機器エネルギー効率を高めることは、環境負荷の削減に有効である。たとえば、図7に示すような高効率給湯機器を用いれば、同じ量の湯を使用するにしてもエネルギーの消費は、従来の機器と比べて少なくなる。

5）V2H（Vehicle to Home）

V2Hは、電気自動車のバッテリーを蓄エネルギー設備として、住宅での電力需給システムに含めることを可能にする（図8）。さらに、都市の電力網へ逆潮流させる技術（Vehicle to Grid）の構築が進められている。電気自動車は電力需要の平準化や都市・建築のレジリエンスに貢献するシステムの一つと捉えられている。

6）エネルギーの見える化

住宅内での創エネルギーや使用しているエネルギーを常に表示することで、居住者へ気づきを促すことが期待される。自らの生活行動とそれにともなうエネルギーの使用状況に気づくことで、節約のためのヒントを得ることができる。図9の省エネナビや太陽光発電量表示パネルにより、エネルギーの見える化が可能となる。

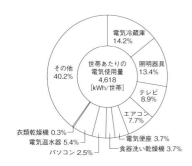

図5　1世帯あたり電気使用量の内訳
資源エネルギー庁 平成21年度 民生部門エネルギー消費実態調査および機器の使用に関する補足調査より日本エネルギー経済研究所が試算（エアコンは2009年の冷夏・暖冬の影響含む）

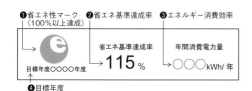

図6　省エネルギーラベル（100％以上達成）

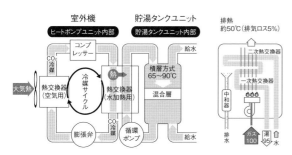

図7　自然冷媒ヒートポンプ給湯機（左）と潜熱回収型給湯器（右）

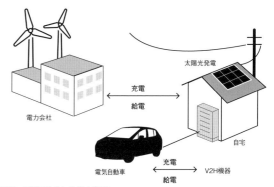

図8　V2Hを介した電力利用

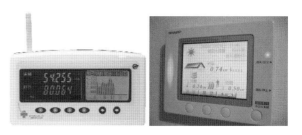

図9　エネルギー消費量の「見える化」の例
左：省エネナビ（中国計器工業製）。家庭の電力消費量や電気料金、CO_2 排出量がリアルタイムに表示され、居住者が日常のエネルギー消費量を確認することができる。目標値を設定することで、達成度が表示され省エネに対するモチベーションを高める効果を期待している。
右：太陽光パネルの発電量を住宅内で確認できるシステム。住宅内で消費される電力量のうち、自然エネルギーでまかなえる量がどのくらいかを、常に認識することができる

2章

みつける・つくる建築環境

バイオクライマティックデザインの
設計要素を事例から学ぶ。

バイオククライマティックデザインの要素をみつける視点や方法と、
それらの要素から建築をつくるための解説と事例で構成する。
身のまわりの現象からバイオクライマティックデザインの要素をみつけ、
それらをデザインして、良好な建築環境をつくりだすまでの
一連のプロセスを学ぼう。

ここちよい熱環境

みつける 私たちは、身体を通じてまわりの熱環境を感じ、日々の体験によって「ここちよい熱環境」を認識する。日常生活の熱環境に対する、自分の感覚と数値をつなぐプロセスを通じて、自分なりのここちよさをみつけよう。

放射温度計
天井の表面温度 26℃

測定表
教室の空気温度 29℃
湿度 59%

図1 自分のここちよさをみつける実験風景（小学校児童） 児童は、毎日3回、放射温度計で教室の床・天井・壁4面の表面温度を測定する。測定値は教室内外の空気温湿度の値と共に測定表に記録し、全員で自分たちの滞在熱環境を確認する。写真は天井表面温度を測定している様子
（測定場所：神奈川県／日時：2008年9月9日）

みつける 1 身のまわりの熱環境

■熱環境の感覚と数値をつなぐ

　私たちは日々どのような熱環境にさらされて、それをどう感じているのだろうか。小学校児童を対象に、小型温湿度計（メモリー付き）の携帯による行動域の温湿度測定と、併せて滞在場所とそこでの温熱感、気流感、快適感をサーマルダイアリーに記録（図2）する実験を行った。教室では放射環境の測定（図1、3）も行った（2008年9月8～10日）。

　温湿度の測定記録をみると、1日を通じて身のまわりの熱環境が行動域に応じて時々刻々と変化していることがわかる（図4）。さらに、温湿度の測定記録とサーマルダイアリーの記録を照らし合わせると、ここちよいと感じたときの熱環境を、具体的な数値をともなって認識できる。

【実験】自分のここちよさをみつける
■準備するもの
小型温湿度計、放射温度計、サーマルダイアリー、測定表
■Step 1
教室内とベランダに小型温湿度計を各1台設置。
■Step 2
児童は小型温湿度計を携帯し、行動域での状態と感覚をサーマルダイアリーに記録。
■Step 3
教室内周囲6面の表面温度と教室内外の温湿度を測定表に記入。

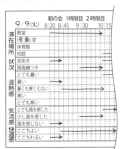

図2 サーマルダイアリー記入例
時間軸に沿ってその時の状態を矢印で記録する

図3 測定表記入例
スケールバーにチェックを入れる

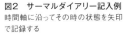

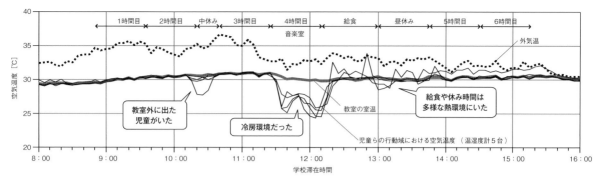

図4　あるクラスにおける１日の熱環境の変化　児童が携帯した温湿度計のデータと教室内外に設置した温湿度計のデータを示す。児童は、5班に分かれて各班で1台ずつの温湿度計を交代で携帯した。4時間目の音楽室以外は教室に滞在していた

みつける 2　行動域と感覚

■ここちよいと感じた熱環境

　実験期間中の行動域の温湿度分布に、ここちよさの指標となる快適感申告を重ねると、ここちよく受けとめた熱環境の傾向がわかる（図5）。実験中の教室は、空気温度は約29〜31℃で相対湿度は約30〜65％の熱環境にあり、そのときの快適感申告率は50％以上だった。過半数の児童が教室の熱環境を「ここちよい」と受け止めていたことがわかる。

みつける 3　自分なりのここちよさ

■ここちよい熱環境の認識変化

　実験前後に、ここちよいと思う室内の空気温度（想像快適温度）を調査した。実験前は過半数の児童が24℃未満だったが、実験後は24℃以上の温度域に移行した（図6）。27〜30℃以上の回答もあることから、実験期間中の教室の熱環境の測定結果とそこでの感覚をつなげて把握したと読み取れる。本実験が感覚と数値を併せて認識するプロセスによって、自分なりのここちよいと感じる熱環境をつかむきっかけとなったと考えられる。

$$快適感申告率 [\%] = \frac{対象とする温湿度域における快適感申告数}{全申告数}$$

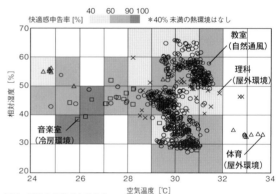

図5　児童の快適感申告分布

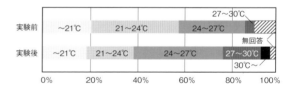

図6　実験前後の想像快適温度の変化

★　**実験に参加した児童のコメント**

■自分の行動域で熱環境を測定して気づいたことは？
・歩いただけで温度が変わっていた。場所を変えると温度が上がり下がりした。
・みんなで集まってムシムシしていると感じたら、だんだん温度が上がってきた。
■あなたの「ここちよい環境」とは？
・風通しがよく、夏は温度が低めの方が涼しくて気持ちがいい。
・温度は 24 〜 27℃。空気がカラカラしている感じで、湿度 40 〜 60％ くらいがよかった。
■「ここちよい教室環境」にするにはどうしたらよいと思う？
・なるべく教室の中の空気の流れをよくしたらいい。時間による日当たりの違いを見て、日が当たらない窓を開ける。
・電気を消す。暑い時はカーテンを閉めて涼しい時はカーテンを閉めない。カーテンや窓の開閉で空気を入れ換える。

小型温湿度計は、センサー部分を外に出して紐付き小ビニル袋に入れた。教室滞在時は机脇に下げ、移動時には首から下げて常時携帯した

☞　**日常の熱環境の測定と記録によって、自分なりの「ここちよい熱環境」を認識。**
「ここちよい熱環境」を把握することは、快適な居住空間をつくるための第一歩となる。
熱環境と自分の感覚の関連に気づくことは、居住空間を快適に調整する行動にもつながる。

熱環境のここちよさは、建物の性能とそれを補う設備機能に加え、それらを生かす居住者の住まい方によって得ることができる。ここでは、ここちよい熱環境をつくるための工夫と、室内外の熱環境の計測方法の一例を紹介する。

■住まいの熱環境計画

　室内の熱環境は、①外界気候、②屋根・外壁・開口部などの外皮を通過する熱量、③室内で発生する熱量（内部発熱）により形成される（27頁）。ここちよい熱環境をつくるには、外部環境に応じて室内外の熱移動を調節する必要がある。熱移動の調節には、断熱や日射制御など、気候に適した建築外皮計画に加え、通風経路の確保などの建築的工夫が重要となる。

■住まい方による熱環境調節

　居住者自身がここちよいと感じる熱環境をつくるためには、着衣の調節に加えて、建具の開閉などの季節に応じた環境調整行動を適切に行うことが有効である（図7）。居住者は、自分の住まいについて、季節に応じた適切な調整方法を知ることが必要である。また、環境調整可能な建築デザインも、ここちよい熱環境をつくるために欠かせない。

■住まいの熱環境を測る

　居住者が身のまわりの熱環境と自分なりのここちよさを知ることは重要である。熱環境の測り方を以下に紹介する。

・外気温、湿度の測定方法

　外部環境の測定の際には、直射光や雨などの影響を考慮し、周辺の状況によって測定機器の設置方法を工夫する必要がある。周囲の表面温度が空気温度と極端に差がある場合や、直射光が当たる場所では、測定機器のセンサー部への直接的な熱影響を防ぐことが重要である。測定機器の周囲を反射率の高い遮へい材で覆いつつ、通風確保などの工夫が有効である（図8）。

・居室内の温度、湿度の測定位置

　室温や湿度の測定は、周壁からの直接的な影響を最小限にする必要がある。測定位置は居住域の中央で、高さは床上1,100 mm（椅座時の頭部、立位時の腹部）が望ましい（図9）。ここでの居住域とは、床から1,800 mmの高さの範囲で、壁や窓または固定された空調設備から600 mm以上離れた鉛直面で囲まれた空間である。

・表面温度

　周囲の物体表面からはその温度に対応した波長の赤外線が出ており、居住者は放射による熱的な影響を受けている。放射温度計を使うと、対象物に触れることなく、赤外線の強さを温度に変換して物体の表面温度を測定できる（図10）。

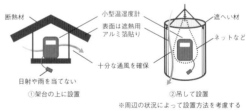

図8　簡易型手づくり屋外測定装置の例

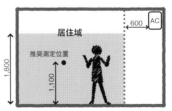

図9　居住域測定の対象範囲

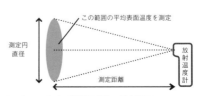

図10　スポット型放射温度計の測定範囲

図7　ここちよさをつくる建築的工夫（夏の例）
夏は、屋根や外壁の断熱、窓まわりの遮熱や通風の工夫が有効である

つくる 1 　日本家屋における熱環境調整：建具

　温暖湿潤気候に属する日本には四季があり、気温の年較差が大きい。冬季は乾燥し、寒さが厳しくなる一方、夏季は高温多湿となるため、季節の変化に応じた建築外皮の工夫が必要となる。日本家屋の開口部には、複数の建具が納められている。外部側には、空気・光・熱や視線を遮へいする「雨戸」、開口率を調節する「無双窓付き板戸」、通風を確保し虫の侵入を防ぐ「網戸」がある。内部側には、視線を遮り採光する「障子」、ガラスの普及以降は「ガラス戸」も加わり、採光と外気の遮断が可能になった。引戸は取り外せるので、障子の貼り替えなどのメンテナンスも容易に行える。地域によっては、夏には襖から風の通る「簾戸」に模様替えする。建具という可変装置を適宜調整することで、ここちよい熱環境がつくり出される（図11）。

つくる 2 　日本家屋における熱環境調整：縁側

　日本家屋の縁側は、建物の外縁部に位置し、内外に接する建具に挟まれた空間である。居室の内外を明確に分けず、連続した空間として活用できる。夏は両側の建具を開け放ち、軒下にすだれを吊して直射を防ぎ通風すると、室内の熱を逃がすことができる。冬は襖や障子を閉じると、室内の熱を逃がさない。縁側という緩衝空間を適宜調整することで、ここちよい熱環境がつくり出される（図12）。

図11　和室地窓の建具
開口部には5層の建具が納まっている。下写真は、それぞれを引き出した様子。無双窓付き板戸は施錠でき、夏の夜は自然通風しつつ安心して就寝できる（「旧猪股邸」設計：吉田五十八、1967年）

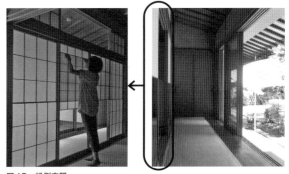

図12　縁側空間
図11の和室南側にある縁側。縁側外部にも5層の建具が納まる。和室側上部障子は、視線を遮りつつ通風換気を調整でき、雪見障子の上げ下げによって風景を演出できる

★ ここちよさをつくる衣服

　人体を包む衣服とその着こなしは、熱環境を整える一番身近で大切な要素である。衣服も建築と同様に、その土地の気候風土に合わせて形づくられている。熱帯性気候に属する地域では、夏は高温多湿で、蒸し暑く感じるため、通風と発汗を促す肌の露出度が高い衣服が好まれる。高温乾燥の砂漠地域では、ターバンやスカーフ、長袖などで肌を覆い、強い日差しを遮り通風を確保する衣服が多い。どちらも外部からの熱環境を抑え、放熱を促す工夫がある。

　日本でも、建築と同様に四季の変化に合わせて衣替えを行う。伝統的な衣服である着物は、夏は薄くて通気性の良い布地や織り方で汗の蒸発散を促し、冬は重ね着や綿入れなどによって衣服内に空気層をつくり、人体発熱の放出を抑える工夫がある。

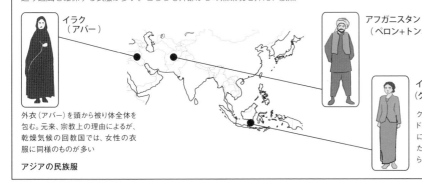

イラク（アバー）
外衣（アバー）を頭から被り体全体を包む。元来、宗教上の理由によるが、乾燥気候の回教国では、女性の衣服に同様のものが多い

アフガニスタン（ペロン＋トンボン）
ペロン（上衣）とトンボン（ズボン）は全体にゆったりしたつくり。トンボンの足首部は歩きやすさと砂塵よけのためにすぼまっている。頭のターバンは日差しを防ぐほか、砂嵐や寒いときに口や顔面を覆うこともできる

インドネシア（クバヤ＋サロン）
クバヤ（上衣）はブラウス、サロンは腰布。サロンはインドネシア語で筒や鞘の意味。約1×2mの一枚布を輪にしたもの。昔は、1日数回マンディ（水浴）をしていたので、上質の綿布と堅牢な染色によって丈夫につくられていた

アジアの民族服

空気の汚れと換気

 みつける 室内空気の汚れは目に見えないばかりでなく、
その濃度が基準値を超えているかどうかを知覚できる人も少ない。
どのようにして空気が汚れるのか、そして入れ換わっているのか、考えてみよう。

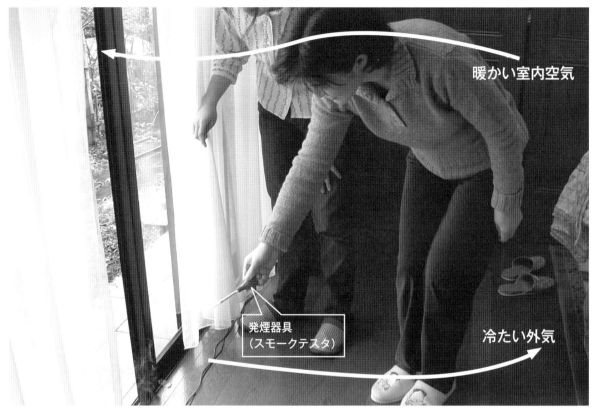

暖かい室内空気

発煙器具
（スモークテスタ）

冷たい外気

図1　発煙器具によって空気の流れを可視化している様子　器具の発煙原理には燃焼のほか、塩化水素やプロピレングリコールを用いたものがあるので、使用の際は吸入、接触を避けるよう注意が必要である。気流は肌で感じることもできるが、煙の動きを目で見ることにより、挙動の複雑さに気づくことができるだろう

みつける 1 寒くない換気

■大きな窓があれば、速やかに空気を入れ換えることができる

　冬季の暖房時に大きめの窓を開けると、屋外でほとんど風を感じない日でも温度差換気（重力換気）により自然に空気が流れる。これを図1のように発煙器具（たとえば、スモークテスタ）によって可視化すると、窓の下方から外気が流入し、上方から室内空気が流出する様子を見ることができる。

　冬季の窓開けは、寒気を取り込むことになるため億劫^{おっくう}であるが、気がついたときに数分でもよいので、行ってほしい。図2は、冬季のRC造集合住宅において5分間の窓開けをしたときの気温と二酸化炭素濃度の変化を示したものである。換気により二酸化炭素濃度が速やかに減少しているのに対し、室温（室中央）はわずかしか変化していないことがわかる。これは建物の躯体に蓄えら

れている熱が、取り込んだ寒気を暖めたからである。ただし、短い時間で一気に換気するのがコツである。

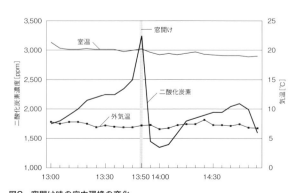

図2　窓開け時の室内環境の変化
（図2、4とも、出典：菅原正則ほか「室内空気質のモニタリングを導入した住環境ワークショップ」『日本建築学会東北支部研究報告集』第67号、2004年）

みつける 2　室内空気を汚すもの

■人の生活行為が汚染物質を発生する

　室内空気を汚染する化学物質は、図3に示すように、建材のみならず居住者が持ち込む家具や防虫剤などからも発生する。これら化学物質の種類は無数に存在し、人体への影響の度合いもさまざまである。これらによる人体被害を防ぐためには、厳密には化学物質の濃度がそれぞれの基準値を超えているかどうか観測し続けるべきであるが、一般家庭においてそれは現実的でない。

　そこで空気汚染の度合いを表す代表的な指標として、二酸化炭素濃度が利用されている。注意しなければならないのは、二酸化炭素は人の呼気や、調理・暖房などで生じる燃焼ガスに含まれているため、生活行為によって発生量が増減することである。それを考慮したうえで濃度変化の様子を観察すれば、換気量が十分かどうかの有力な判断材料となる（図4）。

みつける 3　窓の動き

■時間帯や気温の変化が窓の開閉を引き起こす

　換気にとって窓は重要な役割を果たす。その開放状況が今どのようであるかは一目見ればわかるが、1日の変化や年変化となると、人の手による記録では正確性・客観性の点で難しさが残る。そこで、窓開巾計（図5）のような測定装置を用いると長期間の正確な窓開閉状況がわかり、その特徴を見いだすことができる。

　北海道から四国にかけて、戸建て住宅11戸の主要な居室における窓開放時間を半年～1年間、測定したところ、月平均の窓開放時間［min/h］の日変化は図6に示す3つのパターンに分類できた。別の分析によれば窓開閉行為のおもな影響要因は、寝室では時刻（朝の起床後や夕方～夜の就寝前）、居間（LDK）では室温（20～30℃前後）であった。ただし現実には、居住者の生活スタイルやプライバシーへの意識、建物のデザインや内外環境といった要因が複雑にかかわっている。

図3　VOC（揮発性有機化合物）の主な発生源
（出典：柳沢幸雄ほか『どうする21世紀の環境問題 くらしの中の知らない化学物質 4巻 住まい』くもん出版、2001年。一部変更のうえ作図）

 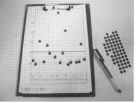

図4　二酸化炭素濃度の観測
二酸化炭素濃度をことあるごとに観測し（左）、直前の生活行為（調理、団らん、就寝、不在、窓開放、換気扇稼働などの14項目から選択）と共に記録用紙（右）に書き留めておくことを2週間続けた。居住者から「適切な二酸化炭素濃度にするための換気の頻度がわかるようになった」という感想が聞かれた

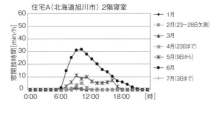

①ひとつ山型
ある決まった時間に開放時間が長くなるもの。北海道や東北の住宅では1年中、それ以外の地域では冬季にみられた

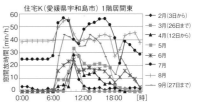

②ふたつ山型
朝方と夕方に開放時間が長く、日中には開放時間の短い谷間ができるもの。宮城県以南の住宅で夏季に見られた。冷房使用などの生活習慣によると考えられる

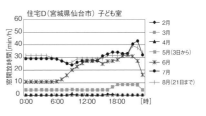

③平坦型
ほとんど日変化が見られないもの。寝室や子ども室のほか、応接室や納戸といった日中の滞在が少ない室でみられた

図6　窓開放時間の日変化
（出典：菅原正則、林基哉「戸建住宅における窓開閉行為特性の室温に関する分析」『空気調和・衛生工学会大会学術講演論文集』2007年）

図5　窓開巾計
本体を引違い戸の室内側窓に取りつけ、左から出ている糸をもう一方（屋外側）の窓に貼りつける。窓開閉にともなって変わる糸の長さを計測する（宮城学院女子大学林基哉教授［当時］が開発）

☞室内空気の汚れは人の行為次第。

屋外が無風でも、窓開けによって自然に空気を入れ換えることができる。人の生活行為によって室内空気は汚染されるので、窓開けを中心とした換気によって積極的な室内空気の管理を行いたい。

換気をしなければ、室内空気は汚染される。窓開け換気よりも確実に清浄な空気環境を維持するためには、連続的に機械換気することが必要である。
換気経路のデザインによって熱損失を抑えることが可能である。

■換気基準を理解する

室内空気の汚染物質であるホルムアルデヒドは、建材、家具などから放散される。空気中の濃度が高くなると、おもに目、鼻、のどに対する刺激作用を及ぼすことがわかっており、シックハウス症候群の原因物質とされている。建築基準法では2003年7月以降、ホルムアルデヒドを含む建材使用を制限し、シロアリ駆除剤であるクロルピリホスの使用を禁止している。

清浄な空気環境に室内を維持するには、常時、適切な換気が必要である。図7のように、建材などからの汚染物質の放散量を抑制し居室を換気すれば、濃度低減が可能となる。表1のように建築基準法では住宅などの居室の換気回数として0.5回/h以上を機械換気により確保することを義務づけている。なお、SHASE-S 102（空気調和・衛生工学会規格）による換気規準では、各汚染物質が許容濃度以下になるように換気量を規定する方法を提示している。

$$n = \frac{V}{Ah}$$

n：1時間当たりの換気回数 [回/h]　　A：居室の床面積 [m²]
V：機械換気設備の有効換気量 [m³/h]　　h：居室の天井高 [m]

■計画的な換気には、建物の気密性能の確保が必要

必要な換気量を必要な場所に供給するためには、換気システムを建物全体で考え、計画的にデザインする必要がある。換気による空気の移動をデザインし、意図した通りの換気を行うためには建物の気密化が必須であり、相当すきま面積（C値）として2 cm²/m² 程度以下の気密性能を確保する必要がある。

■換気経路をデザインする

室内の汚染物質の除去という観点から、図9のように室内全体を換気する全体換気と、台所のレンジフードや浴室・便所の換気扇のように、特定の汚染物質を拡散させないように捕集して換気する局所換気がある。

換気のデザインを建物全体で考える場合、空気の移動経路を明確にする必要がある。図10に典型的な換気経路のタイプを示すが、換気のために取り入れた新鮮な外気は、居室→廊下→台所・浴室・便所の順で流れるよう計画するのが一般的である。とくに冬季に換気する場合、換気による熱損失を抑えるために、図11のような熱交換器の利用も有効である。

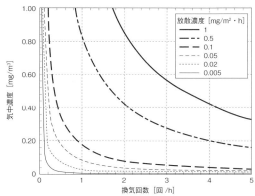

図7　換気回数とホルムアルデヒド気中濃度の関係
（出典：日本建築学会編『シックハウス事典』技報堂出版、2001年）

表1　換気回数の義務

居室の種類	換気回数
住宅などの居室	0.5回/h以上
上記以外の居室	0.3回/h以上

ホルムアルデヒドを発散する建材を使用しない場合でも、家具などからの発散があるため、原則としてすべての建築物に機械換気設備（24時間換気システムなど）の設置が義務づけられている

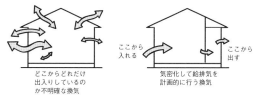

どこからどれだけ出入りしているのか不明確な換気　　気密化して給排気を計画的に行う換気

図8　計画換気の必要性

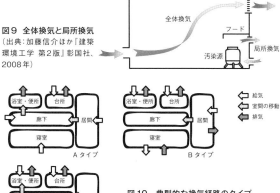

図9　全体換気と局所換気
（出典：加藤信介ほか『建築環境工学 第2版』彰国社、2008年）

Aタイプ　　Bタイプ

給気
室間の移動
排気

図10　典型的な換気経路のタイプ
台所の換気は換気量が大きく、運転時間が短いため、換気経路は独立させる（図8、10とも、出典：本間義規『建築技術』1997年7月）

Cタイプ

新鮮な暖かい空気　　排気吸込み（暖）
暖房器　　汚れた暖かい空気　　新鮮な冷たい空気
仕切り板（和紙）　　外気吸込み（冷）
外気導入（暖）
間隔板（特殊紙）　　室外排出（冷）

図11　熱交換器のしくみ　（出典：家庭電気文化会編『省エネルギーのための住宅の冷暖房と断熱材』オーム社、1978年）

つくる 1　機械換気システム

図12、13に典型的な機械換気システムの例を示す。

図12は強制給排気型（第1種）の換気システムであり、各空間への給気と排気の換気量のバランスを調整しやすい利点がある（31頁）。また、熱交換器を併用すれば排気の熱エネルギーを回収できるため、熱損失を抑制することが可能である。

図13は強制排気型（第3種）の換気システムである。廊下や浴室、クローゼットなど、居室以外の空間において、機械ファンにて排気する。居室には給気口を設置し直接外気を取り入れるが、冬の冷気などにより快適性が損なわれる可能性があり、給気口の位置や形状に配慮が必要である。

つくる 2　自然エネルギーを利用した予熱給気

熱交換換気は、排気の熱を回収し給気に与えることで熱負荷の低減を図り、同時に予熱給気を行っている。これとは別に、予熱給気の熱源に自然エネルギーを利用する試みもある（図14）。

予熱給気における「玄関フード」（図15）の効果にも着目したい。熱負荷計算ソフト「SMASH for Win.」により2層吹抜けの玄関フードにおける冬季の熱環境特性と予熱給気の可能性を検討した結果を図16に示す。予熱給気源とした場合の空調負荷低減効果は、寒冷地である札幌のみならず、温暖な仙台や東京においても大きな効果が予想された。

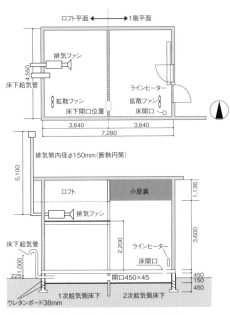

図14　床下空間を利用した予熱給気の実験家屋断面
（出典：福島明ほか「基礎断熱した床下空間を冷外気の予熱給気に利用した自然給気方式の実験的検討　寒冷地のパッシブ換気に関する研究　その1」『日本建築学会計画系論文集』第498号、1997年）

図15　玄関フード
住宅の玄関など出入口に付設された、おもにガラスでできた温室状の空間で、北海道から日本海側の東北地方でよく見られる。本来の用途は風除室であるが、屋外用品や観葉植物などの物品置き場や作業用の土間としての役割を果たすこともある

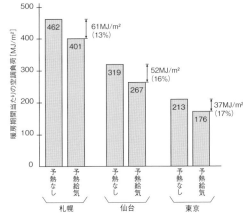

図16　玄関フードを用いた予熱給気による熱負荷低減効果
暖房期間について、札幌は9月25日〜6月9日、仙台は10月11日〜5月16日、東京は11月2日〜4月22日と設定した
（出典：菅原正則ほか「数値シミュレーションによる玄関フード内熱環境予測と給気予熱源としての可能性の検討　玄関フードの有効利用に関する研究　その3」『日本建築学会大会学術講演梗概集』D-1、2002年）

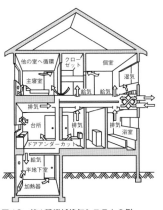

図12　第1種機械換気システムの例

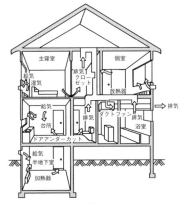

図13　第3種機械換気システムの例
（図12、13とも、出典：日本建築学会編『室内空気質環境設計法』技報堂出版、2005年）

住宅の熱性能

みつける 住宅の熱性能により得られる温熱環境は大きく異なる。
住宅の熱性能による室内温熱環境の違いをみつけ、その大切さを知ろう。

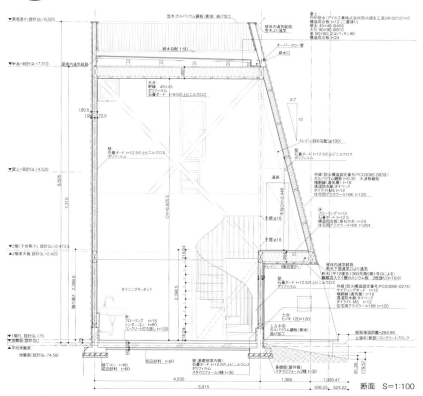

図1　高断熱の住宅 （「湘南の家」設計：五十嵐淳建築設計事務所、2009年）

図2　外観（上）、吹抜け空間（下）
高窓の開閉にはチェーンを使用している

みつける 1 　高い断熱性能の影響

■外部影響の小さい室内環境が得られる

　神奈川県（6地域）に、令和元年省エネルギー基準の
断熱基準3地域（19頁）相当以上の断熱性能を有する
住宅がある（図1、2）。グラスウール16K（0.045W／（m・
K））を天井に300mm、壁に120mm入れ、開口部は
面積を最小限に抑え、遮熱高断熱ガラスが使われている。

　夏季（2009年9月25日）の温度変動（図3）をみると、
1日を通して室温（床上1,200mm）は25〜28℃、日
中は外気温より低温で推移している。一方、外気温が
20℃以下に低下しても室温は25℃までしか下がらず、
熱が逃げにくい傾向がみられる。冬季（2009年12月
20日）の温度変動（図4）をみると、外気温が最低1.5℃、
最高11.3℃と低いが、朝と晩に2時間ほど床暖房を使
用するのみで、ほとんどの時間無暖房で生活している。
明け方でも室温は16℃であり、空間内の上下温度差も
小さく、非常に均一な温熱環境が形成されている。

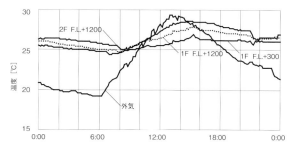

図3　温度変動（2009年9月25日）

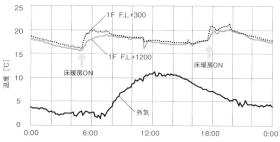

図4　温度変動（2009年12月20日）

図5 躯体の熱容量による室内温熱環境への影響を測定する試験棟
（出典：築山祐子ほか「実大実験建物を用いたALCの床蓄熱特性に関する研究」『日本建築学会環境系論文集』648号、2010年、149～156頁）

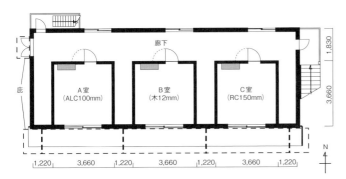

図6 試験棟平面図（2階）

	B室	C室		各室共通
天井	合板12 空気層 合板12 PF85 合板12	ケイカル板6 PF80 コンクリート150	外壁	ALC75 空気層 PF25 空気層 PB12.5
	U=0.232W/(m²・K)	U=0.235W/(m²・K)		U=0.488W/(m²・K)
外気に接する床	合板12 PF55 合板12	コンクリート150 PF50	間仕切壁	PB12.5 空気層 RW 55 空気層 PB12.5
	U=0.338W/(m²・K)	U=0.346W/(m²・K)		U=0.489W/(m²・K)
有効熱容量	794.7 kJ/K	6470.7 kJ/K	窓	Low-E 複層ガラス U=2.91W/(m²・K)

図7 試験棟天井、床、壁の構成

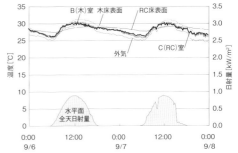

図8 夏季自然通風時（2008年9月6～8日）の温度変動

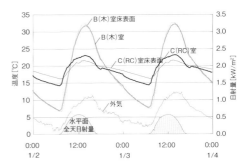

図9 冬季ダイレクトゲイン時（2009年1月2～4日）の温度変動

みつける2　熱容量の室内温熱環境へ与える影響

■熱容量の大きさにより室内温熱環境は大きく異なる

　静岡県（7地域）に、熱容量が室内温熱環境に与える影響を明らかにするための試験棟（図5、6）が建設された。基本躯体は鉄骨ALC造で、床と天井材が3種類の異なる素材（ALC、木、RC）で構成された3室から成る試験棟である（図7）。各室と東、西、北面外壁との間は廊下で仕切り、実験室の南面には大きな窓が設置されている。

　夏季自然通風時（2008年9月6～8日）の温度変動（図8）を見ると、窓を開放しているため、B（木）室とC（RC）室の室温は外気温とほぼ同等に推移している。一方、床表面温度はB（木）室の温度変動が大きく、C（RC）室は緩やかに変動している。熱容量の大きい部屋では、自然通風をうまく取り入れることで、日中でも室温より床の表面温度は低く快適に過ごすことができる。

　冬季ダイレクトゲイン*時（2009年1月2～4日）の温度変動（図9）をみると、室温、床表面温度共にB（木）室とC（RC）室で大きく異なっている。熱容量の小さいB（木）室は外気温、日射の影響を大きく受け、日中は32℃まで達し、夜には7℃以下にまで冷え込む。一方、熱容量の大きいC（RC）室は日中最高23℃、夜間最低14℃であり、室温が緩やかに変動し、安定した暖かさを保つことがわかる。

＊ダイレクトゲイン：窓から入射する太陽熱を室内の床や壁に蓄積させ、暖房効果を得る方法。

☞ **高い断熱は外部からの影響を小さくし、大きな熱容量はその影響を緩やかにする。**
断熱性能と熱容量のバランスを考慮して、快適な室内の温熱環境を設計しよう。

つくる

地域気候を十分に生かし、快適な室内環境を実現するためには、断熱と蓄熱の特性を知る必要がある。熱性能の特性を知り、住まい方に適した熱性能バランスを考えよう。

■ 断熱工法とその特性

　住宅にはさまざまな形態や生産体制があり、断熱工法の選択はそれらと密接な関係がある。地域の気候、生産形態・技術レベル、計画する住宅の形状等に適合した工法を選択し、それぞれの工法に応じた断熱性能、断熱厚さを確保し、快適な住環境づくりをすることが重要である。

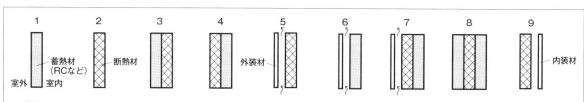

1. 蓄熱壁。夏の焼け込み、冬の冷え込み、結露など、熱容量がマイナスに作用することが多い。
2. 断熱壁。夏の遮熱、冬の保温ができる。
3. 内断熱工法。蓄熱材が外側となるため、蓄熱材の熱容量を生かすことはできない。熱容量の影響を受けないことで暖冷房の立ち上がりが早いなどの利点もある。
4. 外断熱工法。熱容量を生かした蓄熱・蓄冷が可能。温度変動カットなどにより、コンクリートの寿命が長くなる。
5. 通気工法。湿気を排出して結露を防ぐと共に日射遮熱の効果もある。
6. 日射遮熱の効果はあるが、断熱性能が低いため保温効果は期待できない。
7. 外断熱通気工法。4と5双方の特性を併せ持つ。
8. 外側の蓄熱材の熱容量は日射や外気温変化などの外部影響を遅らせ、ピークカット効果もある。内側の熱容量は蓄熱・蓄冷が可能。
9. 外張断熱工法。遮熱効果と共に、内部結露防止効果がある。断熱・気密の連続性を保ちやすい。

■ 蓄熱部位の定義と熱容量の算定

　蓄熱部位とは、蓄熱に有効な熱容量を持つ部位をいう。蓄熱効果は断熱材の有無や、材料の熱的性能により異なる。次世代省エネルギー基準では蓄熱部位の熱容量を下記①②の範囲で計上することができ、表1に示す有効厚さまで機能する。
①最も室内側の材料から断熱材または完全密閉空気層の間に含まれる材料。
②有効厚さまでの熱容量 [kJ/K] は、容積比熱 [kJ/(m^3・K)] ×蓄熱部位の体積 [m^3] で求められる。

表1　住宅の省エネルギー基準算定用材料の蓄熱有効厚さと容積比熱

材料	有効厚さ[m]	容積比熱[kJ/(m^3・K)]	材料	有効厚さ[m]	容積比熱[kJ/(m^3・K)]
コンクリート			せっこう等		
普通コンクリート	0.20	2,013	せっこうボード	0.06	854
軽量コンクリート	0.07	1,871	パーライトボード	0.06	820
気泡コンクリート	0.07	1,289	フレキシブルボード	0.12	1,302
木材			木毛セメント板	0.06	615
マツ	0.03	1,624	その他		
スギ	0.03	783	タイル	0.12	2,612
ヒノキ	0.03	933	ゴムタイル	0.11	1,390
ラワン	0.04	1,034	リノリウム	0.15	1,959
合板	0.03	1,113	畳	0.02	260
左官材料			カーペット	0.01	318
モルタル	0.12	2,306			
しっくい	0.13	1,381			
プラスター	0.70	2,030			
土壁	0.17	1,327			

（出典：『住宅の省エネルギー基準の解説 3版』建築環境・省エネルギー機構、2009年）

■ 蓄熱部位とその特性

　熱容量が大きいと外部変動に対し、室温の変動が緩やかになる。日本に多くある木造住宅は熱容量が小さいため、熱容量を付加することで安定した室温維持が可能である。地域気候や住まい方、暖冷房計画、建築計画を踏まえたうえで、開口部の位置と共に蓄熱部位を検討することが重要である。

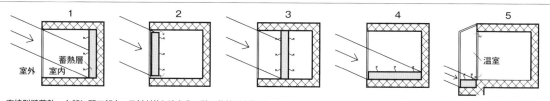

1. 直接型壁蓄熱。上部に開口部を、日射が差し込む奥の壁に蓄熱層を設ける。蓄熱壁側に家具を配置すると蓄熱面積が減少するため考慮が必要。
2. 間接型壁蓄熱。日射が差し込む開口部側に蓄熱層を設ける。開口部全面からの日射を蓄熱できる一方、採光を阻害する可能性がある。
3. 混合型壁蓄熱。空間を遮る形で蓄熱層を設ける。奥の部屋にも熱を供給できる。建築計画との総合検討が必要。
4. 直接型床蓄熱。下部に開口部を、床に蓄熱層を設ける。床面に家具やカーペットがあると蓄熱面積が減少するため考慮が必要。
5. 温室型床蓄熱。日射が差し込む側に温室を設け、その床に蓄熱層を設ける。温室の空気が室温以上に暖まるため、効率良く熱を取り入れることができる。

つくる 1　無暖房住宅

スウェーデン出身のハンス・グスタフ・エーク（Hans Gustaf Eek）設計の「無暖房住宅（テラスハウス）」（図10）がスウェーデンのヨーテボリ市近郊のリンダースにある。ヨーテボリ市は北海道の旭川市と同程度の寒冷気候である。寒冷地であるため、徹底的に躯体の断熱層の厚さを増して熱貫流率を下げると共に、開口部もクリプトンガス入りガラスと低放射（Low-E）ガラス2層の3層として熱損失を大幅に小さくしている（図11）。

また、日射熱をため込むために、南側には大きな開口面積をとり、北側の窓の大きさは最小限に抑えられている。2002年1月、最低気温が−20℃まで達した大寒波の時にも無暖房で室温は20℃前後に保たれたとの報告がある。

図10　「無暖房住宅」外観（設計：ハンス・グスタフ・エーク）

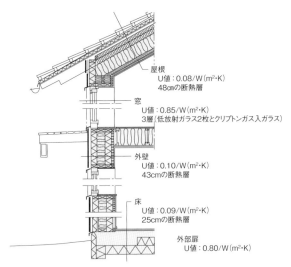

屋根　U値：0.08/W（m²・K）48cmの断熱層

窓　U値：0.85/W（m²・K）3層（低放射ガラス2枚とクリプトンガス入りガラス）

外壁　U値：0.10/W（m²・K）43cmの断熱層

床　U値：0.09/W（m²・K）25cmの断熱層

外部扉　U値：0.80/W（m²・K）

図11　「無暖房住宅」断面と熱性能

つくる 2　次世代ゼロ・エネルギー住宅

次世代ゼロ・エネルギー住宅（図12）の一例を示す。蒸暑地域にあるため、断熱性能を高めたうえで、夏季の日射遮へい性、屋根遮熱性、通風、排熱性などを強化した。断熱・気密性に優れた120mm外壁パネルの外側に、さらに100mmの高性能グラスウールを付加し、外壁からの熱損失を50%削減した（図13①）。また、基礎の内側に断熱材、蓄熱材を敷設し（図13②）、屋根面で集熱した太陽熱を床下に搬送して床暖房に利用している。

一方、蒸暑地域で高断熱化した際、夏季に起こるオーバーヒートに対しては、高性能遮熱ガラス（図13③）を用い、さらに日射遮へい効率の高い外付けブラインドシャッター（図13④）を用いることで、太陽熱の約90%を遮へいすることで対処している。

図12　次世代ゼロ・エネルギー住宅　（「ライフサイクルCO₂マイナス住宅亀山モデル」設計：ミサワホーム＋ミサワホーム総合研究所）

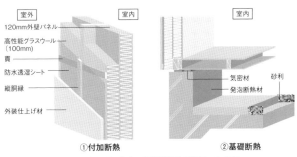

①付加断熱

室外 / 室内
120mm外壁パネル
高性能グラスウール（100mm）
貫
防水透湿シート
縦胴縁
外装仕上げ材

②基礎断熱

室内
気密材
発泡断熱材
砂利

③高遮熱ガラス

室外 / 室内
Low-Eガラス
Low-Eガラス
クリプトンガラス
乾燥剤入りスペーサー
高品質デュアルシール

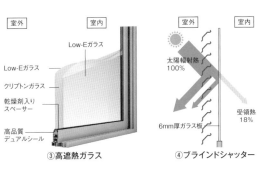

④ブラインドシャッター

室外 / 室内
太陽幅射熱 100%
受領熱 18%
6mm厚ガラス板

図13　次世代ゼロ・エネルギー住宅の断熱性能と日射遮へい性能

日よけの効果

みつける

夏、涼しい住まい。その第一歩は日よけを設置することから始まる。
ここでは、日よけの効果を実感できる実験方法、日よけの設置方法や素材、
事例を紹介する。

温度測定係

電球係

電球

モデル③
窓の外側にすだれ

モデル①
日よけなし

記録係

モデル②
窓の内側にカーテン

時計係

図1　ペットボトルを用いて、日よけの効果を確かめる　電球を太陽、ペットボトルを住宅に見立て、条件の異なるペットボトルを用意し、ペットボトル内部の温度変化を確かめる実験の様子。各グループ内で、記録係、時計係、温度測定係、電球係を決めて実験を開始する。事前に温度変化を予想することが大切

みつける 1 　日よけの効果

■日よけは室内の温度上昇を抑制する

　日射を日よけで遮ることによって、室内の温度上昇を抑制できる。一般的な日よけとして、カーテンなど室内で日射を遮へいするもの、また、古くから日本で使われているすだれのように窓の外側で日射を遮へいするものがある。

　この2つの効果の違いをみつけるために、ペットボトルを使って日よけのモデルを制作し、温度を測定する実験を行った（図1）。その結果、窓の内側に日よけを設置する場合と外側に設置する場合では、その効果が異なることがわかる（図2）。

　冷房用エネルギー消費量を低減し、さらに室内環境の快適性を向上させるためには、日よけの違いと効果を理解し、日射を遮る適切な方法を知ることが必要である。

【実験】ペットボトルを用いて
　　　日よけの種類による効果を確かめる
　　　（東海大学高橋達准教授考案）

■準備するもの

350mlペットボトル3本、すだれ、フェルト、紙、棒状温度計3本、ゴムキャップ3個、測定記録用紙、電球、ソケット、ストップウオッチ。

■Step 1

ペットボトルにフェルトを巻き、断熱した住宅に見立てる。①日よけなし、②窓の内側に日よけを設置、③窓の外側に日よけを設置、を模した3つのモデルを制作する。

棒状温度計
ゴムキャップ
ペットボトル
フェルト
（断熱材）
①日よけなし

紙
（内側）
フェルト
（断熱材）
②内側に日よけ(カーテン)

すだれ
フェルト
（断熱材）
③外側に日よけ(すだれ)

※フェルトによる断熱材はすべてに巻きつける

■Step 2

太陽に見立てた電球を中心に、3つのペットボトルを等間隔に配置。電球を点灯し、3分ごとに温度変化を測定し記録する。

■Step 3

開始から15分経過後に電球を消し、3分ごとに温度を測定。30分経過したら測定終了。測定温度をグラフ化する。

みつける2 日よけの設置場所による効果の違い

■内付け日よけより、外付け日よけの方が涼しい

ペットボトルによる実験の結果（図2）、内付けより外付け日よけの方が温度上昇が抑えられた。同じ現象が、実際の建物環境でも起こっているか、赤外線放射カメラによる測定結果を確認すると（図3）、内付け日よけより外付け日よけの方が温度が低いことがわかる。

室内で日射を遮へいすると日射熱が日よけに吸収され、その熱が室内に放熱されるため室内温度が上がる。一方、窓の外にブラインドを設置し室外で日射を遮断すると、ブラインドに吸収された熱は室内に入らないため内付けに比べると効果的である。外付け日よけの効果を十分に引き出すには、外付け日よけと窓の間にある程度のすきまを設け、日よけに蓄えられた熱が窓に伝わらないようにするとよい。

みつける3 日よけの種類と組み合わせの効果

■ガラスと日よけの組み合わせで涼しくできる

日射遮へい性能を有する遮熱型低放射（Low-E）ガラスや、既存のガラス面に貼ることができる熱線反射フィルムによる効果も高い（図4）。Low-Eガラスは、ガラス表面に熱源となる遠赤外線を反射させる特殊な金属膜が貼られているためである。

こうしたガラスは、熱は遮へいするが日光は入ってくるため、まぶしさを調整しなければならない。こうした注意は必要であるが、開口部まわりを構成する外付け日よけやガラス、内付け日よけを組み合わせ、日射の遮へい量をコントロールすることによって（図5）、室内の温度上昇を抑制し、冷房用エネルギー消費量の低減と室内環境の快適性を向上させることができる。

★

外付け日よけをつけると、室内が暗くなる？
日よけによって部屋が暗くなると思われがちだが、実際は必要とされる照度が確保されていることが多い。照度については22頁参照。

夏は日よけになるが、冬はどうなる？
熱的に弱い開口部。夏は日射を遮り冬は寒さを遮る方法を併せて計画する必要がある（58頁）。

もっと自然な涼しさを得る方法は？
ゴーヤなどでつくる植栽日よけは植物の生育特性を生かした日よけである。蒸発冷却効果もあるのが特徴（66頁）。

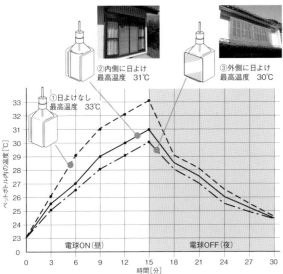

②内側に日よけ　最高温度　31℃
③外側に日よけ　最高温度　30℃
①日よけなし　最高温度　33℃

電球ON（昼）　電球OFF（夜）

図2　ペットボトル実験（図1）測定結果　窓の外にすだれをかけたと見立てた③の温度上昇が小さい。内側にカーテンを模した紙を入れた②が、外付け日よけの③よりも温度が高いのは、内側の紙の日よけが暖まり、その熱が室内へ入り温度上昇に影響するため

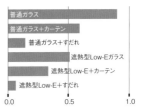

図4　ガラスの種類と日よけの組み合わせによる日射侵入率の比較
（出典：国土交通省国土技術政策総合研究所・独立行政法人建築研究所監修『自立循環型住宅への設計ガイドライン』建築環境・省エネルギー機構、2005年）

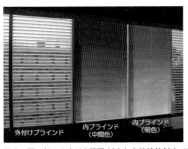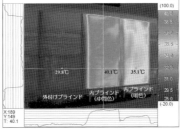

外付けブラインド　内ブラインド（中間色）　内ブラインド（明色）

図3　開口部の日よけ3種類（左）と赤外線放射カメラによる熱画像（右）
（実測評価：東京理科大学井上隆研究室）

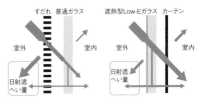

図5　開口部の熱授受

☞ **日本の伝統的な日よけ「すだれ」は、夏を涼しく過ごすための効果的なしつらえ。**
室内につけた日よけは、太陽熱を吸収し室内に放熱するため室温を上げる。一方、室外に日よけをつけると室内に太陽熱が入りにくく室温の上昇が防止され、冷房用エネルギー消費量削減の効果が高い。

つくる 太陽からの日射角度と窓の位置を理解し、適切な「日よけ」を選ぶと室内環境が向上する。
居住者のライフスタイルを読み取ったうえでの日よけの選定、
時間帯に応じた開閉を行う住まい方がともなうことで、快適性はさらに高まる。

■日射遮へい部材の形状と方位

　日射による開口部の受熱量は、方位や季節によって異なる（24頁）。開口部の外側で効果的に日射遮へいするためには、太陽高度や方位角、緯度、方位から日射の進入方向と角度を季節ごとに読み取り、日射遮へい部材の大きさや角度、開口部の設置方位に応じた形状とすることが大切である（図6）。

　さらに、開閉が可能な日よけをつくれば、1日の時間帯による日射の変化に応じて光と熱、風の量を調整でき、快適な室内環境をつくることができる。

■日射遮へいデザインと住まい方

　日よけには、建築要素として設計されるもの（庇、サッシ、ガラス）、居住者が後で設置するもの（すだれ、植栽日よけ）がある（表2）。選定の際には、敷地条件や意匠、コストと共に居住者のライフスタイルや環境調整能力を考える必要がある。

　日よけを生かした夏の涼しい住まい方がある（表1）。外気温と室温をみながら日射遮へいと通風を調整することによって夜間冷却を導く方法など、居住者への住環境教育も必要である。

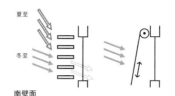

夏季は日射進入角度が高いため受熱量は少ないが、冬季のオーバーヒートに注意。時間帯に応じて開閉できると照度調整ができる

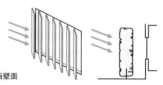

日射進入角度が低いため垂直で角度調整しやすいものがよい。常緑樹垣根により遮ると、暴風などで壊れる恐れが少ない

図6　南壁面と東西壁面の日射進入角度

表1　日よけを有効活用する「夏の住まい方」
日よけや窓の調整によって日射を遮り夜間の涼しさを取り込むライフスタイル

時間帯\部位	夜	昼	朝・夕
日よけ	―	あり	あり
窓	開	閉	開
室内	涼をためる	日をよけて涼を生かす	日をよけて涼を取り込む

表2　部位、設置時期、ライフスタイルから考える日よけのデザイン手法

庇・サッシ・ガラスなど	・設計時に建築要素の1つとしてデザインする。 ・利用者の特徴、施設の特徴を踏まえた維持管理方法を併せて検討する。	すだれ・植栽日よけ	・竣工後に居住者が設置する。 ・後から設置することを想定し、フックやレールなどの取り付けを設計時にあらかじめ検討する。

●庇
設計段階から庇の出幅を考える必要がある。後付けの庇、オーニングなどの製品もある。

●日射調整フィルム
ガラス面に貼ると、太陽エネルギーの流入量が抑えられるので冷房負荷を低減できる。既存窓の性能向上にも使いやすく効果は高い。ただし、太陽光は流入するため、まぶしさを防ぐ方法を別途計画する必要がある。

●遮へい型低放射（Low-E）ガラス
Low-Eガラスには、日射熱遮へい性能が高い「遮へいタイプ」と断熱性能が高い「断熱タイプ」がある。住宅では、冬の日射を生かす断熱タイプは南面に、夏の日射を防ぐ遮熱タイプは東西北面への利用が効率的。

●日射遮へい雨戸・格子
夏季の夜間冷気取り入れのための可動式ルーバーのついたエコ雨戸という商品もある。夜間冷気を取り込むために使うと効果的。

●外付けブラインド
すだれ同様に効果が高い。台風などのある日本の環境にも耐え得る製品がある。開口部の幅の検討が必要になる。

●すだれ
日本の伝統的な日よけの1つで日射遮へい効果が高い。夏季、窓先に設置する。窓枠に後付けできる、すだれ掛け金物が市販されている。

●寒冷紗
農業用の寒冷紗には白色の製品があり、単価も安く、素材自体が柔らかいので取り扱いやすい。カーテンのように設置するほか、棒につけて立てかける方法もある。

●植栽日よけ
ゴーヤが代表的。おもに夏季に使用する灌水が課題になりやすいので灌水パイプや土の量を多くし保水力を高める方法を採用したい。窓の高さに応じて、ソルゴーなどを使用するのもよい。

●樹木・垣根
南面には落葉樹、東西面には常緑の垣根などを設けると効果が高い。樹木や垣根が生長する大きさをあらかじめ見込む必要がある。

農業用寒冷紗による自作の日よけ（長野県下伊那郡高森町役場）

つくる 1　回転式外付け日よけ

　耐久性や台風対策のため、日本では普及しにくい屋外可動日よけだが、この事例では既製品の窯系サイディングやテニスネットの引張用の巻上用ウインチを活用し制作されている（図7、8）。都心の狭あいという条件から、周囲からの視線の制御と共に、室内へ光や風を導入しながら夏季の日射を遮へいし調整できる建物の外皮として設計されている。

〜設計者のコメント〜

「住まい手は、四季折々の太陽の位置に応じて日よけの角度を調整するひと手間を負う。古来、住まいは完備した器ではなく日々人がかかわってこそ生かされる装置だった。自然の営みに住まい手が参加して住環境を整え、時の移ろいを体感できることが信条。この設えは人体の動作をかりてより単純な機構へと進化していく」

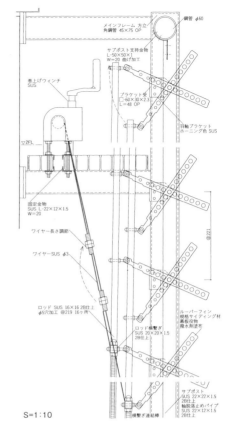

図7（左）　回転式外付け日よけで囲われた住宅
日よけは連結棒で動かす（「1:100HOUSE」設計：野田俊太郎、1999年）
図8（上）　同、日よけ部断面詳細　（出典：『ディテール』174号、2007年）

つくる 2　太陽高度によって使い分ける日よけ

　DIYを得意とする環境工学者のアトリエの開口部の事例（図9）。夏季の日射遮へいのために開口部の外側にパーゴラが設置されモッコウバラが開口部を覆い、植栽日よけになっている。太陽高度が低くなる西日を遮へいするために横引きの日よけ戸を使っている。庭の眺めを得るための大きなFIX窓を生かしつつ、太陽高度に合わせて日よけを使いこなしている。開口部やパーゴラ、日よけ戸は、居住者が環境を読み解きながらDIYでつくり込まれている。

図9　季節による日よけの使い分け　右：夏は植栽日よけで日射を遮る。左：西日は横引きの日よけ戸で遮る（仕様は断熱材とポリカーボネート板）。窓は木製サッシ複層ガラスにさらにガラスをDIYで外付けし、トリプルガラスとしている（制作：林基哉）

つくる 3　暖房の熱源にもなる日よけ

　既存の小学校校舎をエコ改修する際に、教室の暖房熱源取得のために採用した太陽熱集熱（水式）パネルを開口部の庇に兼用した事例（図10）。

　太陽熱集熱パネルは通常屋上部へ設置することが多いが、ここでは教室南側の耐震補強された壁面に設置している。パネルが教室の庇も兼ねることができ、屋上なども有効に活用できるためである。また、生徒の目に触れる機会も多いことから、日よけの効果や太陽エネルギー活用についての環境教育効果が見込まれる。

図10　既存小学校のエコ改修事例　太陽熱集熱パネルを庇に兼用（「群馬県太田市中央小学校」設計：中村勉総合計画事務所、2010年）

窓の断熱性能

みつける 窓は、壁に比べて3〜13倍の熱が逃げ、室内の暑さ・寒さの大きな要因となる弱い部位。窓の弱さをみつけ、その解決策を知ろう。

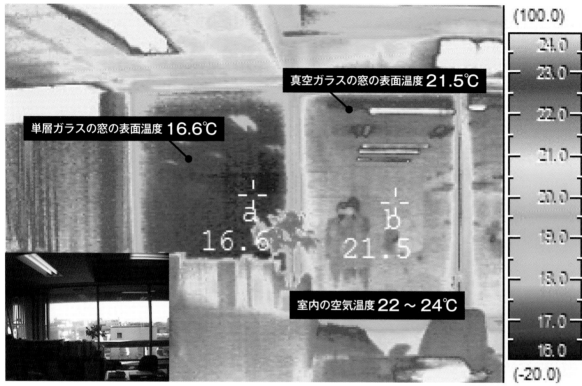

真空ガラスの窓の表面温度 **21.5**℃

単層ガラスの窓の表面温度 **16.6**℃

室内の空気温度 **22 〜 24**℃

図1 赤外線放射カメラ測定例 写真左側（工事未完了）の単層ガラスは室温（22〜24℃）より6〜8℃程度低く、右側の真空ガラスとは約5℃の差がある（測定場所：東京都三鷹市役所／日時：2010年1月／外気温：約10℃／測定：首都大学東京［現東京都立大学］須永研究室）

みつける 1　冬の窓の冷たさ

■単層（1枚）ガラスは熱を通しやすい

　図2は、ガラス窓の熱貫流率（部材の熱の通りやすさ）と木造住宅の外壁の熱貫流率の断熱基準（1999年基準、Ⅳ地域［現6地域］）を比較したもの。単層ガラス窓の熱貫流率（熱損失）は、木造住宅の外壁の基準値に比べて10倍以上大きい。図1の赤外線放射カメラで比較した真空ガラス窓の熱損失は単層ガラスの4分の1以下*。

■単層ガラスは表面温度が低くなる

　図3は、室温20℃、外気0℃と仮定してガラス窓の表面温度を計算した結果。単層ガラスの室内側表面温度は約6℃と低く、複層ガラス（空気層12mm）でも約14℃となっている。これがコールドドラフトや冷放射による冷え、結露の原因となる。ガラスの内側に断熱材を内蔵した断熱内戸（61頁）をつけると室温と表面温度の差は2℃以下となる。

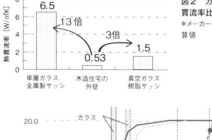

図2　ガラス窓と外壁の熱貫流率比較
*メーカーカタログ値を用いた計算値

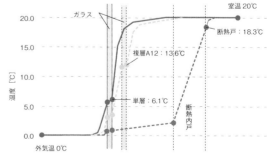

図3　単層ガラスのみ、複層ガラス、単層ガラス＋断熱内戸の場合の表面温度
［計算条件］材の厚さと熱伝導率：ガラス3mm、0.8W／(m・K)、断熱戸2cm、0.02 W／(m・K)、室内外の熱伝達率9.3、23.3 W／(m²・K)／空気層の熱抵抗：(ガラス間0.18mK／W、ガラス断熱戸間0.09mK／W)×厚さ(cm)

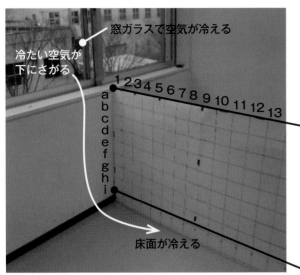

窓ガラスで空気が冷える

冷たい空気が下にさがる

1 2 3 4 5 6 7 8 9 10 11 12 13
a b c d e f g h i

床面が冷える

図4　コールドドラフト測定実験
左：測定対象。下：放射温度計による測定結果（出典：木村敏朗、増成和平、久和原裕輝、伊藤航介、山崎康平「首都大学東京「建築環境演習」授業レポート」2010年）。測定には放射温度計を使用した

	1	2	3	4	5	6	7	8	9	10	11	12	13	14	15	16	17
a	21.1	21.5	21.4	21.6	21.9	21.7	22.1	22.2	21.1	22.3	21.9	22.4	21.4	22.4	23.2	24.3	24.0
b	21.3	21.6	21.9	22.0	21.8	21.9	22.2	22.2	21.9	21.8	22.0	22.3	22.1	22.5	22.6	22.4	22.6
c	21.3	21.3	21.4	21.6	21.7	21.8	21.7	21.8	21.7	21.8	21.6	22.3	22.1	22.2	22.2	22.2	
d	20.5	20.9	21.5	21.4	21.4	21.5	21.4	21.4	21.2	21.5	21.5	21.7	21.6	21.9	21.9	22.2	
e	20.6	21.1	20.9	21.5	21.2	21.2	21.6	21.4	21.2	21.4	21.2	21.4	21.9	21.3	21.9	21.8	
f	20.3	21.0	21.0	20.9	20.9	21.2	21.3	21.2	21.2	21.3	21.2	21.4	21.4	21.3	21.4		
g	20.2	20.6	20.8	20.6	20.7	20.9	20.8	21.2	20.9	21.2	21.0	21.4	21.2	21.1	21.4	21.3	
h	20.3	20.4	20.4	20.4	20.6	20.4	20.8	20.8	20.8	20.8	21.0	21.2	21.2	21.3	21.4		
i	20.1	20.1	20.1	20.0	20.2	20.3	20.4	20.4	20.5	20.4	20.8	20.8	20.7	20.7	20.8		
j	18.2	18.2	19.1	18.6	19.2	19.6	19.6	19.9	19.6	20.6	20.3	20.6	19.6	20.6	20.0	20.2	

窓側 ← → 室内側

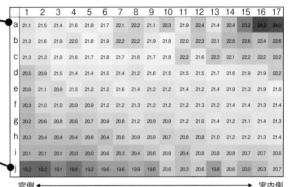

天井・屋根 6%

木造戸建住宅
断熱戸がない場合

外壁 19%　　TOTAL 100%　　開口部 48%

すきま風・換気 17%　床 10%

図5　2010年3月に単層ガラスを真空ガラスに変えた三鷹市役所　単層ガラスを1枚だけ残し、真空ガラスと単層ガラスを触って比べられる体験コーナーを設けた

図6　木造住宅における熱の逃げる部位と割合　1992年の新省エネルギー基準の場合（東京）。出典：日本建材・住宅設備産業協会

みつける2　窓まわりの空気の流れ

■窓の表面温度が低いと、コールドドラフト現象が起こる

　単層ガラスなど熱性能の低い窓は、冬季表面温度が低くなり、窓面で空気が冷やされる。冷やされた空気は、まわりの空気より温度が低く重いため下にさがり、さらに床面に沿って流れる。この現象をコールドドラフトという。図4は、そのコールドドラフト現象を可視化する実験の測定結果。窓下に垂直に置いた紙の表面温度を放射温度計で測り、温度別に色分けした。この実験時は、外気温度が16℃と比較的高かったものの、コールドドラフト現象がよく現れている。

みつける3　窓から逃げる熱

■壁・天井と比較すると窓は熱が逃げやすい

　図6は、新省エネ基準（1992年基準）の住宅を想定して、熱が逃げる部位とその割合を示したもの。逃げる熱量（熱損失）の約半分が窓（開口部）からであり、窓は熱が逃げやすい部位であることがわかる。つまり、窓の断熱性能が悪いと暖冷房するときのエネルギー消費量が大きくなるということ。事務所ビルなどガラス面積の大きい建築ではさらに大きな熱損失になる。

☞ ガラス窓は、熱的には大きな弱点である。

単層ガラス窓は熱損失が大きい。とくに冬季には表面温度が低くなりコールドドラフトや冷放射による冷え、結露の原因となる。窓から逃げる熱は、建物全体から逃げる熱の50％程度になる場合もあり、窓の性能が悪いとエネルギー消費量も大きくなる。

ガラス窓の断熱性能の弱さを改善、コントロールする手法を理解すれば、
省エネルギーや室内熱環境の向上に大きく役立つ。
快適でエネルギー消費の少ない開口部デザインが求められる。

■ガラス、サッシは熱性能のよいものを選ぶ

　図7は、代表的なガラス窓と断熱内戸および木造住宅の外壁の熱貫流率を比較したものである。外壁に比べて単層ガラスの熱損失は10倍以上、複層ガラスも種類によっては5〜9倍人きい。真空ガラス、樹脂リッシで3倍程度になる。一方、ガラスに比べかなり安価な断熱戸（フェノールフォーム20mm）をつけると、熱貫流率は1W/（m²·K）を切り、木造外壁基準値に近くなる。図8は窓ガラスおよびサッシの性能と結露の関係を表したものである。結露防止のためにも、木製か樹脂製のサッシを選びたい。

■付属物により断熱性能を上げる

　ガラス窓の内側に断熱材を内蔵した戸を設置すると、窓の室内側表面温度が室温に近くなり、放射による冷えや、コールドドラフトがなくなる。図9、11のようにレースのカーテンと断熱内戸を設置した場合の室内の上下温度分布を比較すると、断熱内戸は床近傍の空気温が上昇して上下温度差が小さくなり、温熱快適性が向上する。

　一方、障子は薄い紙1枚で建具の気密性が悪い。カーテンやブラインドも同様で、特に丈が短く床との間にすきまができると、結露やコールドドラフトを助長する場合もある。雨戸の場合はすきまから外気が侵入すると、雨戸とガラスの間が外気温度に近くなり、断熱効果が小さくなる。

■空気通過型窓（エアフローウィンドー）にする

　オフィスビルなどで用いられる手法で、空調エネルギー削減、快適性能向上等に非常に大きな効果がある（図10）。詳細は103頁参照。

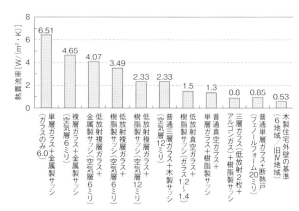

図7　ガラスとサッシを合わせた熱貫流率の比較　ガラス窓の性能は、ガラスの枚数、ガラス間の空気層、低放射膜の有無およびサッシ枠によって異なる（『住宅の省エネルギー基準の解説 3版』［建築環境・省エネルギー機構、2009年］およびメーカーカタログ値を用いた計算値）

図8　窓ガラス、サッシの種類と結露　断熱性能が悪いと冬季にガラス表面やサッシ枠が外気で冷やされて露点温度以下になり結露が生じる。ガラス、サッシ枠ともに性能によって結露の生じ方が違う。結露は、汚れや黒カビなどの温床となるため、開口部の性能を良くすることは、熱環境の改善だけでなく建物の老朽化防止対策、人間の健康のためにも重要（撮影場所：トステムショールーム／外気温：10℃／室温：24℃／相対湿度：55%）

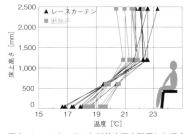

図9　レースカーテンと断熱内戸を設置した場合の室内上下温度分布　レースのカーテンと比較すると、断熱内戸を設置した場合は、足元の温度が2℃程度高く、天井付近の温度は1℃程度低い

図10　エアフローウィンドーの概念図

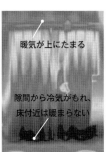

図11　レースカーテンと断熱内戸の熱画像
2009年2月7日（レースカーテン）と2月10日（断熱内戸）の20時30分に撮影（外気温：約6℃／暖房：20℃設定）

つくる 1 　二重サッシ

　既存の単層ガラス窓の性能を向上させるには、ガラスだけを取り換えるのではなく、二重サッシにする方が効率的である。図12の事例では、既存の単層ガラス・アルミサッシの内側に、気密性の高い複層ガラス・木製サッシを追加し、二重サッシでガラス3枚とした。熱損失を大幅に削減し、室内表面温度を室温に近づけ快適性を向上させただけでなく、遮音性能向上も実現させた。

～居住者のコメント～
「窓の二重サッシ化に加えて外壁全面を内断熱したため、それまで悩まされていた結露がまったく起きなくなり、さらに、外部騒音も非常に小さくなって、大変感激しています」

図12　既存単層ガラス＋アルミサッシ窓の内側に複層ガラス＋木製サッシ窓を取りつけた例　（「向島の住宅」設計：メジロスタジオ、2006年）

つくる 2 　断熱内戸・断熱障子

　既存住宅の開口部の性能を上げるには、図9、11、15のように、フェノールフォームなどの断熱材を使った断熱内戸の設置が安価で効果が高い。断熱内戸は、雨戸と同様の使い方をするもので、室内を暗くできる。気密性を良くすれば、結露防止、遮音性の向上にもなる。図13、14のように開口部の性能を高めると同時に、デザイン要素の1つとして取り入れることもできる。

　また普通障子は木枠に紙1枚で断熱性能が悪い。室内側にも障子紙を張って太鼓張りとし、さらに透光性の断熱材を入れ性能を向上させた例もある（図16）。

～居住者のコメント～
「冬が暖かくなってうれしい。コールドドラフトがなくなり足元が冷えないのと、窓側が寒くなくなったので、以前より快適になった」（断熱内戸をつけた住宅に住む女性）
「夏の冷房時にも大変効果があると感じている」（断熱内戸を入れた事務室の使用者）

図13　断熱内戸を取りつけた住宅　断熱材をくり抜き和紙を貼ることで光が通る（「伊豆山の家」設計：アーバン・ファクトリー　藤江創、2008年）

> ★ **断熱内戸、ここに注意！**
> 複層ガラスなどの内側に用いた場合、直達日射が当たると熱割れする可能性がある。また、断熱内戸を閉めた際の気密性が低いと結露が悪化する可能性があるので使用時の注意が必要である。

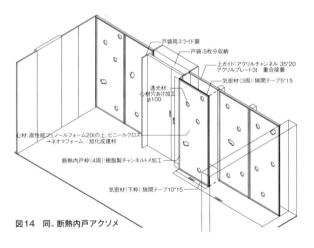

　戸袋用スライド扉
　戸袋：5枚分収納
　上ガイド：アクリルチャンネル 35*20
　アクリルプレート3t　重合接着
　気密材（3周）：隙間テープ5*15
　透光材：心材穴あけ加工 φ100
　心材：高性能フェノールフォーム20tの上、ビニールクロス→ネオマフォーム　旭化成建材
　断熱内戸枠（4周）：樹脂製チャンネルトメ加工
　気密材（下枠）：隙間テープ10*15

図14　同、断熱内戸アクソメ

図15　既存窓への改修例　断熱内戸［スライド式］の例。窓右側に4枚を重ねて収納する

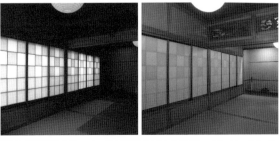

　断熱内戸

図16　断熱障子の例　一部に透光性断熱材を入れず、明るさにアクセントをつけている。左：日中、右：夜間（「東橋本の家」設計：須永修通、2011年）

光の強さと弱さ

みつける　太陽からの自然光（昼光）は、時間によって変動し、その変動が光と影の移ろいを生む。
自然光の特徴を生かす住まい方にふさわしい光環境とは何かを学ぼう。

昼光照度（晴天日）約 100,000 ルクス

北側からの昼光

Low-E
複層ガラス

図1　昼光照明を行う中学校校舎の改修例　校舎の北側に設けられた「ひかりのみち」（写真右下）は廊下を兼ねるだけでなく、時には授業や集会、生徒らのコミュニティを創出する場として利用されている。吹抜け部分の梁は旧校舎時代のもの（「北海道寿都郡黒松内町立黒松内中学校」設計：アトリエブンク）

みつける 1　自然の光は明るい

■昼光による照度は、電灯光の 200 倍

　日中、窓から得られる自然光を「昼光」という。昼光は、ほぼ一定量の光を放つ電灯光とは異なり、時々刻々と変動する。照度は照度計（132頁）を用いて測定できる。屋外の昼光照度は曇天日で 10,000 ルクス（lx）、晴天日で 100,000 lx 程度となり、電灯光による室内照度（500 lx 程度）の 200 ～ 2,000 倍に達する。このように、昼光は強い光なので、大量の昼光を室内に導くと「まぶしさ（グレア）」や夏季であれば室内のオーバーヒート*を誘発する可能性がある。しかし、昼光はバイオクライマティックデザインを実現する有効な光の資源といえる。そのため、採光に当たっては、可動式のスクリーンを併用するなどの配慮が必要である。

　図1は、校舎の北側のトップライト（天窓）から入る昼光を照明として利用している中学校の例である。この校舎が建つ地域は、夏季は曇天日が多いことからトップライトが採用された。

　一方、夏季は昼光をなるべく入れずに涼しく過ごす古民家の例もある。ここでは、カーテンや扉で昼光を全て遮るのではなく、ほどよく入れて涼しさがともなう明るさを演出し、光の弱さを照明や涼を得るのに生かしている（図2）。

＊オーバーヒート：建築内部で熱気がたまり、室温が過度に上昇すること。

図2　昼光をほどよく入れる夏季の民家（飛騨高山）
大量の昼光を室内に入れないようすだれなどで調整して涼しさが得られるようにしている

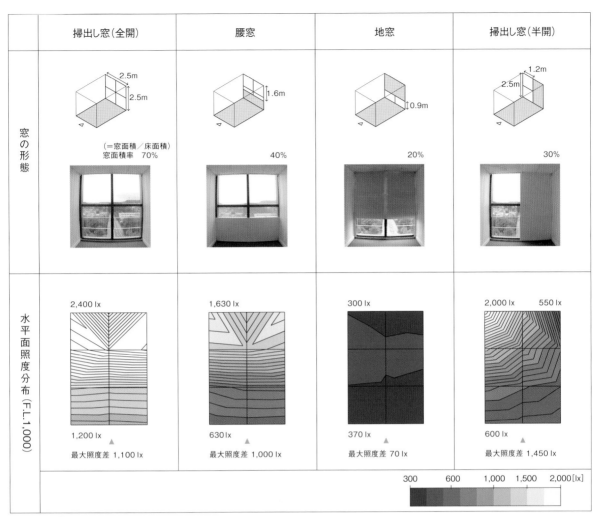

	掃出し窓（全開）	腰窓	地窓	掃出し窓（半開）
窓の形態	2.5m 2.5m （＝窓面積／床面積） 窓面積率 70%	1.6m 40%	0.9m 20%	1.2m 2.5m 30%
水平面照度分布（F.L.1,000）	2,400 lx 1,200 lx 最大照度差 1,100 lx	1,630 lx 630 lx 最大照度差 1,000 lx	300 lx 370 lx 最大照度差 70 lx	2,000 lx　　550 lx 600 lx 最大照度差 1,450 lx

300　600　1,000　1,500　2,000[lx]

図3　窓の形態と水平照度分布　夏季の晴天日の正午に真東に面する実験室の4種類の窓から入る昼光による水平面照度（F.L.1,000）。壁、天井は白色。水平面照度は実験期間中の累加平均。室内の家具配置は窓の形態によって大きく異なる（出典：那須聖、斉藤雅也、宮川紅子「視野照度の比較による窓の形態と人の椅座位置の関係についての考察」『日本建築学会計画系論文集』第596号、2005年、43〜49頁）

みつける 2　窓と明るさの関係

■窓の大きさ・配置によって照度分布「光のムラ」は異なる

　窓の大きさや配置は、在室者にとっての眺望だけでなく、光や熱、空気、音の出入り、ふるまいを決定する要素である。

　図3は、4種類の窓の大きさ・配置による昼光の水平面の照度分布である。昼光による照度分布は不均一に分布し、時々刻々と変わる。これが電灯光のそれとの大きな違いである。4種類の窓の大きさや配置によっても照度分布は大きく異なる。「掃出し窓（全開）」が設けられた室内の水平面照度が一番大きく、次いで「腰窓」になる。窓面中央部の照度が最大になるのは、直射光に加え

て、天井と両側の内壁からの反射光が入ることによる。「地窓」は全体的に低照度であるが、床面に座るとほどよい明るさになる。「掃出し窓（半開）」は形態にしたがった照度分布になる。4種類の窓の照度分布の違いは、在室者の明るさ感や視的快適性にも大きな影響を与えるため、室内の家具配置を決定する要素にもなる。

　このように、窓の形態、季節や時刻によって変化する光を演出することが昼光照明の魅力である。ただし、窓の断熱性能が低いとコールドドラフトやオーバーヒートを起こすので、窓ガラスには低放射（Low-E）ガラスなどを採用して断熱性を高め、夏季には、外付けルーバーなど適切な日よけを併用することが望ましい。

☞ 自然光（昼光）には変動する性質があるが、室内照明として十分に活用できる。
昼光の強さと弱さを生かして快適な光環境をつくるには、窓からの光の入り方と共に、
窓の断熱性能に配慮することが重要である。

つくる

昼光の特徴や、居住者の生活と明るさ感の関係を理解することで、
ほどよい光環境のデザインが可能となる。自動制御システムに依存するのではなく、
居住者が自ら調整し、視的・温熱的な快が得られる建築をつくりたい。

■日中での普段の照明手法が「明るさ」感を決定する

　昼光を利用した照明の許容度は、居住者の日中の照明
手法の違いによって異なる。図4は、昼光照明を行う実
験室（以下、昼光室）に入室した被験者の明るさ感である。
日中、昼光を入れて過ごす時間の長い「普段昼光」群と、
電灯を点灯して過ごす時間の長い「普段電灯」群に分け
ると、目に入る光の照度が同じでも「普段昼光」群の明
るさ感は「普段電灯」群よりも「明るい」とした被験者
が多い。図5は、入室直後と入室3分後の室内の明るさ
に対する許容度で、「普段昼光」群が「普段電灯」群より
りも昼光照明を行う実験室の光環境の許容度が2倍ほど
大きいことがわかる。

　バイオクライマティック建築は居住者が昼光のふるま
いを感じ取り、上手に生かすことによって成立する。

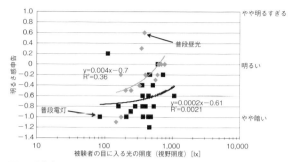

図4　昼光室における明るさ感

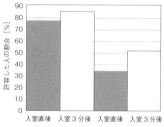

図5　昼光室への入室直後、3
分後の明るさの許容度
（図4、5とも出典：斉藤雅也「ヒトの
温度感覚と環境調整行動に関する
研究（その5：昼光照明下でのヒト
の明るさ感・温冷感と明るさの調整
行動）」『日本建築学会大会学術講
演梗概集』D-2、2010年、33〜
34頁）

つくる 1　複数面から採光する：両面採光

　図6は、図1（62頁）で紹介した中学校の教室内で
あるが、教室の南北両面から昼光を室内に導入している。
教室では日中、蛍光灯を点灯することはほとんどない。
南面からは強い直射光が入るが、ブラインドによってま
ぶしさ（グレア）を防ぎつつ光は天井面に反射され、北
面からは弱くて安定した天空光（22頁）が入る。

　ブラインドは、カーテンと異なり、昼光を遮るだけで
なく、室内に入る光の角度を変えて天井に向けることが
できる。そのため、教室の生徒は時々刻々と変化する昼
光の強さ・弱さを感じ取り、室内全体がほどよい明るさ
になるように、ブラインドの角度を適宜調整して使用し
ている。

図6　南北両面採光を行う教室内部　教室の蛍光灯を点灯しなくても、十分に授業が
できる明るさを確保している（北海道寿都郡黒松内町立黒松内中学校）

つくる 2　反射光を利用する：地窓

　伝統的建築の茶室にあるように、地面からの反射光を
室内に入れる「地窓」がある。図7は札幌市にある地窓
のある住宅である。窓面の方位によるが、直射光が入る
時間帯は、写真のように窓際にできる光源が室内全体を
程よく照らす。また図3（63頁）の「地窓」に示した
ように、直射光の入らない時間帯は拡散光が室中央に集
まり、ほんのりと明るい空間になる。冬季の積雪時は、
雪面から反射される光が大きくなるので、地窓から入る
光は夏季よりも強い。

図7　地窓のある住宅　地窓の光が室内をほどよく照らす（「界川の家」設計：川人洋志、
2001年）

つくる 3 庇の形を工夫：ライトシェルフ

太陽からの自然光を窓から直接入れると、窓際と室奥側の照度差が大きくなり「均斉度」の低い光環境になる。事務所や学校など作業性の高い用途の建物では、「ライトシェルフ（light shelf）」と呼ばれる手法が有効である（図8〜10）。上空からの直射光と天空光を窓の内側のライトシェルフ（光棚）の上面で受け、そこで反射した光を天井に再び反射させ室内を照らす手法である。窓際では庇の役割を果たし、室奥には柔らかい光を導くため均斉度が高くなる。冬季は太陽高度が低いのでライトシェルフの下の窓から直射光が入る。その際には、直射光をロールスクリーンで拡散するなど、居住者の行動を含めてデザインを考える必要がある。

つくる 4 北面採光で景色を美しく見せる

グレアを生じやすい南面採光は、遮へいや拡散光にする配慮がいるが、北面採光はその心配が少ない。低放射（Low-E）ガラスなどの高断熱窓を使えば北面を大きく開くことができる。福井市にあるオフィス（図11、118頁）では、北面の窓は南面よりも大きく取り、日中は柔らかい光が入る。北面採光は室内からの景色を美しく見せる効果があり、開放感が得られやすい。

つくる 5 居住者による調整：可動ルーバー

昼光を室内照明として有効利用するためには、居住者による環境調整が不可欠である。自動制御は初期投資が高いだけでなく、居住者の意図に反して稼働する場合もあり不快感がともなう。ドイツのベルリンにある事務所建築のファサードは、ダブルスキン内部に日射遮へい用の縦ルーバーがあり、使用者は自分の判断で開閉できる。このルーバーは採光調節だけでなく、ルーバー裏側のダブルスキンの煙突効果による熱気の排出を促す役割を兼ねている（図12）。

図11 北面採光を採用したオフィス （「オレンジリビングベース」設計：上遠野建築事務所、2017年）

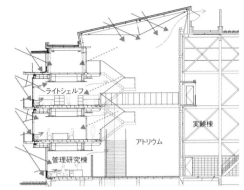

図8 ライトシェルフが設置された建物の断面 （「北海道立北方建築総合研究所」設計：アトリエブンク、2002年）

図9（左） ライトシェルフのある室内
両面採光と併用すると室内は電灯を点灯しなくても十分な明るさを確保できる。太陽高度が低くなる夕方や冬季は、使用者が室内のライトシェルフ下部にあるロールスクリーンを下ろし、明るさをほどよく調整できる

図10（下） 南側窓面のライトシェルフ
ライトシェルフの外側は庇の役割を果たす

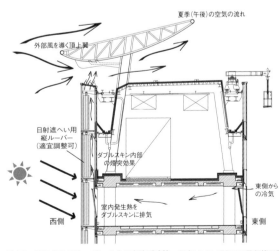

図12 可動する縦ルーバーのある事務所建築 ダブルスキン頂部には飛行機の翼を模した屋根が架かっている。翼が外部風をダブルスキン頂部に誘引し、翼後方に強く吐き出すことでダブルスキン頂部の風速が増す。ダブルスキン内部の煙突効果で上昇する気流の速度は翼がないときよりも大きい。使用者は光と熱の大きさを自由に調整できる（「GSW本社ビル」設計：ザウアーブルッフ・ハットン、ドイツ・ベルリン）

水の蒸発がつくる涼しさ

みつける　建物の遮熱が十分であれば、水の蒸発冷却作用によって周囲よりも低温の部位をつくることができる。水の蒸発冷却作用を活用し、空間を涼しくする方法を知ろう。

図1　植栽日よけと壁面緑化の表面温度　上：バルコニーに設けたすだれと植栽日よけ（ゴーヤ）の赤外線放射カメラによる熱画像。すだれの表面温度が36℃であるのに対して、ゴーヤの葉の表面温度は30℃（所在：東京都練馬区／日時：2007年7月28日10:54／屋上外気温32.5℃／測定：東海大学高橋研究室）。下：壁面緑化された集合住宅「経営の杜」の赤外線放射カメラ測定例（所在：東京都世田谷区／日時：2007年8月1日10:40／屋上外気温：30℃／測定：東海大学高橋研究室＋チームネット／設計：巴設計工房／企画：チームネット、2000年）

みつける1　蒸発冷却

■水が蒸発すると蒸発面の温度が下がる

　同じように日射の当たる場所に設置されているすだれと植栽日よけ（ゴーヤ）の表面温度を比較すると、植栽日よけの方が約6℃低い（図1上）。植物は、光合成の過程で土壌中の水分を吸い上げて葉の裏側から蒸散させるため、葉から気化熱が奪われ、葉の表面温度を周囲の気温より低くすることができる。一方、水の蒸発冷却機構のないすだれやロールスクリーンは、日射を吸収し高温になるため、植栽日よけほど表面温度が低くならない。

みつける2　遮熱と蒸発冷却の関係

■遮熱は蒸発冷却の必要条件

　壁面緑化された集合住宅の赤外線放射カメラによる熱画像をみると（図1下）、日なたにある植栽の表面温度が日射熱の吸収によって35℃まで上昇していることが読み取れる。植物は蒸散を行うが、積層した葉群の最も外側の葉では吸収日射量が大きいため、葉の表面温度は屋上外気温（30℃）を下回るほどには下がっていない。葉群の内側の層になるほど、遮熱性が上がり（透過日射量が減衰し）、葉の建物側の表面温度は低くなる。

　蒸発冷却によって蒸発面の温度を十分に下げるためには、日射を遮へいすることが必要である。

図2　集合住宅「風の杜」の外観（左）と赤外線放射カメラによる熱画像（右）
（所在：東京都世田谷区／日時：2007年7月28日10：54／屋上外気温：32℃／設計：HAN環境・建築設計事務所／企画：チームネット、2006年）

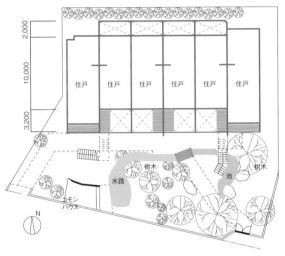

図3　「風の杜」平面

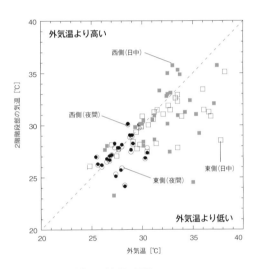

図4　植栽の有無と建物周囲空気温の関係
（図2、4とも、測定：東海大学高橋研究室＋チームネット）

みつける 3　植物の蒸発冷却の効果

■建物直近空間に植栽すると、周囲の気温と地物表面温度の上昇を抑制できる

　図3の集合住宅で植栽に覆われている東側階段と、植栽に覆われていない西側階段の気温と屋上の外気温を比較すると（図4）、植栽に覆われていない西側階段の気温は日中・夜間を問わず屋上で測定した外気温より高いが、植栽に覆われている東側階段の気温は日中・夜間ともに屋上外気温より低い。

　緑陰にある東側階段の気温が屋上外気温よりも低いのは、樹木により日射遮へいが行われるだけでなく、葉群の蒸発冷却によって葉や地面、外壁などが冷やされるためである。

　蒸発冷却で低温部ができると、それらと接触した空気も低温になるため、外気を比較的低温に保つことができる。建物のすぐ外側に、樹木などによる蒸発冷却面をつくることで、通風時、室内に導入する外気を比較的低温に保つことができる。また、それら地物と植栽の表面温度が下がることで外壁や窓への放射熱（再放射）の量が減り、室内熱環境の調整に大きく寄与する。

☞ 水の蒸発冷却によって、周囲よりも冷たい面をつくることができる。

こうした冷たい面に触れることによって周囲の空気も冷やされる。
蒸発冷却作用による冷たさを生かすには、日射熱の遮へいを行うことが重要である。

つくる 蒸発冷却を応用すると、低温の部位をつくることができる。
蒸発冷却面を効果的につくり、建物内外に夏の涼しさを生み出す方法を知ろう。

■相対湿度が低くなるほど蒸発水量が多くなり、蒸発面の温度は低くなる

空気線図（図5）に、空気の任意の温湿度を当てはめると湿球温度や露点温度（74頁）などを読み取ることができる。湿球温度は十分に通風されている場合の蒸発面温度で、蒸発によって表面温度が低下するときの下限値を意味する。たとえば、外気温（乾球温度）が30℃、相対湿度が60%のときに湿球温度は23.8℃になるが、相対湿度50%では22℃、相対湿度40%では19.7℃に低下する。

湿球温度、蒸発面温度は湿度が低くなるほど低下するので、設計時には、蒸発面付近は十分に通風し、蒸発した水蒸気の速やかな排除に配慮する必要がある。

■濡れ面の除去熱量は平均40W/m²、最大で100W/m²（日陰）

図6は東京の外気温湿度と湿球温度、日陰にある蒸発面の蒸発による除去熱量を示している。使用した気象データは110数年に一度の猛暑といわれた2010年の

ものであり、除去熱量は濡れ面における総合熱伝達率9 W/(m²・K) として、それに外気温と湿球温度の差を乗じて試算した。

蒸発による除去熱量は10〜101 W/m² で変化しており、その期間平均値は41.5 W/m² である。たとえば、中庭部分などに日陰の濡れ面があった場合、そこでは平均40 W/m² 近くの熱が常時除去されていることになる。すなわち、人体1人当たりの発熱に相当する熱を約3m² で除去できることになる。

また、蒸発による除去熱量は9月1日13時に最大となっており、このとき、外気温は34.6℃、相対湿度は35%、湿球温度は22.6℃である。相対湿度が低いため湿球温度が外気温より12℃も低い、つまり蒸発面温度（湿球温度）と周囲空気温度（外気温）の差が大きくなったため除去熱量が大きくなっている。

除去熱量数10 W/m² の蒸発冷却面の特性を生かすには、その面積をできるだけ大きくする必要がある。たとえば、町家の坪庭は、池や土壌、植栽といった蒸発面をかせぐしかけといってもいいだろう。

図5 空気線図と湿球温度 湿球温度は、外気温が30℃、相対湿度60%の場合に23.8℃となり、相対湿度が50%で22.0℃、40%で19.7℃に低下する。蒸発面の温度は湿度が低くなるほど下がる

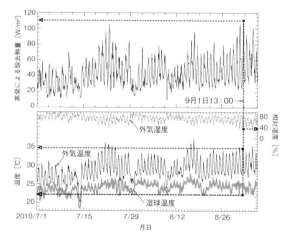

図6 外気温湿度・湿球温度と日陰の蒸発面の除去熱量との関係 蒸発による除去熱量は10〜101 W/m²に変化している。蒸発による除去熱量が最大になった9月1日13時では、外気温が34.6℃、相対湿度が35%、湿球温度が22.6℃である。相対湿度が低いため湿球温度が外気温より12℃も低くなっており、蒸発面温度（湿球温度）と周囲空気温度（外気温）の差が大きくなったため除去熱量が最大になっている

図7 二重屋根採冷システムの導入住宅「涼の家」
置き屋根で遮熱を行ったうえで、金属製の天井裏面で雨水の蒸発冷却を持続的に行い、天井放射冷却を通風・日射庇へいと複合する（所在：東京都小金井市／設計：黒岩哲彦／涼房計画：高橋達＋黒岩哲彦、1999年）

断面

外観

つくる **1** 二重屋根の天井裏面に散水

図7、8は、遮熱を徹底したうえで蒸発冷却を生かした天井放射冷却を行う事例である。屋根を二重構造にし、下側屋根（天井）を蒸発による温度低下の大きい金属板としているため、天井裏面に散布された雨水が蒸発することによって天井表面温度は室空気温より数℃低くなり、天井が放射冷却パネルとして働いている。天井裏面で発生した水蒸気は中空層を通じて自然換気により排出される。

～居住者のコメント～

「二重屋根の部屋では肩から上がすっきりして、涼しく感じる」
「炊事で発熱があるときや風がまったく凪いだときは扇風機を使わないと暑い」（「涼の家」に住む女性）

つくる **2** 蒸発冷却ルーバーによる冷放射・冷気の供給

屋外や半屋外空間における暑熱対策にも水分蒸発は適用できる。蒸発により低温になった散水面は放射・対流で周囲から熱を除去し、特に夏季の屋外で高温になっている放射環境下では冷放射の供給効果が際立ったものとして体感されることになる。

また、もし蒸発面が立体的に展開され、その伝熱面積が大きい、伝熱効率の高い形状になっていれば、それは、濡れ面近傍を通過する空気を冷却し、風下への冷気供給効果をもつ。

図9は冷放射・冷気の供給を可能にする蒸発冷却ルーバーである。散水されたルーバー表面では、蒸発により冷却された表面が冷放射を放つだけでなく、ルーバー間を通過する空気を冷やし、冷気を供給することができる。多段になっているルーバーの最上段に水道水圧で供給された水はルーバーの孔で滴下され、下垂することによりルーバー面での滞留時間・熱交換量を増加させる。

蒸発冷却ルーバーは薄いアルミ板でできており、図10のようにルーバー面に多数設けられている孔では、散布水が点滴され下垂する。下垂することによって水滴は伝熱面積だけでなく、対流熱伝達率・物質移動係数も上昇する。すなわち蒸発冷却効果が高まる。

このような冷放射・冷気の供給は図11のように遮熱が確保されていると機能する。屋内での蒸発冷却は湿度上昇による不快を招くために導入は考えにくいが、オープンな屋外空間への適用であれば、蒸発で生じた水蒸気が自然風で排出されるため、湿度が上昇することなく放射環境の緩和が可能になる。冷気供給も期待するなら、滞在位置を風下にするなど風配への配慮が必要である。

図8　一重屋根室（上）と二重屋根室（下）の赤外線熱画像　一重屋根の部屋では外気温と同程度に天井が暖まっているのに対して、二重屋根の部屋では天井裏面での蒸発冷却で天井表面温度が室空気温より4～5℃低くなっている（日時：2010年8月20日14:00／外気温：31℃／測定：高橋達）

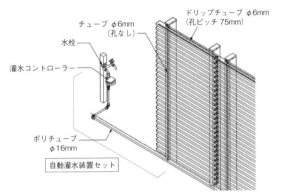

図9　蒸発冷却ルーバーの構成　孔の開いた多段のアルミルーバーは散水されると水分蒸発により表面温度が下がり、冷放射と冷気の双方を周辺に供給することができる

図10　散水が行われている蒸発冷却ルーバー　孔が多数開けられているアルミルーバーに水が散布され、孔に点滴されて下垂した水が蒸発冷却効果を高める

図11　蒸発冷却ルーバーを用いた屋外休憩スペース　屋根のある休憩スペースの壁部分に蒸発冷却ルーバーを設けた屋外休憩スペース

地域の気候

みつける 気温、風速・風向、水平面全天日射量、相対湿度といった気候要素の1日の変化、12カ月の変化から地域の気候を把握し、設計に生かす方法を知ろう。

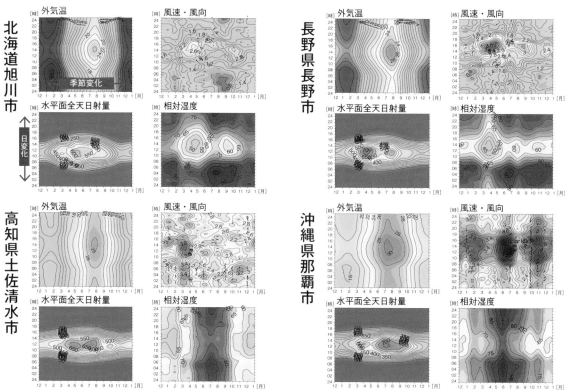

図1　パッシブ気候図　縦軸に時刻、横軸に月を表し、外気温、風速・風向、水平面全天日射量、相対湿度の4つの要素を並べて配置することで、気候要素間の関連および年間の気候変動が一覧できる。各データは、日本全国842地点の拡張アメダス気象データ（1995年版）をもとに作成し、色と等値線で示している。4つの要素の等値線の密度や色、等値線のゆがみ方などから地域の気候特性を可視化することができる

みつける 1　地域で異なる気候

■日本の気候

　日本の気候は、沿岸部や内陸部、盆地や平野といった立地特性、前線や低気圧の発生時期、高緯度か低緯度か、日本海側か太平洋側かといったさまざまな要因によって異なる。

　たとえば、高緯度にある旭川では、地表面に入射する太陽エネルギーが小さいことから外気温は低く、年間の太陽高度の差が大きいことから外気温の季節変化は大きくなる（図1上左）。低緯度の那覇では、外気温は高く、季節変化は小さい（同下右）。土佐清水のような沿岸部では、海の熱容量により季節変化は小さく、また、海陸風や季節風により日変化も小さい変動となる（同下左）。

　また、西日本では、梅雨前線が南から北上するため初秋の方が日射量は多く、東日本では、秋雨前線が北から南下するため初夏の方が日射量は多くなるといった季節の変化が生じる。

　風速についても、3〜5月に低気圧が発達し、日中の風速は上がるといった季節変化、日中に風速が上がり夜間は下がるといった日変化がある。風向の変化は、海陸風や卓越風など、立地との関係でさまざまに表れてくる。

みつける 2　気候要素の変化

■日変化と季節変化

　1日24時間の日変化と1〜12月の季節変化を、外気温、風速・風向、水平面全天日射量、相対湿度の気候要素からなるパッシブ気候図（図1）を参照することで、地域の気候特性の把握ができる。

　旭川と那覇の外気温を比べると、旭川は季節変化が大きいため、横方向に等値線の多い密な図となる。那覇は季節変化が小さく、縦方向に等値線の少ない疎な図となる。土佐清水の外気温は、季節変化も日変化は小さく縦方向も横方向も等値線は少ないが、内陸の長野では縦方向にも横方向にも密な図となる。

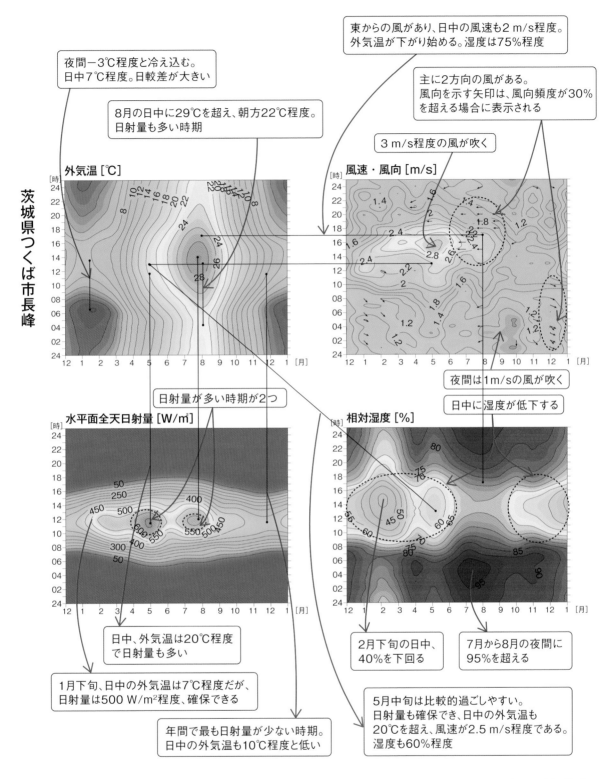

夜間−3℃程度と冷え込む。
日中7℃程度。日較差が大きい

8月の日中に29℃を超え、朝方22℃程度。
日射量も多い時期

東からの風があり、日中の風速も2 m/s程度。
外気温が下がり始める。湿度は75%程度

主に2方向の風がある。
風向を示す矢印は、風向頻度が30%
を超える場合に表示される

3 m/s程度の風が吹く

茨城県つくば市長峰

外気温 [℃]

風速・風向 [m/s]

夜間は1m/sの風が吹く

日中に湿度が低下する

日射量が多い時期が2つ

水平面全天日射量 [W/㎡]

相対湿度 [%]

日中、外気温は20℃程度
で日射量も多い

1月下旬、日中の外気温は7℃程度だが、
日射量は500 W/m²程度、確保できる

年間で最も日射量が少ない時期。
日中の外気温も10℃程度と低い

2月下旬の日中、
40%を下回る

7月から8月の夜間に
95%を超える

5月中旬は比較的過ごしやすい。
日射量も確保でき、日中の外気温も
20℃を超え、風速が2.5 m/s程度である。
湿度も60%程度

図2 パッシブ気候図の読み解き方 パッシブ気候図から、日変化と季節変化を連続的に、各気候要素間の関係と共に把握する。この図は、茨城県つくば市長峰の気候を読み解い ている。気候の概要は、冬期、外気温は低いが、日射量は年間を通して概ね得られる、夏期の日中、高温となるが、卓越風があり風が得られる。中間期、過ごしやすい時期がある、などが挙 げられる

☞ 地域によって気候要素の変化は異なる。

快適な環境の実現には、パッシブ気候図などを参考に、夏期、冬期だけでなく中間期を含めた
連続的な気候の変化を把握し、計画に反映することが重要である。

つくる 建設地の気候は、建物の室内環境に大きな影響を与える。
気候要素に関する情報を参考に、建物や開口部、外部空間のデザイン手法を組み立てよう。

■外気温の変化に対応

冬期の冷え込みに対して、断熱・気密は必須である。日較差の大きいところでは、熱損失の低減として、ハニカムスクリーン（図3）や夜間断熱戸などがとくに効果的である。日較差が小さく夏の外気温が高い時期の対応として、屋根の遮熱・冷却がある。夏の夜間に外気温が下がる場合には、風を取り入れて室温を下げ、熱容量がある材料を床や壁に用いることで蓄冷の効果を得る。

■地域の風向や風速を生かす

風が弱い場合、卓越風に合わせたウィンドキャッチャー（図4）や袖壁によって、風を取り込むことができる。風が強い場合、防風林などによって、外部空間の風を制御する。地窓、高窓の開口部の位置や大きさ、階段の配置は、通風だけでなく換気・排熱に対しても効果を発揮する。

■日射量の変化に対応

太陽高度の低い冬期、室の奥まで日射が届く。秋から春にかけて日射量を確保できる場合、ダイレクトゲインを目的に、南面開口の大きさや位置によって日射熱を取得し、床や壁に蓄熱性能の高い材料を選択することで、蓄熱の効果を得る（図5）。主採光面と奥行き、内装仕上げ材の色などの空間構成によっても熱・光を制御できる。

初夏から初秋にかけて、外気温は高く、日射量は多くなる。日射遮へいは、時期や太陽高度を確認しながら検討する。とくに、庇の長さは、日射遮へいと日射取得を考慮し決める必要がある。夏期から中間期にかけての西日の遮へいに袖壁は有効に働く。冬の日射の確保の点から、可動するすだれなどの日射遮へい装置がある（図6）。このほか、低放射（Low-E）ガラスによる遮熱や、障子やブラインドによる遮光も効果的である。

■相対湿度の変化に対応

年間を通して、多くの地域で湿度の高い時期が存在する。木材や珪藻土、漆喰など、調湿効果が得られる仕上げ材の利用によって湿度を調整するほか、外断熱などの工法によって内部結露を防ぐことができる。排熱・換気とあわせて、最低限の窓開けで室内の熱や湿度を排出する排熱用＋外気導入用の窓や通風塔（図7）の利用も有効である。夏の夜間に外気を導入し冷涼を得ようとする場合、外気湿度が80％を超えるような高湿であると、不快となるため注意が必要である。

図3 ハニカムスクリーン
冬期や夜間の冷え込みに対し、開口部の熱損失の低減を図る（図3・4・6～8「LCCM住宅デモンストレーション棟」基本計画：ライフサイクルカーボンマイナス住宅研究・開発委員会 設計：小泉アトリエ）

図4 ウィンドキャッチャー
開口部の開き方の工夫により、卓越風をつかむ

図5 南面大開口と蓄熱部位
太陽高度の低い時期、室奥まで日射が届く。床に蓄熱部材を配置し、日中の熱容量を確保することにより、室温低下を防ぐ（「高知・本山町の家」設計：小玉祐一郎＋エステック計画研究所）

図6 可動式水平ルーバー
夏期は日射遮へい装置として働き、冬期は収納して日射を取得する

図7 通風塔 湿度を排出するとともに温度差換気によって冷涼を得る

つくる 1 パッシブデザイン手法を組み立てる

パッシブ気候図（図2）より読み解いた地域（茨城県つくば市）の気候特性を踏まえて、パッシブデザイン手法を選択してみよう（図8）。パッシブデザイン手法には、日射遮へいと日射熱取得といった相反する項目がある（表1）。気候特性を確認しながら、バランスよくこれらの手法を設計に取り入れることにより、快適な室内空間が得られ、省エネルギー性も高くなる。

通風塔、北側の窓の配置、天井の勾配
空間構成による風の制御、通風、換気・排熱
5月から9月にかけて、夏期の日中以外は、外気温は20～28℃と過ごしやすい気温となる。日中は2m/s程度の風が吹く。卓越風がない時間帯でも、室内の通風経路、開口部の配置、通風塔によって、温度差換気が生じ、室内の風の流れと排気が促される

南の大開口
熱取得、熱容量の確保
冬1月下旬、外気温は低いものの、日射は見込まれる。太陽高度が低いことから、南面の大開口によってダイレクトゲインを得る。床面に蓄熱材料の配置を組み合わせることで、熱容量を確保する

建物配置
外皮による熱の制御
東西方向に長い建物形状によって南面の開口を大きくし、日射量が少ない時期の日射を確保する

断熱材、高性能窓
断熱・気密、熱損失の低減
1月下旬、外気温は氷点下を下回り日中も7℃程度と低い。断熱性能の向上と気密の確保により室温の低下を抑制する

袖壁、ウィンドキャッチャー
採風、採光
夏期の午後、東からの卓越風があり、外気温も下がってくる。ウィンドキャッチャーによって、弱い風を取り込むことで室温を下げる。
夏期、中間期の日射に対して、袖壁によって日射を遮へいし、袖壁の角度を振ることで反射による南面の開口部からの採光を得る

樹木の配置
外部空間の熱の制御
南面の大開口付近への落葉樹の配置によって、夏は日射を遮へいし、冬は日射を取得する

ハニカムスクリーン
熱損失の低減
外気温が下がる冬期や夜間に、断熱性能の高いハニカムスクリーンによって、熱損失が大きい開口部の窓性能を上げ、室温低下を抑制する

気積の調整、縁側空間、内部建具
空間構成による熱の制御
12月中旬は、外気温が低く日射量も少ない。ロールスクリーンの利用や天井高を低くするなど、室内の気積をコンパクトにすることで、効率よく空調ができる。縁側空間は、冬期は建具を閉じて緩衝空間に、夏期は開放して通風を促す

可動式水平ルーバー
日射遮へい、日射熱取得、遮光
夏期の日射が多い時期、水平ルーバーによって、日射を遮へいする。8月、外気温が28℃を超える高温となる時間帯を除いて、南面の窓を開け、通風を促す。可動式とすることで冬期は水平ルーバーを収納し、日射を取り込む

図8 年間の気候の傾向を確認し、パッシブデザイン手法を絞り込む
選択した手法の効果の有無は、室内環境を詳細に検討すべき時期をパッシブ気候図などで確認したうえで、シミュレーションツールなどを用いて検討する

表1 パッシブデザイン手法の一覧

部位	検討項目	設計手法の例	図8の検討
建物の工夫	外皮による熱の制御	形状、表面積、気積、方位、屋根勾配、建物配置、方位・色、外装材の仕上げ、外壁の通気層、高床（ピロティ）	✓
	断熱・気密	断熱方法（断熱材の選定、施工位置）、気密の確保（外壁、床下、天井）、熱橋	✓
	屋根の遮熱・冷却	二重屋根（置屋根）、屋上散水、屋上緑化、反射塗料	
	熱容量の確保	蓄熱部位の配置（床、壁）、蓄熱材料（RC、コンクリートブロック、タイル、石、PCMなど）	✓
	空間構成による熱の制御	吹抜の配置、天井高さ、気積の調整、サンルーム、縁側空間	✓
	空間構成による光の制御	吹抜の配置、天井高さ、主採光面と奥行き、内装仕上げ材の色	
	空間構成による風の制御	吹抜の配置、天井高さ、気積の調整、凹凸のない天井、階段の配置、通風経路の確保	✓
	湿度の調整	漆喰、土壁、珪藻土など仕上げによる調湿	
開口部の工夫	日射遮へい	庇、すだれ、ルーバー、外ブラインド、袖壁	✓
	日射熱取得	南面開口、トップライト、ハイサイドライト	✓
	熱損失の低減	高性能窓、複層ガラス、断熱型Low-Eガラス、ダブルスキン、夜間断熱戸	✓
	遮熱	遮熱型Low-Eガラス、熱線吸収ガラス、熱線反射ガラス	
	採光	トップライト、ハイサイドライト、地窓、袖壁、ライトシェルフ、光ダクト、北窓（天空光）	✓
	遮光	格子戸、障子、ブラインド・カーテン	✓
	通風	平面・断面における窓の配置	✓
	採風	ウィンドキャッチャー、窓の開き方の工夫、袖壁	✓
	換気・排熱	玄関ホール・風除室、換気・排熱専用窓、窓の位置と大きさ（地窓と高窓など）	✓
外部空間の工夫	熱の制御	方位、建物配置、空地・中庭、壁面緑化、樹木の配置、軒下空間、打ち水、外構仕上げ材による照り返しの低減	✓
	光の制御	方位、建物配置、空地・中庭、壁面緑化、樹木の配置、軒下空間、外構仕上げ材による反射光の利用	
	風の制御	方位、建物配置、空地・中庭、防風林	

空気中の水蒸気

空気中の水蒸気の量（湿度）は人間の温冷感や健康に影響する重要なもの。
水蒸気の発生する場所と原因を知り、結露を防ぎ適切な湿度を保つ方法を知ろう。

目に見える空気中の水蒸気
沸騰した湯から出る湯気と窓の結露。空気の露点温度以下の部分があるとその表面に水滴がつく（結露する）。ほかにも住宅では植物やガス暖房器など、さまざまな場所から水蒸気が発生する

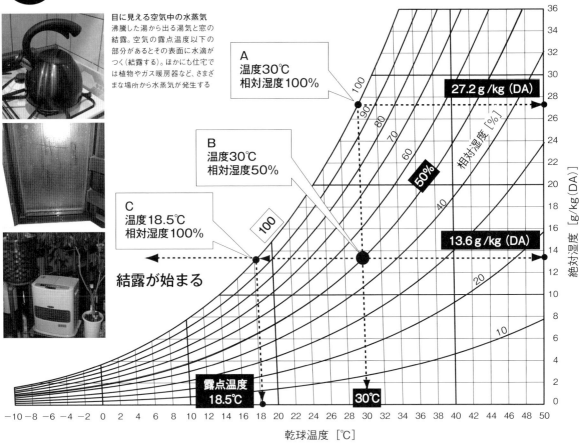

図1 空気線図 温度、相対湿度、絶対湿度（空気に含まれる水蒸気量）の関係を示す

みつける 1 空気中の水蒸気

■空気中の水蒸気の量は、相対湿度と絶対湿度で表す

絶対湿度は、まったく水蒸気を含まない状態の空気（乾燥空気）1kgあたりに含まれる水蒸気の量 [g] であり、[g/kg(DA)]（または [g/kg]）* で表される。

空気中に含むことのできる水蒸気量の最大値を飽和絶対湿度 [g/kg(DA)] という。相対湿度 [%] は、ある温度における飽和絶対湿度に対して、その空気の絶対湿度を百分率で表したものとなる。飽和絶対湿度は、図1のように温度が高いほど多い。

*g/kg(DA) は「重量絶対湿度」といい、おもに建築分野で使用される。容積絶対湿度 [g/m³] も使われる。DAは「Dry Air（乾き空気）」の略。

$$\text{絶対湿度[g/kg(DA)]} = \text{飽和絶対湿度[g/kg(DA)]} \times \frac{\text{相対湿度[\%]}}{100}$$

■空気線図を使うと空気中の水蒸気の量がわかる

空気線図（図1）から空気の状態が読み取れる。たとえば、温度30℃・相対湿度50%の空気（図中B）には、約13.6 g/kg(DA) の水分が水蒸気として含まれている。この空気の飽和絶対湿度は、相対湿度が100%となる図中A点を右軸で読み取ることで、27.2 g/kg(DA)であることがわかる。また、この空気が、水蒸気量はそのままで、約18.5℃（図中C）まで低下すると相対湿度は100%となり、それ以下になると水蒸気の一部が水滴となって現れる。この相対湿度100%の温度を露点温度 [℃] といい、空気中の水蒸気が水滴となって現れる現象を結露という。

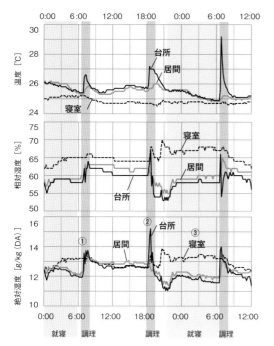

① 調理にともなう水分発生（およそ200g）
（朝食）調理時間15分／調理物115g／燃焼ガス（都市ガス）85g
② 調理にともなう水分発生（およそ470g）
（夕食）調理時間30分／調理物300g／燃焼ガス（都市ガス）170g
③ 睡眠にともなう水分発生（およそ170g）
（人体）大人2人、子ども1人
＊いずれも『建築計画原論Ⅲ』（渡辺要編、1965年）のデータをもとに概算

図2　集合住宅での居間・台所・寝室の温湿度の変化
生活行動と室温、相対湿度、絶対湿度の変化との関係をみる。相対湿度だけでは、空気中の水蒸気の絶対量がわかりにくい。図1の関係から絶対湿度を求めている

温湿度計の設置場所

図3　カビの繁殖環境と日本の気候
カビは高温多湿を好み、気温25℃以上、相対湿度60％以上で生育する。日本は夏季に高温多湿となるため、カビの繁殖環境となりやすい。一方、ヨーロッパは冬季に高湿となり、夏季は低湿である（出典：三浦定俊、佐野千絵、木川りか『文化財保存環境学』朝倉書店、2004年。一部変更のうえ作図）

人体

	20℃	25℃	27℃
静座	34g/h	57g/h	70g/h
軽動作	63g/h	92g/h	105g/h
中動作	146g/h	201g/h	222g/h
就寝時	55g/h	67g/h	81g/h[*1]

＊1　30℃での値

ガス

	発生水分量	発熱量	発熱量あたり発生水分量 [g/kJ]
都市ガス（13A）[*1]	1,740 g/m³	45 MJ/m³	0.039
プロパンガス[*2]	3,300 g/m³	100 MJ/m³	0.033
灯油	1,130 g/kg	35 MJ/kg	0.032

＊1　東京ガス（2010年）　＊2　プロパン主体

調理

	ガス調理［g］（調理物／ガス）	IH調理［g］
朝食	32／93	39
昼食	234／123	76
夕食	844／370	660

おもな内容：朝食（トースト、サラダ）、昼食（炒飯）、夕食（ご飯、唐揚げ、スープ）。いずれも2人分

生活行為

食器洗い（朝・昼・夕）	91・68・295g
炊事、皿洗い	2600g/日
洗濯・乾燥など（洗濯物1kg当たり）	470g
入浴	230g/回
入浴（浴槽水面0.5m²）	500～1000g/h
入浴（シャワー5分）	800g
雑巾拭き	8.3g/m²
ぬれタオル（タオル）	13.6g/m²
ぬれタオル（タオル）	26g/h
ぬれタオル（バスタオル）	850g/h

表1　住宅における水蒸気の発生源
（出典：岡西宏樹、岩前篤「生活に伴う水蒸気発生量の評価」『日本建築学会学術講演梗概集』D-2、2006年。『快適温熱環境のメカニズム』空気・調和衛生工学会、2006年。渡辺要編『建築計画原論Ⅲ』丸善、1965年。日本建築学会編『建築設計資料集成1 環境』丸善、1978年）

みつける 2　生活にともなう水蒸気の発生

■水蒸気の発生は、生活行動と関係がある

　集合住宅での温湿度の変化を表した絶対湿度のグラフ（図2）から、台所では調理を行う時間帯に温度の上昇と共に絶対湿度の上昇がみられ、水蒸気の発生が読み取れる。遅れて隣室の居間の絶対湿度が上昇しており、台所で発生した水蒸気のうち換気で排出されなかった分が隣室に拡散していることがわかる。夜間の寝室は、居住者からの呼吸や発汗により絶対湿度が他室よりも高い。住宅では、入浴や洗濯などによっても、水蒸気が発生する。このように水蒸気の発生は生活行動と綿密に関連している。たとえば4人家族の場合、1日に14ℓもの水蒸気を発生している＊。

＊ IEA Source book XIV, vol. 1.

■空気中の水蒸気はカビの発生、快適性に影響を与える

　日本の環境は、気温の高い夏季にカビの繁殖に最適な高湿度となる（図3）。カビを防ぐには室内の相対湿度が60％以上となる状況を減らすことが必要である。

　人間にとっては、一般に常温では相対湿度40～60％が快適範囲とされ、20％以下の環境は不快感をもたらす。とくに外気温度が低い冬季は、空気中の水分量が非常に少ないうえ、水蒸気を発生しないエアコンなどで暖房すると、室内が過乾燥になりやすい。過乾燥は、コンタクトレンズ着用時のドライアイなど、不快感を与えるだけでなく、アレルギー症状の発生との関係も指摘されている。また、高温時に70％以上の湿度が認められる空間は作業環境として不適当である。

☞ 生活のさまざまな場所に水蒸気の発生源が存在する。
快適で健康な住まいを確保するためには、湿度を適切に調整することが必要。
水蒸気の発生源をみつけて、快適な室内の湿度環境をつくろう。

空気中の水蒸気の一部が水滴となって現れる。
結露は、カビの発生や建物の耐久性の低下を導く。建物に工夫をして、
空気や材料中の水蒸気の量を調整し、結露の発生を防ぐ方法を理解しよう。

■結露の発生する状況と場所を知る

建築でみられる結露には表面結露（74頁図1）と内部結露（図5）がある。表面結露は、水蒸気を含んだ空気が、その露点温度より低い温度の窓ガラスや、壁や床の表面に触れることで水滴に変わり表面に付着する現象である。内部結露は、室内外の湿度差によって壁体の中を通過する水蒸気が、壁内の低温部分で液化する現象である。また、小屋裏や床下など、日常目にしない場所での結露もいう。

結露は季節によって発生の状況が異なる。冬型結露は、室内の空気が、外気で冷やされ露点温度以下となった窓ガラスや壁の表面に触れることで起こる。たとえば建物内の一部で暖房され、高い温度かつ絶対湿度が保たれている場合、低温になりやすい押入れや北側室は結露の生じやすい場所となり得る。夏型結露は、図4のように夏季や梅雨時期に、水蒸気を多く含んだ高温多湿の外気が、比較的低温の床下や土間、地下室などで冷やされて起こる現象である。繊維系断熱材を貼付した壁体では外気側の通気層が高温多湿となり、冷房されている室内側で結露する場合がある。

■断熱材、防湿層、通気層によって結露を防ぐ

結露は、カビや藻の発生、汚れなどのほか、水にぬれることによる材料の耐久性低下の原因にもなる。壁体内の断熱材が結露水によってぬれると、材料の熱伝導率が大きくなり、断熱性能の低下につながる。

図5に結露を防ぐ方法をまとめる。室内側の表面結露（a）は、壁体に断熱材を添貼したり（b）、低放射（Low-E）複層ガラスや木製サッシ、樹脂製サッシ、さらには二重サッシとするなどして断熱機能を向上させ、表面温度が露点温度より低温にならないようにすることで、防止できる（58頁）。

一方、冬季の壁体内での内部結露の防止には、壁体内の温度が低くなる部位に、室内からの水分が流れ込まないようにする必要がある。断熱材が室内側にあり、水蒸気を通す場合、断熱材と構造材の間で内部結露が生じ、きわめて危険である（c）。断熱材の室内側（高温側）に水蒸気を通さない防湿層を設けて防止する（d）。また壁体内に通気層を設け、壁体内の水蒸気を排出する（e）ことは、内部結露防止に有効である。通気層の厚さは通常12mm程度が効果的とされている。

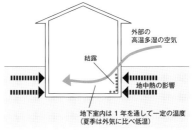

図4　地下室での結露
熱容量を利用したパッシブ手法では、夏型結露に注意がいる

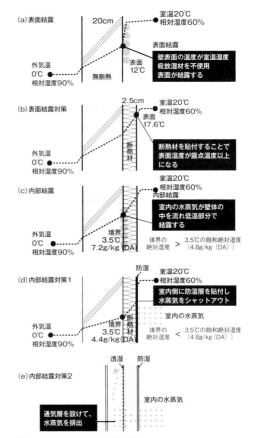

図5　表面結露と内部結露の回避策

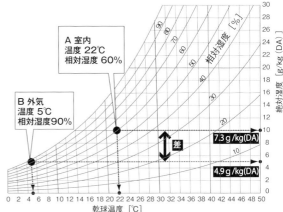

図6　冬季の室内と外気の温湿度

■冬季の乾燥を防ぐ

　住宅の断熱気密化が進み、冬季に室内が乾燥気味（過乾燥）になるケースが増えている。冬季は外気の絶対湿度が低く（図6B）、換気をして室内空気を逃がし、外気を導入すれば、必然的に室内の水分量は少なくなる。また、都市ガスや石油による暖房器具の使用が減り、室内の水蒸気の発生が大幅に減少したこと、厨房や浴室など水蒸気の発生源での換気性能の向上により、室内に水分がこもりにくくなったことも乾燥の要因である。さらに、住宅の断熱気密化により、室内の温度が高く維持されると、結果として相対湿度は非常に低くなる。

　過乾燥を防ぐには積極的に加湿を行う必要がある。気化式や超音波式の加湿器では、水蒸気の蒸発により加湿された空気の温度が低くなり、水蒸気が部屋の下層にたまりやすい。また、加熱式の場合はエネルギー消費量が大きい。いずれも、暖房器具からの暖気に乗せて拡散させることが重要である。断熱性能が低いところは低温部位となり、結露が起こるため注意が必要である。なお、過乾燥と定義される湿度域については、明確な基準はない。

■水分を吸収・放出できる材料で調湿する

　建築材料には湿気（水分）を吸湿する能力の高いものがあり、吸放湿材という。保水量は、周囲の空気中の相対湿度に依存し、その関係は平衡含水率曲線（図7）における相対湿度と含水率との関係から読み取れる。材料により調湿できる相対湿度とその範囲が異なる。内装材に吸放湿材を使用すると、室内が高湿の（水蒸気量が多い）場合には水分を吸湿、低い場合には放湿するため、室内の湿度調節を行うことができる（図8）。また、室内空気と接する面積が大きいほど調湿能力は高くなる。

■換気・除湿機により空気中の水蒸気を捨てる

　冬季は外気温度が低く空気中の水蒸気の量が少ない。室内で発生する水蒸気は、換気により屋外の空気と入れ換えることで排出できる。一方、夏季や梅雨時は、外気温度が高く空気中の水蒸気量が多い。そのため換気を行うと室内の水蒸気量が増える場合がある。このような時期には除湿器を利用することで効果的に水蒸気量を下げることができる。ただし、機器によっては室温が上昇することもあり注意が必要。

つくる▶1　内壁仕上げに吸放湿材を施工

　吸放湿性の高い材料（図9、10）を部屋の仕上げに使用することで、室内の相対湿度の変動が抑制される。
　土壁は吸放湿性の高い材料であるが、さらに吸放湿性能を高めた建材も出てきている（図11）。

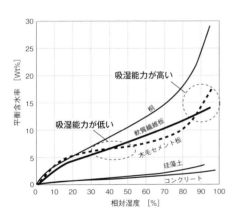

図7　平衡含水率曲線　傾きが大きいほど、その相対湿度での調湿能力が高いことを示す。木毛セメント板では、低湿域・高湿域で高い調湿能力があるが、中湿域では低い。また、軟質繊維板は広い相対湿度範囲で、調湿能力がある

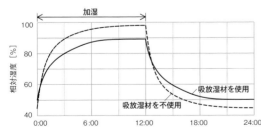

図8　吸放湿材の使用による湿度変化のイメージ　湿度の低い外気と常に換気を行い、0:00〜12:00までのみ加湿をした場合の吸放湿材の使用、不使用による相対湿度変動。加湿を止めると、外気との換気により室内の水分量は減る。吸放湿材を使用しない場合には、室内の水分量が増える（0:00〜12:00）と相対湿度が上昇し、乾燥する（12:00〜24:00）と相対湿度が低下するが、吸放湿材を使用すると相対湿度の上昇・低下の程度が緩和される

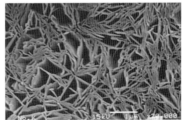 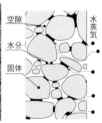

図9　吸放湿材（ケイ酸カルシウム板）の電子顕微鏡写真　黒く見える部分が空隙、白い部分が固体部分。このような空隙を多く含む材料ほど調湿能力が高い。また、空隙の大きさと量により調整できる相対湿度と絶対量がかわる

図10　材料内の水分移動の様子　水分は材料内の空隙の細かいところからたまっていく

図11　白砂を主成分とした土壁を、和室に施工した例　仕上げ材を2、3回重ねて塗り上げている

集落の風

みつける 夏の風は、涼しさをつくり出す重要な要素である。
一見すると風通しが悪そうな密集した集落の中でも風をとらえることができ、
利用できることを知ろう。

図1　集落内の細い路地で風をとらえる　2008年8月、熊本県天草市牛深町真浦・加世浦地区にて（調査：熊本県立大学辻原研究室＋細井研究室）

みつける 1　路地の中の風の動き

■路地を通り抜ける風の動きは、非常に複雑である

　路地の中で複雑な動きをする風を目で見てとらえたい、直感的に把握したいとき、図1のような装置を制作してみてはいかがだろうか。この装置を使えば、同じ断面内の上下、左右で風の動きが違っていても、また断面内で渦が発生していても、目で見て確認できる。

　私たちがよく使う風向風速計では、瞬時の値を観測する場合もあるが、平均化された風を観測する場合が多い。また、1台の風向風速計で空間内のある1点を観測するので、同時に多くの点を観測することが難しい。そのため、風向風速計ではとらえきれないものも多い。平均化された風をとらえるのではなく、時々刻々と変化する風をとらえてみたい。

　さらに、図1の装置を何台か制作して、路地の中に間隔を空けて置くことで、路地全体を風が通り抜けていく様子を可視化することもできる。

【実験】路地を通り抜ける風を可視化する
■準備するもの
ポリプロピレン製などのひも（たとえば、荷造り用のひも）、ガムテープや養生用テープなどのテープ、洋服ハンガー、編み目が10×10cm程度の網（たとえば、花用ネット）
■Step 1
ポリプロピレン製などのひもを薄く裂き、小さな吹き流しをつくる（図2左）。
■Step 2
できるだけ大きな面いっぱいに吹き流しを張り付ける（図2右）。
■Step 3
路地の中を移動させながら、風の動きを把握する（図1）。

図2　風を可視化する装置　左：ポリプロピレン製の小さな吹き流し。右：吹き流しを全面に張り付けた様子（制作：辻原万規彦）

空き地Ⅳでは、調査中に3つのパターンを確認

<パターン1>　<パターン2>　<パターン3>
強　弱　　弱　強　　とても強い
　　　　　　　　　　　　打ち消していく

○海側（南）からの風が空き地でたまる。西側の路地へは抜けていかない。
○大きな空間のため風が集まる。風がぐるぐる回っている模様。
○海側からの強い風の時は、路地まで通り抜ける？
○山からと海からの風の、空き地との重なり具合で、西の路地への風の抜け方が変わる。山からと海からの風がぶつかるところ？
○海の風が吹き、山の風が合わさった時、路地に流れ込む？

山からの風　　山からの風

○東側の山から風が出てきている。南からの風（海からの風）と合流して奥の方へ流れる。
○風の向きが逆になる。でもすぐ元に戻る。
○この辺りは交互に風が吹いてくる。狭いところから広い空間に出るから、風が寄せたり引いたりするイメージ。
○大きな空間のため、集まった風がたまる。ぐるぐるたまる。最終的に奥に流れていく。

○路地からの風（山からの風）が合流して奥に入っていく。

移動

○この広場からいろいろな所に風が入っていっている模様。
○いろいろな方向に風が吹いている。

真浦・加世浦地区の全体図

ⓐⓑの風の強さによって、★のエリア（路地）の風は変わる。→圧力の関係？

凡例
　風の流れ
　緑
　空き地
　スタート地点

0　25　50m

図3　吹き流しを用いた集落内の風向調査結果の一例
2005年8月3日13時40分～14時40分。スタート地点から図4のような方法で移動しながら風向を調査した（「風読み」や「風採り」と名づけていた）。図中のコメントは調査時に記入したものである。なお、その後の検討で、解釈を変えるべきところもそのまま掲載した（出典：山本美沙、辻原万規彦ほか「集落内の路地と空き地が微気象に与える影響」『日本建築学会九州支部研究報告』第45号、457～460頁、2006年）

図4　吹き流しを用いて移動しながら風向を把握
吹き流しを使って、風を追いかける。観測者が風と共に移動しながら観測する方法である（2005年8月）

図5　吹き流しを用いて同時多点で風向を把握
同時に多点で観測し、ある空間に出入りする風の動きを把握する。観測者は移動しない方法である（2006年8月）

みつける2　集落内の風の動き

■集落内の風の動きは、海岸に打ち寄せる波に似ている

複雑な形状をした集落内を流れる自然風の動きを可視化し、詳細に把握することは難しい。しかし、たとえ単純な方法であっても、丹念に調査を繰り返すことで、集落内の風の動きがみえてくる（図3）。

集落内の風は、一定方向に吹いているわけではなく、その動きは海岸に打ち寄せる波に似ている。短い時間のなかでは寄せては返すだけであるが、時間がたてば満ち潮、引き潮が起こっていることに気がつく。この満ち潮や引き潮の方向が、風の場合は主風向に当たる。海の波が一時も同じ姿をみせないのと同様に、集落内の風も時々刻々とその姿を変える。さらに、時折、集落内の各所で"渦"を発生させていることもある。

風の動きを観測する方法には2種類ある。よく用いられる方法は、図5のように観測者が一点にとどまって観測する方法であり、風向風速計を用いた観測などがこれに当たる。もう1つは、図4のように風の動きと共に観測者が移動する方法であり、バルーンや煙を用いることもある。後者ではその結果をデジタル化や数値化することは難しいが、直感的でわかりやすい方法でもある。両者をうまく組み合わせて、平均化された風でなく、時々刻々と変化する非定常な風をなんとかとらえてみたい。

☞ 集落の風は、複雑な動きをしている。
風の動きを把握するには、ある断面を通過する風を観測する方法と流れと共に移動して風を観測する方法がある。両者をうまく組み合わせて、時々刻々と複雑に変化する非定常な風をとらえてみたい。

つくる 風の通り道を知れば、夏は涼しさを感じ、冬は寒さを防ぐことができる。
街区スケールで考えれば、ヒートアイランド現象の緩和に役立つし、
建築スケールで考えれば、省エネルギーにもつながる。

■局地的な風の動き

　私たちが日常的に経験するような局地スケールでは、地形などの影響を受ける特徴的な風の動きとして、海陸風や山谷風などがよく知られている（図6、7）。

　海岸沿いでは、日中は海から陸に向けて（海風）、夜間は陸から海に向けて（陸風）、風が吹くことがある。

　山沿いでは、日中は谷から山に向けて（谷風）、夜間は山から谷に向けて（山風）、風が吹くことがある。

■風の通り道をうまく知る／風を遮らないで通す

　季節や時間帯によって風が通るところや方向、強さなどは大きく変わる。78、79頁で紹介した吹き流しによる方法、各種風向風速計や数値シミュレーション、風洞実験などを利用して、風の通り道を知る。

　風の通り道がわかれば、街区スケールでは、ヒートアイランド現象の緩和などに役立つ。建築スケールでは、空調などの利用を抑え、省エネルギーにつながる。

■さまざまに変化している風を採り入れる

　実際には、風はもっと複雑に変化している。一見すると主風向が定まっているようにみえても、吹き流しによる方法などで細かく観察すると（図1〜5）、主風向以外の方向から風が吹いていることもわかる。時々刻々と変化する風を効率よく採り入れて、夏の涼しさを生み出すためには、住まい方にも工夫が必要である。ただし、夏季の外気は高温・高湿なので注意したい。

つくる 1　涼しい場所を探して涼む人びと

　密集した漁村集落では、さまざまな方向に路地が入り組む。このように密集した集落は、熊本をはじめ九州各地では、「せどわ」（「背戸輪」とも）などと呼ばれる。さらに、熊本県天草市牛深町の真浦・加世浦地区には名前がついた路地もあり（図10）、たとえば、風がよく吹き抜ける路地は「火越し町」と呼ばれる（うしぶか海彩館漁業史資料館の展示パネルより）。

　同じ集落の中でも、風がよく通り涼しい場所と風が通らず気温が高くなりがちな場所がある。前者は、集落の中でも古くから住宅が建ったと考えられる場所や最後に埋め立てられた海岸沿いであり、後者は比較的早い段階に埋め立てられたと考えられる集落の中央部である。

　集落で生活する人びとは、風がよく通る場所を知っており、上手に利用している（図8）。

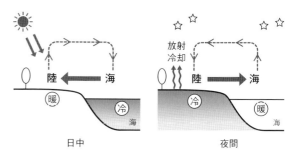

図6　海陸風のイメージ　日中は日射の影響で陸地の温度の方が海面の温度よりも高く、夜間は逆に放射冷却の影響で海面の温度よりも陸地の温度の方が低い。海陸風が入れ替わる朝方の無風状態を朝凪、夕方の無風状態を夕凪という

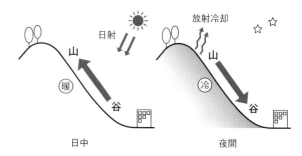

図7　山谷風のイメージ　日中は日射の影響で斜面は暖められ、夜間は逆に放射冷却の影響で斜面は冷やされる。なお、海陸風、山谷風は共に毎日起こっているわけではなく、ある一定の条件下で起こる点に注意が必要である（図6、7とも、参考：日本気象学会編『新教養の気象学』朝倉書店、1998年）

図8　涼しい場所を探して涼む
左：熊本県天草市牛深町真浦地区。夏の午後、風通しの良い路地で涼む人びと。
下：同加世浦地区。集落の中でも最も風が通る場所の1つには、休憩所がつくられ、集落の人びとが集まる

図10　密集した漁村集落と入り組んだ路地　上：軒を接するようにして並ぶ家々。熊本県天草市牛深町加世浦地区。右：この路地の幅でも、立派な「みち」であり、人々が通行する

図9　熊本県天草市牛深町真浦・加世浦地区の玄関位置　矢印は玄関から室内へ入る方向を意味する
（2005年8月、調査：熊本県立大学辻原研究室＋有明工業高等専門学校加藤浩司研究室）

つくる 2 ▶ 路地から風を採り入れる

　真浦・加世浦地区を対象に行った熊本県立大学辻原研究室＋細井研究室の調査によれば、上空からの風は集落の空き地を通じて、路地に分配される。また、細い路地から太い路地へと風が集まり、路地を風が吹き抜ける。

　複雑な形状の路地のため、家の玄関の向きはばらばらである。聞き取り調査によれば、「玄関はせどわ風の通り道を考え、道路側に配置する」という（図9、10）。

　また、「裏戸と玄関を網戸にして風の通り道をつくる」など、集落内を通り抜ける風をとらえて室内に採り込み、排出するための生活の知恵がある（図11、12）。

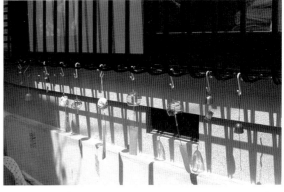

図11　路地の風を利用する　路地を吹き抜けるせどわ風を利用して、涼しさを感じる工夫。風鈴の音も路地の風を利用する生活の知恵の1つである

つくる 3 ▶ さまざまな方向から風を採り入れる

　主風向が決まらなくても、さまざまな方向から吹いてくる風を採り入れるため、たとえ隣家と接していても、また狭い路地に面していても、多くの開口部が設けられる（図12）。風が吹く方向がさまざまに変化しても、さまざまな方向を向く開口部をうまく開け閉めすることで、効果的に風を採り入れることができる。

　とはいえ、開口部の面積が大きすぎると、外気の影響を大きく受ける。外気の温度が高い場合は、かえって室内の温度が上昇してしまう可能性もあるので、開口部の開けすぎには注意が必要である。

図12　路地を通るさまざまな方向の風を採り入れる　前面の狭い路地に向けて、玄関をはじめ多くの開口部を設けた住宅が多い。路地を通る人からは家の中まで見通せてしまう。玄関は引違い戸で網戸にしている。隣の住宅とのすきまはわずか数十cmだが、そのすきまに向けても開口部が設けられている

雪国の住宅と暮らしのかたち

みつける

雪国には、厳しい冬を乗り切るための工夫が凝縮されたかたちがある。
雪融けのしくみ、地域ごとの雪質の違いを知り、雪国住宅の暮らしのかたちをみつけよう。

図1　3種類勾配屋根の融雪性能実験　屋根勾配の違いによる雪融けの特性を把握するため、庭に15°、30°、45°勾配の砂付き鉄板屋根にみたてた模型を並べ、毎朝同時刻に降雪深と積雪深の記録と写真撮影を行った。各写真上部に観察した日付と雪量（降雪／積雪）を示す（「南面する15°、30°、45°の勾配の無落雪模型屋根における融雪性能実験」2008年／所在：新潟県長岡市／実験：新潟工科大学建築学科教授深澤大輔［当時］）

みつける 1　屋根勾配

■雪融け量は屋根勾配により異なる

　雪国の人びとにとって屋根雪処理は非常に重要な課題である。屋根に雪を載せたまま放置すると雪の重さで屋根がつぶれる危険があるため放置できないが、屋根雪の処理には事故やトラブルが多い。屋根に雪を載せたまま雪荷重を低減することができれば雪国の人びとの生活と心の豊かさにつながる。

　3種類勾配屋根の融雪性能実験では、屋根勾配を15°、30°、45°に設置し、屋根勾配の違いによる融雪速度の違いを観察した（図1）。降雪を屋根の上に載せたまま融かす無落雪屋根とするため、静止摩擦抵抗の高い砂付き鉄板を用いている（図2）。地面の雪より屋根雪の方が雪融けが早く、勾配が最も大きい45°勾配屋根の雪融けが早いことがわかる。屋根に勾配があることで、融雪水が早く抜けやすく、融雪水の再凍結を防ぎ、融雪を進行させることができる（図3）。

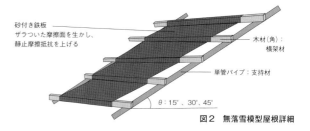

図2　無落雪模型屋根詳細

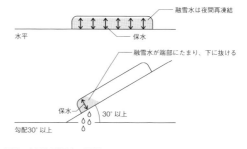

図3　勾配と融雪水の関係
勾配がないときには、底面で融雪水が毛細管現象によって吸い上げられ、保水したまま夜間凍結してしまう。30°以上の勾配になると、表面張力のバランスが崩れて融雪水が抜けるために融雪が進行する

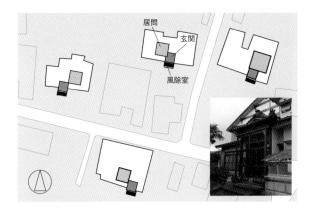

図4 積雪地域の風除室配置（新潟県長岡市富島町）　玄関を南側に配置することで、冬の積雪時には日差しの当たる南側の方が住宅へのアプローチを確保しやすい

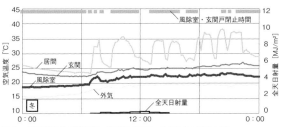

図5 冬季風除室の熱環境 （新潟県長岡市／2009年12月11日）

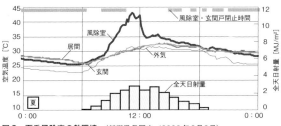

図6 夏季風除室の熱環境 （新潟県長岡市／2009年8月2日）

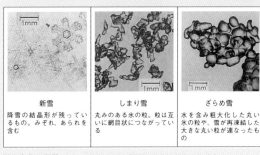

★ 地域による雪の重さと積雪特性の違い

新雪は圧密と焼結により「しまり雪」となり、融解と凍結により「ざらめ雪」へと変態する。

新雪	しまり雪	ざらめ雪
降雪の結晶形が残っているもの。みぞれ、あられを含む	丸みのある氷の粒。粒は互いに網目状につながっている	水を含み粗大化した丸い氷の粒や、雪が再凍結した大きな丸い粒が連なったもの

雪の名称と雪質 （出典：日本雪氷学会「積雪・雪崩分類」1998年）

新雪の場合の比重（下左）は、北海道や東北北部では0.1以下と軽く、風で飛ばされることも多い。一方、温暖な北陸地域では含水率が0.2前後と高く、飛ばされることは少ない。また、気温上昇やさらなる降雪（雨）により、降雪後の雪は圧密焼結と変態を繰り返し、0.3～0.6の比重になる。乾雪寒冷地域では雪質の変化が小さく、湿雪温暖地域では大きく、下右図に示すような降雪深と積雪深の関係となる。なお、比重0.7以上は、空気が通過できない氷である。

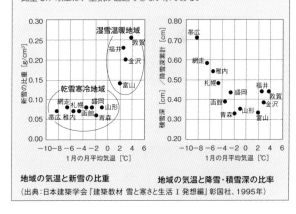

地域の気温と新雪の比重　　地域の気温と降雪・積雪深の比率
（出典：日本建築学会『建築教材 雪と寒さと生活Ⅰ発想編』彰国社、1995年）

みつける2 雪国における玄関の工夫

■積雪地域の緩衝空間

積雪地域は冬の間に屋外を利用することができないため、外で行う作業やそのための道具が住宅内に運び込まれることが多い。そのための場所として、玄関前風除室、居室を囲む回り縁など、内と外の中間的な緩衝空間が発展してきた。こうしてできた緩衝空間は、道具置き場としてだけでなく、訪ねてきた人とのコミュニケーションの場としても活用されている。

新潟県長岡市では、南側に風除室付きの玄関を置くことが多い（図4）。日差しの当たる南側の雪融けは早く、家へのアプローチを確保しやすい。さらに、玄関前に風除室を設けることで、積雪時にも雪を家の中に運び込まず中に入ることができる。

■冬の寒さから家と家族を守る風除室

冬季の風除室の温熱環境（図5）をみると、日射量が少ないとき、風除室の気温は外気と室内の中間を推移している。風除室は室外の寒さを室内に入れないための緩衝空間となり、日射量が多いときにはサンルームとして機能する。

この地域では、多くの風除室はガラス（または樹脂）製で、開放することが可能なつくりになっている。夏季の風除室の温熱環境（図6）をみると、窓を閉鎖した南側の風除室は高温になっている。できる限り窓を開放することで室内温熱環境の改善が図られる。

☞ 雪国には地域により雪質や積もり方の違いがあり、住まい方の工夫がある。

雪国に適した建物をつくるためには、地域ごとに異なる雪の特性を把握し、今まで培われてきた住まい方の工夫を取り入れ、発展させていく必要がある。

雪の性質や雪国の暮らしのかたちを知り、それらを生かすことが、
雪国の厳しい冬を快適に過ごすために必要である。
雪国のバイオクライマティックデザインを考えよう。

つくる

図7 屋根の積雪とその変化（図7、8とも、出典：『建築教材 雪と寒さと生活Ⅰ 発想編』彰国社、1995年。一部変更のうえ作図）

冠雪　片積り　吹溜り　雪庇　巻垂れ　つらら　すがもれ

■屋根の積雪

屋根の積雪とその変化には、「冠雪」「片積り」「吹溜り」「雪庇」「巻垂れ」「つらら」などの現象がある（図7）。これらの現象を放置すると、雪加重による部位の変形・損傷、雪の滑落や軒先雪氷の落下による被害、さらには雪荷重により建物が崩壊する危険性がある。積雪地域では住居を守るために屋根雪処理が必要である。

■屋根雪の処理

屋根雪処理の手法には「滑落」「融雪」「耐雪」の3方式がある（図8、表1）。地域により異なる雪質と雪質変化、さらに立地条件や屋根形状により変化する積雪形態などを考慮しながら計画することが大切である。

■ 雪質に適した屋根材料を考える

積雪地域では、地域の雪質に適した屋根葺き材が取り入れられてきた（図9）。寒い地域では「すがもれ」（図7）が生じやすいため、瓦屋根は使用できず金属板が使われる。雪下ろしの回数が少なく、「すがもれ」の心配のない地域では、耐久性があり、伝統的屋根景観に優れている粘土瓦が多く用いられ続けている。

■雪質に適した屋根形状を考える

地域により異なる雪質、積雪環境に対応するため、地域によりさまざまな屋根形状が取り入れられてきた（図10）。乾雪寒冷地域（前頁「地域による雪の重さと積雪特性の違い」）の北海道で多く用いられる無落雪（M）型屋根は、屋根の上で融けた雪を建物内部につくられた雨樋から流す仕組みである。雪が軽いために吹き払い現象が起こりやすく、また、外気が冷たいために生じる「つらら」や「すがもれ」などの障害の発生防止のために考案された手法である。一方、湿雪型の温暖地域では、雪荷重によって屋根を壊さないために、居住者が雪下ろしや雪囲いなどを行うことが多い。切妻屋根の妻側を玄関とし、冬場の出入りを確保するなど、屋根雪落下による事故の防止を考慮する必要がある。

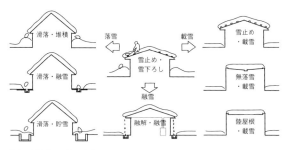

図8 屋根雪処理の手法

滑落・堆積　落雪　載雪　雪止め・載雪
滑落・融雪　雪止め・雪下ろし　無落雪・載雪
滑落・貯雪　融雪　融解・融雪　陸屋根・載雪

表1 屋根雪処理の特徴

	滑落方式	融雪方式	耐雪方式
概要	屋根の急勾配、滑りやすい屋根材を用いて雪を自然に滑り落とす	エネルギー・生活排熱を用いて屋根雪を融かす	積雪荷重に耐えられるように住宅の構造を強くする
敷地条件	敷地に余裕がある場合に適す	敷地に余裕のない場合にも適す	
コスト	ランニングコストがかからない（屋根材・塗装等のメンテナンスは必要）	融雪装置の設置費用および電熱費等のランニングコスト、設備交換費用がかかる	骨組み強化のため建設費用が増大ランニングコスト、設備交換費用が不要
居住環境（住戸内）	1階の居室が雪に埋もれて採光が悪い。落雪の音が不快	温水式等はボイラー（灯油）の燃焼音が不快	壁や柱の位置、間取りへの配慮が必要
その他	落下雪による事故防止への配慮が必要	エネルギー使用による環境負荷増大	融雪水の再凍結への配慮が必要

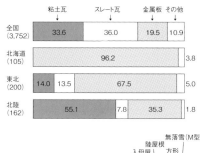

	粘土瓦	スレート瓦	金属板	その他
全国(3,752)	33.6	36.0	19.5	10.9
北海道(105)		96.2		3.8
東北(200)	14.0	13.5	67.5	5.0
北陸(162)	55.1	7.8	35.3	1.8

図9 屋根葺き材と地域関係
国内の屋根葺き材は7割が粘土瓦・スレート瓦であるが、乾雪寒冷地域の北海道の屋根材はそのほとんどが金属板である。また、湿雪温暖地域の北陸の屋根材は粘土瓦が5割強を占める（図9、10とも、出典：住宅金融支援機構「フラット35住宅仕様実態調査報告」2007年）

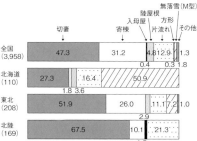

	切妻	寄棟	入母屋	陸屋根	方形 片流れ	無落雪(M型)	その他
全国(3,958)	47.3	31.2	4.8	0.4	12.9 0.3	1.8	1.3
北海道(110)	27.3	1.8 3.6	16.4		50.9		
東北(208)	51.9	26.0	2.9		11.1 7.2		1.0
北陸(169)	67.5	10.1	1.2		21.3		

図10 屋根形状と地域の関係
全国では切妻が5割弱、寄棟が3割強を占める。北海道では切妻が少なく、無落雪（M）型が5割以上を占める。北陸では切妻が7割近くを占め、次いで片流れが多い

つくる 1 　ピラミッド型屋根（耐雪型）

　地面から高さ3m以上もある積雪屋根面に上り、雪下ろしを行うことは容易ではない。また、雪下ろしをすることで、建物周辺の積雪が増加し、春先になっても雪が残ってしまう。雪国の人びとを雪下ろしの危険から解放し、豊かな生活を送ってほしいとの思いからピラミッド型屋根（図11）は考案された。

　北陸では日中の気温が2℃以上であることが多く、屋根雪は自然に融雪される一方、夜になると屋根の表面で融雪水が再凍結して融けにくい層ができてしまい、悪循環が繰り返される。融雪水を再凍結させず速やかに排水できれば屋根上での自然融雪が可能となる。

　ピラミッド型屋根の住宅は雪下ろしをせず、「雪えくぼ（雪面にできる自然現象。水の通り道）」を促進するようにつくられた。屋根雪の積雪層に空隙を形成させ、不安定構造にすることで融雪を促進している。

～居住者のコメント～
「1996年の竣工以来、積雪深が2mを超えたこともあったが（2011年）、屋根の雪下ろしをしたことはない。3m以上の積雪を想定してつくられているため冬場も安心して生活できる」

図11　ピラミッド型屋根（新潟県長岡市）（設計：深津大輔、1996年）

図12　防風林のイグネに抱かれた茅葺き民家（岩手県花巻市矢沢）

つくる 2 　防風林に抱かれた茅葺き民家

　吹雪が多い地域では、寒さや吹溜りを防止するために防風林（イグネ）（図12）や、屋敷境に板や茅束の柵などの防雪施設が設けられる。強い風は壁に当たると乱気流が生じる（図13）が、粗い生け垣では適度に風を通すことで乱気流を防止し、風速を5割程度に弱めることができる（図14）。この壁の粗度による性質を利用し、冬の主風向側に対策を行うことにより、屋敷全体を暴風から守ることができる。

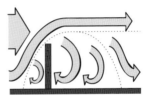

図13　壁に当たることにより起こる乱気流

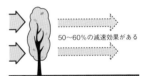

図14　粗い防風生け垣による乱気流防止（図13、14とも、出典：『建築知識』1996年3月号。一部変更のうえ作図））

つくる 3 　屋外通路としての緩衝領域

　積雪地域の独特の町並みには、町家の表庇下の空間を連続させた雁木（北陸地方）（図15、16）、コミセ（津軽地方）と呼ばれる通路がある。通りに面した庇だけでなく、敷地内の主屋と蔵も屋根や庇でつなぎ、雪の積もらない屋外通路をつくることもある。また、積雪深まで雪囲いを施すことで、雪が押し寄せ通路が狭くなるのを防ぐ。これらの屋外通路を設けることで、降積雪時にも歩くことのできる通路を確保している。

～使用者のコメント～
「足元の雪や融雪用散水を気にせずに歩くことができる。屋根庇の高さが低いため、吹き込みが少なく、降雪時にも傘をさす必要がないこともありがたい」（雁木のある商店街の利用者）

図15　雁木（新潟県長岡市）
[特徴]
・私有地に設置された私有財産である
・差掛屋根庇形式である
・仕様：石畳・雪囲い・欄間・格子
・使用用途：ベンチ・収納・鉢（植物等）置き場・看板

造り込み雁木　　　　　落し雁木

図16　雁木の模式図（新潟県高田市）
（出典：上田篤『生活空間のモノグラフ7ー高田・雪国』『SD』1973年1月号）

カタとカタチの見方・読み方と
バイオクライマティックデザイン

宿谷昌則

自己相似の長方形はなぜ美しいか

　Ａ４サイズの紙と物差しを用意して、その紙の短辺と長辺の長さを測ってみよう。短辺は21.0cm、長辺は29.7cmとなって、切りのよい数字ではないことがわかる。切りよく20cmと30cmであってもよさそうなものだが、何故だろうか。この紙の長方形というカタチには何か特殊な性質――カタ――が潜んでいるのだろうか。

　Ａ４サイズの紙を短辺どうしが重なるように折ると、同じ大きさの小さな長方形２つがＡ４を構成していることがわかる。この長方形のサイズをＡ５という。Ａ５とＡ４はカタチが同じである。Ａ４サイズの紙２枚の長辺どうしを合わせれば、今度はＡ３となる。Ａ３もまたＡ４とカタチが同じだ。折っても拡げても同じカタチが現れる。このようなカタチに見られる関係を「自己相似」という。

　Ａ４からＡ３へ、次いでＡ２、さらにＡ１へと拡げていき、Ａ０までの全体のカタチを描いたのが図１である。Ａ０の面積は実は 1m² である。そのように決める。こ

れは切りがよい。このことを基本として、カタチが不変、すなわち保存という関係の論理を数式表現すると、Ａ４サイズの紙の短辺は、図１に示すように、２とその平方根の組み合わせだけで示せることがわかる。この式を具体的に計算すると、その値は0.21022……mとなって、冒頭に述べた測定値と一致することがわかる。

　長方形の長辺と短辺の比には無限の組み合わせがある。その中で唯一、長辺 / 短辺＝$\sqrt{2}$となるカタチだけに自己相似という関係が現れる。Ａ４やＡ３などはこのカタチに付けられた名称である。コピー機の前に立って、拡大・縮小のボタンを押すと、最拡大率は141%、最縮小率は71%と表示されるが、これは拡大が$\sqrt{2}$倍、縮小が（$\sqrt{2}$）/ 2倍を意味する。

　日ごろ何気なく使っている紙のカタチには以上のようなカタが潜んでいることがわかったが、改めて眺めるとＡ４サイズの紙が美しく見えてくる。このカタチには図１に示したカタの美しさが伴っているからである。

カタを「読む」とわかる「見る」カタチ

　Ａ判の長方形のカタチは「見て」わかる。図１に示した式を立てて考えるのは論理であるが、このことを、カタチを「見る」という表現に対応させて言い直してみると、カタを「読む」ということになるだろう。

　カタチのほうは１次元にせよ、２次元・３次元にせよ、空間の広がりのなかに見る。「見る」のは視覚で、光があってのことだが、その速さは自然界で可能な速さの上限だ。私たちが日常のなかで体感する速さと比べればほとんど無限に大きい速さなので、「見る」は瞬間的で、時間はほとんど止まっていると言ってよいだろう。

　それに対して、カタを「読む」のは、体感し得る時間の流れのなかで初めて可能になる。一般に「読む」対象は文章である。この小文を読んで下さっている読者の頭の中では、読者なりの日本語の音声が口には出さなくて

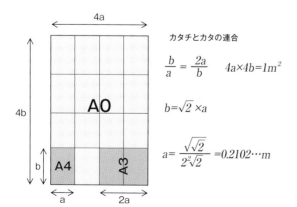

図1　自己相似の長方形　A4サイズの紙が2枚でA3、A3が2枚でA2……と、サイズを大きくしていくと、A0に達する。A0を1m²として、カタチの保存性（不変性）に注意すると、2とその平方根だけからなる式が現れる

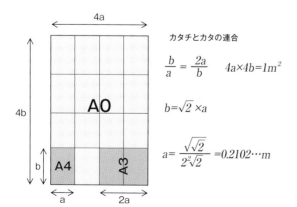
カタチとカタの連合

$$\frac{b}{a}=\frac{2a}{b} \qquad 4a\times4b=1m^2$$

$$b=\sqrt{2}\times a$$

$$a=\frac{\sqrt{\sqrt{2}}}{2^2\sqrt{2}}=0.2102\cdots m$$

も必ず流れているはずだ。それは、日本語が話せるから
に他ならないが、話せるのは何故かを考えてみると、聴
くことが話すことに先んじることに気づく。

　私たち大人は、例外なく乳児から幼児だったころ無意
識のうちに親や兄弟・姉妹が話す言語を聴いて育ち、気
づくとその言語が話せるようになっている。このような
人の脳に備え付けの仕組みに基づくプロセスから考え
て、「読む」は聴覚に関係することは明らかだ。図1に
示したような式を立てて展開する論理は、時間とともに
流れる動作であることから、やはり聴覚的と言えよう。

　「見る」は空間的・視覚的、「読む」は時間的・聴覚的
なのである。

　文章を「読む」ことは「見る」対象である文字群があ
るからだが、文章を読んで「わかる」のは「見る」と「読
む」が繋がるからに他ならない。

カタチのデザインとカタのデザイン

　さて、本書の主題であるバイオクライマティックデザ
インは、建築の形態と外皮のデザインを、住まい手とな
る人にとっての建築内部の環境のデザインと整合させて
行なうことを指す。前者は「カタチのデザイン」、後者
は「カタのデザイン」と言えよう。

　図2を見てほしい。ここに描いてある住宅の断面は、
「見る」ことのできるカタチを表す。その内部には住ま
い手の身近に実現される環境が、この住宅のもつ形態と
外皮の性質に応じて独特な振る舞いとして現れる。その
一例として図2では、室温変動の様子が描いてある。こ
のような室内環境の振る舞いは「見る」ことが適わず、「読
む」ことが必要になる。住まい手は環境の振る舞いに応
じて明るさや温かさ・涼しさを感覚し知覚する。これも
また、「読む」対象である。

　建築にカタチを見つつカタを読むことは、バイオクラ
イマティックデザインの肝要である。カタチとカタの美

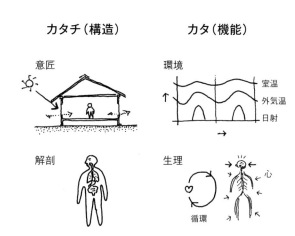

図2　カタチとカタの関係　デザインは、一方でカタチを、他方でカタを考えること。デザインの対象には必ず2つの側面、カタチとカタとがある。建築のカタチには必ず内部環境の振る舞いというカタが現われるし、私たち人の身体には、顔や腕・足ばかりでなく内臓のカタチに応じたカタが現れる

しさが重なるところに、見映えばかりのデザインではな
い実質あるデザインが発現するはずだ。

　これはしかし、特殊なデザインを意味するわけではな
い。私たち人の身体について少し思いを巡らせば、その
ことがわかる。例えば、心臓・血管・血液の全体にはカ
タチがあるが、そのことは人体の解剖図を見ればわかる。
そのカタチには血液の「循環」というカタがある。脳を
含む神経系の全体でも同様だ。そのカタチに現れるのが
「心」というカタである。

　人の身体のカタチ（構造）を扱うのは解剖学（形態学）、
カタ（機能）を扱うのは生理学だが、人の内なる自然は、
両者があってこそ明らかになる。自然にはカタチととも
にカタがある。それに倣うことがデザインの本質だろう。
レオナルド・ダ・ヴィンチが解剖に熱心だったのはその
ためである。

　人の外なる自然と内なる自然のあいだに建築外皮を如
何に構成するか。それを、人を含む自然のカタチととも
にカタに見出し再構成する作法がバイオクライマティッ
クデザインなのである。

環境をカタチに　環境に配慮する設計プロセス

われわれが扱う敷地はさまざまな環境要素に囲まれている。環境に配慮した設計を行う場合、どの情報をどのように取り上げれば良いのか。本書を用いた設計プロセスを紹介しよう。

設計プロセスの流れ

Step1
環境に関する情報の整理
敷地の「環境要素スケール図」を作成、敷地に影響する環境要素を段階的に把握

→

Step2
環境に配慮したエスキス
着目する環境要素とそれに対応する設計手法を決定、設計に向けたエスキスを行う

→

Step3
提案
Step1と2で得られた知見を組み込み、設計をとりまとめる

Step1　環境に関する情報の整理

■ 対象地域の「気候特性」を気象データから把握する

「年間変動」を各月の降水量とクリモグラフから、「日変化」を各季節の代表日（晴天日）の気温・湿度・風向・風速・日射量から把握する（図1）。

■ 敷地の「環境ポテンシャル」を把握する（図2）

気候特性が同じ地域でも敷地周辺の環境ポテンシャルが違うと、受ける影響は異なる。空間スケールを広域から段階的に狭め、敷地に影響する要素を狭域スケール（1：200程度）に落とし込み情報を整理する。
・要素1：気流環境（広域～狭域スケール）
対象地における各季節の日中と夜間の主風向が、周辺の建物・地勢・緑などからどのような影響を受けるのか、航空写真（3次元表示）より検討する。
・要素2：日射の影響（狭域スケール）
対象地における各季節の日射が周辺の建物などに遮へいされるなど、どのような影響を受けるのか、魚眼写真や太陽位置を予測するアプリなどを使って検討する。
・要素3：敷地と周辺の被覆（狭域スケール）
敷地と周辺の建物・地面・緑などからどれくらい放射の影響を受けるのか、敷地の航空写真や現地踏査、さらには放射温度計や赤外線放射カメラを使って把握する。

■ 敷地の「環境要素スケール図」を作成する

把握した情報と各季節の環境要素を敷地配置図に描き込み「環境要素スケール図」を作成する（図3）。周辺の近隣住民から聞き出した敷地の特徴も描き足す。

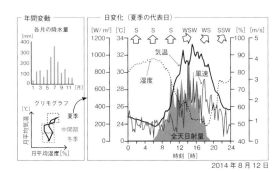

図1　対象地の気候特性の例（熊本県熊本市）
夏季・冬季・中間期における対象地域の気候特性を把握する

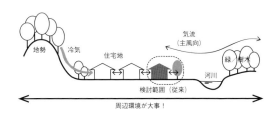

図2　従来の検討範囲と今後検討すべき敷地の環境ポテンシャル
周辺建物の高さ・隣棟間隔、敷地の方位（日照・日射）／地勢（日照・日射・斜面冷気流）／道路・河川（気温・湿度・気流）／緑地・樹林（日射遮へい・冷気にじみ出し）

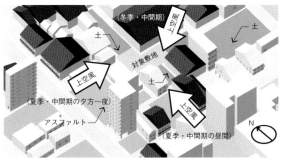

図3　敷地周囲の建物情報や土地利用状況、上空風に関する「環境要素スケール図」の例（熊本市古町地区）　さらに緑や日影などの情報を加え、配置図上に整理する

Step2 環境に配慮したエスキス（図4）

■着眼点を整理＋設計手法の選定

自分が着目する環境要素を整理した一覧表を作成する。そのうえで、対象地の環境要素に対応した設計手法を選定する（図5）。

1. 環境要素スケール図に書き込んだ情報の中から着目すべき環境要素を決定し、一覧表に書き出す
2. その環境要素に対応した設計手法を本書より探し、一覧表の表記にしたがいその効果などを書き込む
3. 今回の設計で試みるべき環境への配慮が整理された一覧表を完成させる

■ 屋内外のつながりを意識したスタディ

選定した手法を組み合わせ、以下に留意しながらスタディする（図5）。

1. ヴォリュームスタディは敷地周辺を含めて行う
2. 屋内外のつながりがわかるプランニング（平面図）、セクション（断面図）の作成を心がける
3. 開口部や庇の形状、各部材の構成材料は屋内外の温熱環境に大きく影響するため、初期の段階から検討する

■ スタディ案の検証

完成したスタディ案を検証する。案に問題等がある場合は設計手法の選定やスタディに戻り、一連の作業を繰り返すことで、設計案を精査していく（図4）。

・敷地の等時間日影図（エネルギー）、表面温度分布（放射環境）、気流分布（熱・風環境）、屋内の照度分布（光環境）、熱負荷（エネルギー）などは数値シミュレーションにより把握し視覚化する（図6）。
・シミュレーション結果は、開口部の開閉、滞在場所の時間変化など、居住者の生活行動の影響も想像すると、多角的な評価が可能になる。

Step3 提案

■ 設計案を解説

設計案がどのように環境に配慮しているか解説する。
・「環境要素スケール図」より敷地に影響する環境要素を視覚化
・一覧表より、今回の設計で自分が着目した環境要素とそれに対応した設計手法を明確にする
・シミュレーション結果より、設計案による環境の変化を視覚化

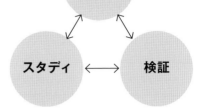

図4　環境に配慮したエスキスの流れ
設計手法の選定、スタディ、検証、これらを行ったり来たりする

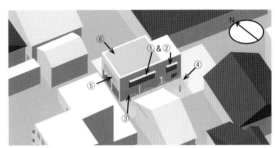

番号	手法名	環境要素	方位	部位・場所	季節	効果
①	大開口	気温 外気温	南	開口部	冬 夏	日射を屋内に導入 通風を確保
②	水平庇	日射	南	開口部	夏	日射遮へい
③	ピロティ	通風 日射遮へい	南北軸	1 階	夏 中間期	日射を遮へいしつつ、通風を得る
④	低木植栽	通風 風速低減	南	庭	夏 中間期	低木下の冷たい空気がにじみ出す
⑤	縦ルーバー	日射遮へい 通風	西	開口部	年間	西日を部屋の外部で遮へい／通風を確保
⑥	屋上緑化 （芝生＋自生種）	断熱 緑化	上方	屋上	年間	屋上の断熱性向上 ヒートアイランド対策

図5　一覧表に記載する情報とスタディ案との対応例（熊本市古町地区）
一覧表には、手法名、着目した環境要素、方位、部位・場所（配置）、季節、得られる効果を記載する。加えて、材料・樹種、他の手法との対応関係、設計条件（家族構成、省エネ区分、主構造 etc.）も併記すると理解が深まる

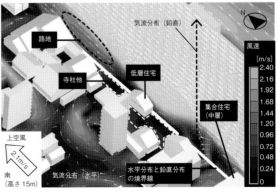

図6　数値シミュレーションによる解析結果の例（気流分布／熊本市古町地区）

3章

バイオクライマティックデザインの系譜とデザイン手法

バイオクライマティックデザインを歴史と実例から学び、創造する。

バイオクライマティックデザイン技術と歴史を俯瞰した年表とコラム、
各年代の代表的な建物紹介によって構成する。
この章では、バイオクライマティックデザインの過去から未来への流れを学び、
これからの建築を考えよう。

バイオクライマティックデザインの系譜

気候・環境を考慮した技術や形態は、時代の要求に応じて様々な試みが積み重ねられ、新しい建築の根底にも脈々と流れている。技術進歩の足跡と国内外の社会情勢を重ねて、バイオクライマティックデザインの流れを俯瞰する。

	建築		建材・システム	照明・電気
1800前	[凡例] 建築(□海外/■日本)　理論・法則(△海外/▲日本) 技術・製品(▽海外/▼日本)　書籍・文献(◇海外/◆日本) 計画・会議(○海外/●日本)　時事・事故(☆海外/★日本)		1688 ▽大型板ガラス開発 1761 △潜熱、熱容量の発見 　　　(J.ブラック)	1678 △光の波動説提唱 　　　(C.ホイヘンス) 1780 △電池の原理発見 　　　(L.ガルヴァーニ) 1792 ▽ガス灯発明(W.マードック) 1799 ▽電池発明(A.A.ボルタ)
1800	1848 □キューガーデン椰子温室(D.バートン、R.ターナー)		1818 ▽世界初サッシ会社設立	1800 △赤外線発見(W.ハーシェル) 1801 △紫外線発見(J.W.リッター) 1802 △炭素発光発見(H.デービー) 1821 △熱電効果発見(T.J.ゼーベック) 1826 △オームの法則(G.S.オーム) 1831 △電磁誘導の法則(M.ファラデー) 1845 △蛍光の発見(J.ハーシェル)
1850	1851 □水晶宮(J.パクストン) 1867 □オクタゴン住宅(J.ヘイワード)		1865 ▼鋼製サッシ輸入 1874 ▽強化ガラス開発	1861 ◇『ロウソクの科学』 　　　(M.ファラデー) 1872 ▼横浜にガス灯設置 1879 ▽白熱電灯発明(T.エジソン)
1900	1906 □ロビー邸(F.L.ライト) 1920 □イムーブル・ヴィラ(ル・コルビュジエ) 1922 □シンドラーハウス(R.M.シンドラー) 1929 □ロヴェル邸(R.ノイトラ) 1930 □オープン・エア・スクール(J.ダウカー) 1932 □ガラスの家(P.シャローほか) 1945 □ウィチタ・ハウス(R.B.フラー)	1928 ■聴竹居(藤井厚二) 1935 ■土浦亀城邸(土浦亀城) 1936 ■ドーモ・ムルタングラ 　　　(山越邦彦) 1935 ■谷口吉郎邸(谷口吉郎)	1909 ▽普通板ガラス製造開始 1914 ▼スチールサッシ製造開始 1935 ▼網入ガラス製造開始 1938 ▼強化ガラス製造開始	1907 △発光現象発見(H.J.ラウンド) 1913 △国際照明委員会(CIE)設立 1927 ▽世界初LEDの発明(O.ロゼフ) 1935 ▽蛍光灯発明(G.インマン) 1940 ▼蛍光ランプ開発
1950	1951 □トロピカルハウス(J.プールヴェ) 1952 □ウッツォン自邸(J.ウッツォン) 1954 □ムーラッツァロの実験住宅 　　　(A.アアルト)	1954 ■私の家(清家清)	1950 ▼アルミサッシ製造開始 1954 ▼複層ガラス製造開始	1954 △太陽光発電技術発明 1958 ▼太陽光発電システム設置
1955	1956 □サラバイ邸(ル・コルビュジエ)	1958 ■日土小学校(松村正恒)	1955 ▽樹脂サッシ開発 1956 ▼スチール規格サッシ製造開始 1956 ▼熱線吸収ガラス製造開始 1958 ▼アルミサッシ製造開始 1959 ▽板ガラス・フロート法開発	
1960	1961 □エシュリック邸(L.カーン) 1963 □アースキン自邸(R.アースキン) 1965 □シーランチ・コンドミニアム 　　　(C.W.ムーア)	1962 ■軽井沢の山荘(吉村順三) 1962 ■NCRビル(吉村順三) 1964 ■国立代々木競技場(丹下健三) 1966 ■パレスサイドビル(日建設計) 1967 ■猪股邸(吉田五十八)	1961 ▽規格型アルミサッシ製造 1962 ▽エアフローウィンドー製造 1962 ▼断熱サッシ発売 1963 ▼エアタイトサッシ開発 1963 ▼カーテンウォール技術導入 1964 ▼公団住宅アルミサッシ採用	1962 △赤色LED開発 　　　(N.ホロニアック)
1965	1965 □エンバイロメンタル・バブル 　　　(R.バンハムほか) 1967 □アビタ'67(M.サフディ) 1968 □パレクハウス(C.コレア)	1968 ■札幌の家(上遠野徹) 1968 ■河合健二邸(河合健二)	1965 ▼フロート板ガラス製造開始	1968 ▽黄緑色LED開発
1970	1971 □アーコサンティ(P.ソレリ) 1972 □ハーレン・ジードルンク(アトリエ5) 1972 □キンベル美術館(L.I.カーン)	1970 ■脇田山荘(吉村順三) 1973 ■星野山荘(奥村昭雄) 1973 ■太陽熱の家(木村建一)	1972 ▼熱線反射ガラス発売	
1975	1979 □レーゲンスブルクの住宅 　　　(T.ヘルツォーク)	1976 ■目神山の家(石井修) 1977 ■ダイワハウスソーラーDH-1 　　　(大和ハウス工業) 1978 ■荒谷邸(荒谷登) 1979 ■サーマルハウスPart1 　　　(今里隆、葉山成三)	1976 ▼樹脂サッシ製造開始 1978 ▼アルミ製天窓発売 1979 ▼断熱三重サッシ発売	1977 ▼省電力蛍光ランプ発売

■参考文献：［書籍］空気調和・衛生工学会編『空気調和・衛生設備技術史』丸善、1991年／井上宇市『冷凍空調史』日本冷凍空調設備工業連合会、1993年／日本建築学会編著『ガラスの建築学：光と熱と快適環境の知識』学芸出版社、2004年／日本冷凍空調工業会編『「ヒートポンプ」の実用性能と可能性』日刊工業新聞社、2010年／小山慶太『エネルギーの科学史』河出書房新社、2012年／電気設備技術史編集委員会編『電気設備技術史』電気設備学会、2013年／照明学会編『照明学会100年史：照明技術の発達とともに』照明学会、2016年／国立天文台編『理科年表』丸善出版、2019年／ノイズ・アーキテクツ編著『Rhinoceros+Grasshopper 建築デザイン実践ハンドブック』彰国社、2019年
［ウェブサイト］家庭電気文化会『家電の昭和史』エアコン編（昭和20年〜60年代／2007年5月・6月号掲載）／蛍光ランプ編（昭和10年〜60年代／2009年3月号掲載）／日本の住生活の歩みとLIXILのものづくり／ASHRAE "Air Conditioning and Refrigeration CHRONOLOGY"

暖房・冷房	科学・社会	
1705 ▽蒸気機関発明(T.ニューコメン) 1716 ▽温水暖房方式開発(M.トリヴァルト) 1738 △ベルヌーイの定理(D.ベルヌーイ) 1742 ▽鋳鉄製暖炉開発(B.フランクリン) 1765 ▽蒸気機関改良(J.ワット) 1777 ▽温水暖房発明(M.ボンネマン) 1789 ▽蒸気暖房開発(M.ボールトン)	1593 ▽アルコール温度計発明(G.ガリレイ) 1643 △真空発見(E.トリチェリ、T.ビビアニ) 1662 △ボイルの法則(R.ボイル) 1720 △華氏温度計目盛定義(G.ファーレンハイト) 1742 △摂氏温度計目盛定義(A.セルシウス) 1783 ▽毛髪湿度計発明(H.ソシュール) 1787 △シャルルの法則(J.A.C.シャルル)	1331 ◆『徒然草』(吉田兼好) 1774 ◆『解体新書』翻訳(前野良沢、杉田玄白)
1824 △『暖房と換気の原理』(T.トレッドゴールド) 1824 △カルノー冷凍サイクル(S.カルノー) 1834 ▽エーテル冷媒冷凍機開発(J.パーキンス) 1845 ▽空気冷媒冷凍機発明(J.ゴーリー)	1817 △世界年平均気温分布図作成(A.フンボルト) 1822 △熱伝導方程式(J.B.フーリエ) 1840 △エネルギー保存則(J.P.ジュール) 1844 ◇『換気の理論と実際の図説』(T.リード) 1845 △ナビエ・ストークス方程式	
1850 △熱力学第二法則発見(R.クラジウス) 1852 ▽ヒートポンプ原理発見(W.トムソン) 1875 ▽地域暖房開始(ドイツ) 1894 ○米国暖房冷凍空調学会(ASHRAE)設立	1854 ◇『ウォールデン森の生活』(D.ソロー) 1858 ◇『住居と換気』(M.ペッテンコーファ) 1860 ◇『看護覚え書』(F.ナイチンゲール) 1884 △シュテファン・ボルツマンの法則 1884 ◇『換気と暖房の原理』(J.S.ビリングス)	1886 ●造家学会(後の日本建築学会)設立 1888 ◆『日本家屋説自抄』(森林太郎/鷗外) 1892 ◆『家屋構造と衛生』(清水釘吉) 1893 ◆『造家衛生の要旨』(森林太郎/鷗外)
1904 △空気線図作成(W.キャリア) 1904 ▽空気調和機開発(W.キャリア) 1922 ▽遠心冷凍機登場 1931 ▽天井温放射パネル開発(A.H.バーカー) 1931 ▼床暖房開発(柳町政之助) 1935 ▼空気調整機製造開始 1949 △空気調和定義発表(W.キャリア)	1914 ☆第1次世界大戦(〜1918) 1923 △有効温度ET(C.P.ヤグロー、F.C.ホートン) 1934 △万能計算機理論(A.チューリング) 1936 △必要換気量提唱(C.P.ヤグロー) 1939 ☆第2次世界大戦(〜1945) 1945 ○国際連合設立	1926 ◆『衣食住の衛生学』(藤原九十郎) 1928 ◆『日本の住宅』(藤井厚二) 1933 ◆『陰翳礼讃』(谷崎潤一郎) 1933 ◆『涼味数題』(寺田寅彦) 1934 ◆『建築計画原論』(渡辺要ほか) 1935 ◆『風土』(和辻哲郎) 1938 ◆『建築保健工学』(伊藤正文)
1952 ▽室外・室内機一体型エアコンの製造開始	1953 ○建築研究国際協議会(CIB)設立	1950 ●建築基準法 1951 ●官庁営繕法制定 1953 ●北海道防寒住宅建設促進法(寒住法) 1954 ●北海道立寒地建築研究所設立
1956 ◆『空気調和ハンドブック』(井上宇一) 1958 ▼ガス赤外線ストーブ発売 1959 ▼セパレート式クーラー発売 1959 ▼ヒートポンプ式エアコン発売		1955 ●日本住宅公団設立 1956 ●日本原子力委員会発足
1960 ▼日本・吸収式冷凍機開発	1960 ◇『ダイマキシオンの世界』(R.B.フラー) 1962 ◇『沈黙の春』(R.カーソン) 1962 ◇『宇宙船地球号操縦マニュアル』(R.B.フラー) 1963 ◇『Design with Climate』(V.オルゲー) 1964 ◇『建築家なしの建築』(B.ルドフスキー)	1960 ●北海道住宅供給公社設立 1960 ◆『東京計画1960』(丹下健三) 1961 ●日本太陽エネルギー協会設立 1962 ◆『建築計画原論』(渡辺要) 1963 ●日本建築学会・環境工学委員会発足 1964 ★東京オリンピック開催
1965 ▼電気式床暖房採用 1969 ▽壁掛セパレートエアコン発売 1969 ▽ガスFF型暖房機の発売	1968 ◇『Whole Earth Catalog』(S.ブランドほか) 1969 ◇『環境としての建築』(R.バンハム) 1969 ◇『Design with Nature』(I.L.マクハーグ) 1969 ▽コンピューターOS/UNIX開発 1969 ▽ARPANET運用開始(インターネット起源)	1967 ●公害対策基本法制定 1969 ●北海道防寒住宅建設等推進法改正
1970 ▼地域冷暖房開始 1971 ▽解析ソフトANSYS開発 1971 ▼計算プログラムHASP/ACLD7101公開 1973 ▼パッシブシステム提唱(A.バウエン) 1973 ▽ガスエアコン発売 1974 ▽オープンソースESP-r開発 1975 ▼温水式床暖房採用	1971 ◇『環境とデザイン』(G.エクボ) 1972 ◇ローマクラブ『成長の限界』(D.H.メドウズほか) 1972 ○国連人間環境会議開催・人間環境宣言 1972 ○国連環境計画(UNEP)設立 1973 ☆第1次石油危機 1973 ◇『Small Is Beautiful』(E.F.シューマッハ)	1970 ★大阪万博開催 1970 ●建築物省法公布 1972 ●環境庁『環境白書』発行 1974 ●サンシャイン計画開始 1974 ●地域気象観測システム「AMeDAS」運用開始
1975 ▽解析ツールTRNSYS公開	1976 ○第1回全米パッシブソーラー・ハウス会議 1977 ◇『空間の経験』(Y.F.トゥアン) 1978 ◇『宇宙船地球号』(R.B.フラー) 1979 ☆第2次石油危機 1979 ◇『ガイアの思想』(J.E.ラブロック) 1979 ◇『ゲニウス・ロキ』(C.ノルベルク・シュルツ) 1979 ◇『ソフト・エネルギー・パス』(A.B.ロビンス)	1978 ●ムーンライト計画開始 1979 ●エネルギーの使用の合理化等に関する法律(省エネ法)制定

	建築		建材・システム	照明・電気
1980	1982 □ビレッジ・ホームズ （C. M. コルベット） 1984 □カッセルエコロジー団地 （岩村和夫、A. ミンケほか） 1984 □マグニー邸（G.マーカット）	1980 ■ソーラーハウスSIII型 （ミサワホーム） 1981 ■名護市庁舎（象設計集団） 1982 ■新宿NSビル（日建設計） 1982 ■パッシブソーラーハウス PSH-21型（積水ハウス） 1984 ■つくばの家I（小玉祐一郎）		1980 ▼電球形蛍光ランプ発売 1980 ▼アモルファスシリコン 太陽電池生産開始
1985	1986 □香港上海銀行本店ビル （N.フォスター） 1987 □メニル・コレクション （R. ピアノ） 1987 □アラブ世界研究所 （J.ヌーベル）	1986 ■蓄熱壁の家（加藤義夫） 1987 ■阿品土谷病院 （奥村昭雄、野沢正光）	1985 ▼Low-E複層ガラス発売 1985 ▼高性能熱線反射ガラス発売	1985 ▽光環境解析Radiance開発 1985 ▽照明解析TBT開発
1990	1991 □コメルツ銀行本店ビル （N.フォスター） 1992 □バイオクライマティック・ スカイスクレーパー（K.ヤング） 1994 □ウェールズの家 （フューチャー・システムズ） 1994 □ヘリオトロープ（R. ディッシュ）	1992 ■相模原の住宅（野沢正光） 1992 ■PS IDIC（彦根アンドレア） 1993 ■NEXT21 （大阪ガスNEXT21建設委員会） 1993 ■芝置屋根のアトリエ（西方里見） 1994 ■関西国際空港旅客ターミナルビル （R.ピアノ）	1992 ▽高遮熱断熱複層ガラス開発 1994 ▽日射コントロールガラス開発	1993 ▽青色LED開発
1995	1997 □RWE本社 （C.インゲンフォーフェン） 1997 □コメルツバンク（N.フォスター） 1997 □デルフト工科大学図書館 （メカノー） 1998 □チバウ文化センター（R.ピアノ） 1999 □GSW本社 （ザウアーブルッフ・ハットン）	1995 ■箱の家（難波和彦） 1995 ■アクロス福岡（E.アンバースほか） 1997 ■世田谷区深沢環境共生住宅 （岩村和夫） 1998 ■HYBRID-Z（ミサワホーム） 1999 ■ビッグハート出雲 （小嶋一浩+小泉雅生/C+A） 1999 ■カタログハウスビル （石本建築事務所）	1997 ▼真空ガラス製造開始	1995 ▽緑色LED開発 1996 ▽白色LED開発 （青色LED+黄色蛍光体）
2000	2000 □エデン・プロジェクト （N.グリムショウ） 2002 □BedZED（B. ダンスター） 2002 □ロンドン市庁舎（N.フォスター） 2003 □スペースブロックハノイモデル （小嶋一浩ほか）	2001 ■エアーハウス（三分一博志） 2002 ■北方建築総合研究所 （アトリエブンク） 2002 ■糸満市庁舎（日本設計） 2002 ■地球環境戦略研究機関 （日建設計） 2004 ■アシタノイエ（小泉雅生ほか） 2004 ■地球のたまご（永田昌民ほか） 2004 ■東京本店新社屋（竹中工務店）	2000 ▼潜熱回収型給湯器発売 2001 ▼ヒートポンプ給湯機発売	2002 ▽白色LED開発 （紫外光LED+RGB蛍光体）
2005	2006 □R128（W.ゾベック）	2005 ■ANNEX（五十嵐淳） 2008 ■糸魚小学校（アトリエブンク） 2008 ■七沢希望の丘初等学校（中村勉） 2008 ■サスティナブルデザインラボラトリー （積水ハウス） 2009 ■木材会館（日建設計）	2008 ▼トリプルガラス樹脂サッシ発売 2009 ▼太陽熱利用ヒートポンプ 給湯機発売	2008 ▼白熱電球生産販売自粛要請 2009 ▼家庭用燃料電池発売開始 2009 ▼一般電球形LED電球 発売開始
2010	2011 □ソラリス・センター（K.ヤング） 2014 □Powerhouse Brattørkaia （スノーヘッタ）	2010 ■山形エコハウス（竹内昌義ほか） 2010 ■録ミュージアム（中村拓志） 2011 ■LCCM住宅 （小泉アトリエ+LCCM住宅設計部会） 2011 ■金沢海みらい図書館 （シーラカンスK&H） 2013 ■ソーラータウン府中（野沢正光） 2014 ■ROKIグローバル イノベーションセンター（小堀哲夫）		2011 ▼ECHONET Lite公開 2011 ▼家庭用蓄電池システム発売
2015 以降	2017 □海洋教育センター （NORD Architects） 2019 □CopenHill（BIG） 2019 □OLYMPIC HOUSE（3XN）	2015 ■直島ホール（三分一博志） 2015 ■みんなの森 ぎふメディアコスモス （伊東豊雄） 2017 ■オレンジリビングベース （上遠野建築事務所） 2017 ■パッシブタウン黒部 第1-3期街区 （エステック計画研究所ほか） 2017 ■ペプチドリーム本社・研究所 （竹中工務店） 2018 ■淡路島の住宅（SUEP.）		

暖房・冷房	科学・社会	
1980 ▼ガスファンヒーター発売 1981 ▼インバーターエアコン発売 1983 ▼ヒートポンプ式床暖房の発売	1980 ☆イラン・イラク戦争 1980 ▽CADツールRhinoceros3D公開 1980 ○パッシブクーリング専門家会議 1982 ▽AutoCAD R1公開 1982 ○第1回PLEA国際会議 1982 ◇『自然な構造体』(F.オットー) 1984 ▽Apple Macintosh発売 1984 ◇『パタン・ランゲージ』(C.アレグザンダー)	1980 ●新エネルギー総合開発機構(NEDO)設立 1980 ●ソーラーシステム普及促進融資制度施行 1980 ●性能基準PAL/CEC導入 1983 ●『自然エネルギー利用のためのパッシブ 　　　　建築設計手法事典』(彰国社編)
1987 ▼蓄熱式インバーターエアコン発売	1985 ○オゾン層保護のためのウィーン条約採択 1985 ○スマートハウスプロジェクト開始(NABH) 1986 ☆チェルノブイリ原発事故 1987 ○環境と開発に関する世界委員会報告書 　　　　「持続可能な発展」提唱 1987 ○モントリオール議定書 1987 ▽ArchiCADにBIM概念導入 1987 ◇『Smart House Hardcover』(R.L.スミス) 1988 ○気候変動に関する政府間パネルIPCC設置	1985 ●第1回建築省エネルギー賞(IBEC)創設 1986 ●パッシブソーラーハウス推進協議会発足 1987 ●OM研究所設立 1988 ●オゾン層保護法制定
	1990 ○評価ツールBREEAM(イギリス) 1991 ○パッシブハウス基準(ドイツ) 1992 ○環境と開発のための国連会議、リオ宣言 1992 ◇『地球白書』(L.ブラウン)	1991 ●リサイクル法施行 1992 ●省エネ法基準改正(新省エネ基準) 1993 ●省エネ法改正(H5年基準) 1993 ●ニューサンシャイン計画開始 1993 ●環境基本法制定 1993 ●環境共生モデル都市助成 1994 ●太陽光発電助成制度開始 1994 ●建設副産物対策行動計画(リサイクルプラン21)
1997 ▽EnergyPlus開発	1995 ◇『エコロジカルデザイン』(S.ヴァンダーリン) 1995 ▽Windows95発表 1996 ○評価ツールLEED運用開始(アメリカ) 1996 ○ISO14001(環境マネジメントシステム)発効 1997 ○COP3/京都議定書採択 1998 ○評価ツールGBC運用開始(カナダ) 1998 ▽Rhino1.0公開	1995 ★阪神・淡路大震災 1996 ●『環境配慮設計ガイド』(日本建設業連合会) 1998 ●環境共生住宅認定制度発足 1999 ●省エネ法基準改正(次世代省エネ基準) 1999 ◆『自然共生建築を求めて』(宿谷昌則)
2000 ▼電力小売自由化開始	2000 ○LEED新築運用開始(アメリカ) 2001 ○ミレニアム開発目標(MDGs)採択 2002 ◇『エコ・エコノミー』(R.ブラウン) 2002 ◇『Cradle to Cradle』(W.マクドナルド) 2002 ○第1回ソーラーデカスロン開催 2004 ◇『成長の限界 人類の選択』(D.H.メドウズ)	2000 ●循環型社会形成推進基本法/建設リサイクル法 2001 ●『日本の建築デザインと環境技術』(OM研究所) 2001 ●自立循環型住宅の開発研究(建築研究所) 2001 ●「地球環境・建築憲章」宣言(日本建築学会) 2001 ●評価ツールCASBEE運用開始 2003 ●居室の機械換気設備に関する義務化 　　　　(シックハウス対策に係る法令等の施行) 2003 ●省エネ法改正(オフィスビル対策強化/届出義務)
2005 ▽建築エネルギー解析ツールDOE-2開発 2008 ▽AutoCAD Ecotect Analysis発売	2005 ☆京都議定書発効 2006 ○スターンレビュー発表(N.スターン) 2006 ◇『不都合な真実』(A.ゴア) 2007 ○ASHRAE Vision2020 2008 ▽Grasshopper公開 2009 ☆グリーン・ニューディール政策発表(アメリカ)	2006 ●住生活基本法施行 2006 ●自立循環型住宅ガイドライン(建築研究所) 2007 ●『建築環境ガイドブック』(JIA環境行動委員会) 2008 ●ヒートアイランド対策ガイドライン 2008 ●DBJ Green Building認証開始 2009 ●ZEBの実現と展開に関する研究会(経済産業省)
	2012 ☆国連持続可能な開発会議(リオ+20) 2012 ☆京都議定書第一約束期間終了 2012 ▽環境解析LadybugTools開発 2014 ◇『Daylighting Handbook』(C.ラインハート) 2014 ○Well Building Standard開発	2010 ●温暖化対策に係る中長期ロードマップ策定 2011 ★東京電力・福島第一原発事故(東日本大震災) 2012 ●再生可能エネルギーの固定価格買取制度開始 2012 ●ZEH支援事業、ZEB実証事業開始 2013 ●省エネ法基準改正(改正省エネ基準)
2016 ▼電力小売全面自由化開始 2017 ▼都市ガス小売全面自由化開始	2015 ○COP21/パリ協定採択 2015 ○持続可能な開発のための2030アジェンダ 　　　　(SDGs)採択	2015 ●ZEH普及目標設定 2015 ●建築物省エネ法公布 2018 ●SDGs未来都市及び自治体SDGsモデル事業 　　　　開始 2020 ●省エネ基準適合義務化見送り

建築計画原論の系譜と成立

堀越哲美

■造家衛生の誕生

　明治から昭和初期までの造家衛生学から建築計画原論成立までの系譜を追った。明治21（1888）年は日本の建築計画原論にとって記念すべき日であると考えられる。中村達太郎が帝大教授となり、森林太郎（鷗外）がドイツで衛生学を学んで帰国した年である。藤井厚二が広島県福山市に誕生した年である。建築衛生学分野に絡む著作・論文等はこの年を境にして本格的に発表され始める。その嚆矢が森林太郎による『日本家屋説』であり、『陸軍衛生教程』へと続く。明治25（1892）年には清水釘吉の『家屋構造と衛生』が上梓される。

　造家衛生の用語が出るのは、森林太郎の明治26（1893）年『造家衛生の要旨』である。ところが、明治末以降大正の末期までの間は遠藤椿吉を除くと関係論文や著作は極めて少ない。しかし、大正5（1916）年照明学会が設立され、同6（1917）年煖房冷蔵協会（現空気調和・衛生工学会）、同8（1919）年大原社会問題研究所（現労働科学研究所）と室内環境関係の団体が設立されている。大正12（1923）年に京都大学医学部衛生学教室で雑誌『国民衛生』が刊行されると、建築衛生学・計画原論関係論文は飛躍的に増加する。

■計画原論の成立へ

　昭和元（1926）年に藤原九十郎『衣食住の衛生学』、同2（1927）年の佐藤功一・木村幸一郎『住宅の平面計画』を皮切りに、建築衛生・建築計画関係の著書が発表され、この学問分野の様々な呼称の提案とともに計画原論が学問として体系化が試みられたと考えられる。特に、昭和9（1934）年渡邊要・長倉謙介『高等建築学 第13巻 計画原論』はその名を初めて冠したものであったといえよう。環境計画的事項とともに建具、家具、間取りも取り扱っている。昭和13（1938）年には山口儀三郎『建築計畫・原論各論』が上梓される。ここでは室内環境と人間工学、間取り、防災、意匠と計画手法を含んで解説している。このように当時

は建築設計を意識した、または設計手法としての環境的事項を取り扱っていたことがうかがえる。

　また、大学研究者の海外留学が行われ、新しい分野の紹介、海外の論文翻訳も行われ紹介される機会が増えている。オリジナルな室内気候関係の研究では『国民衛生』に掲載された藤井厚二の「我が国住宅の改善に関する研究」がその端緒を開いたと推定される。これは後に他の論文等とまとめられ著作『日本の住宅』へと結実する。これは、藤井厚二と京都大学衛生学教室との密接な交流のなかから生まれたものであり、戸田正三をはじめとする衛生学者からの影響は大きいものといわねばならない。藤井厚二はデザイナーでもあり、彼の思想は建築設計に理論的な裏付け―科学的根拠を与えようとしたものである。それには、住居の環境や衛生を研究対象とした分野が身近にあったことが幸いしている。この時代は、大正11（1922）年に佐野利器の科学立国論「尚科学は国是であらねばならない」との言説にも見られる通り合理主義・科学主義が時代の背景としてあったことが影響していると考えられる。昭和11（1936）年には、前田敏男の渡満により、建築伝熱学の理論化への研究が始まり、建築における物理的な理論の導入に重要な役割を果たすこととなった。昭和13（1938）年は、先達ともいうべき藤井の逝去と建築衛生学研究の束の拠点となる国立公衆衛生院の発足、伊藤正文の『建築保健工学』の発刊がある。これは人の生理と気象・地相の相互関係が要求する人工的環境の構成を建築であるとしている点が独創的である。

■建築計画原論の時代区分

　著書・論文と研究者の思想と意識をもとに時代区分を試みた。これを図1に示す。近代建築学の導入過程で西洋の知見に基礎を置き、衛生学者が主導的な時代を第1時代とした。建築家は設計を行いそのなかでの課題を解決することが主眼であり、研究として衛生学

的側面では主役になり得なかった。『国民衛生』が刊行されて藤井による研究成果の発表が見られる期間を第2時代とした。この時代は、建築設計の基礎理論、原論としての萌芽時期である。建築学者・建築家が衛生学・医学の門を叩き、相互交流が行われた時期である。建築家・学者とも設計を実践していた時期とも考えられる。そして、衛生学者がまさに建築衛生の研究を行っていた時代でもある。次に、衛生学が免疫学・細菌学的な方面に傾倒し、建築家・学者による計画原論に関する日本独自の成果の発表が増加したこの時期を第3時代とする。衛生学者の建築的研究は激減し、衛生学の知識は直接建築学につながらなくなった。しかし、海外留学や先達のもとで育った世代の研究者が生まれ、建築独自の研究や技術の開発へと進んでいった。これは、衛生学からの独立であり、計画原論の成立時期でもある。この時代はまた暖房換気・空気調和、電灯照明の分野が、建築へと移行してきた時期でもある。官立大学の研究者は建築設計の基礎としての所謂"原論"畑の研究者がほとんどであったのに対し、設備的分野は早稲田大学において導入されてきた。大沢一郎らの海外留学での関わりが推察される。そして、戦後の前田敏男に源流を発する理論体系の確立と実験手法の成立を迎え、建築計画からの独立と設備へ接近する時期を第4時代とした。佐藤鑑の『建築環境学』、木村幸一郎『建築計画原論』、渡辺要『建築計画原論1』、前田敏男『建築学大系 8 音・光・熱・空気・色』、渡辺要『建築計画原論 ⅠⅡⅢ』等の原典ともいうべき書籍が刊行された。しかし、昭和38（1963）年の日本建築学会において、環境工学委員会が発足するとともに「計画原論」は「建築環境工学」へと移行する端緒となった。

参考文献
＊1　佐藤鑑『私の回想と環境工学の生い立ち』佐藤鑑先生古稀の祝い実行委員会、1975年。
＊2　中村泰人「環境物理学の歴史」『新建築学体系 環境物理』彰国社、1984年。
＊3　日本建築学会環境工学技術史小委員会「日本建築学会環境工学技術史小委員会報告」『建築雑誌』99巻1227号、1984年、43〜48頁。
＊4　藤井厚二『日本の住宅』岩波書店、1928年。
＊5　堀越哲美・堀越英嗣「藤井厚二の体感温度を考慮した建築気候設計の理論と住宅デザイン」『日本建築学会計画系論文報告集』368号、1988年、38〜42頁。
＊6　前田敏男「建築環境工学の源流、先達に聞く一私と空調・衛生とのかかわり一」『空気調和・衛生工学』59巻11号、1985年、1,092〜1,093頁。

第1時代
☐ 近代建築学の導入過程における原論　明治期
☐ 造家衛生―ドイツ衛生学の流れ
☐ ペッテンコフェル―森林太郎（鷗外）
☐ 建築設計　設計上の問題としての建築衛生―
　　曽根達蔵・前田松韻・武田五一・中村達太郎

第2時代
☐ 日本建築学の成立・安定　大正9（1920）年〜
☐ 衛生学からの情報・共同 "国民衛生" の役割
☐ 海外留学―大沢一郎・佐藤武夫・平山嵩
☐ 建築設計理論のよりどころとしての計画原論―
　　堀越三郎・藤井厚二

第3時代
☐ 計画原論の形成　昭和10（1935）年〜
☐ 衛生学の免疫・細菌学への傾斜
☐ 独自の研究成果の出現―木村幸一郎・渡辺要・
　　川島定雄・佐藤鑑・前田敏男・谷口吉郎・
　　十代田三郎・伊藤正文
☐ 機械設備・電灯照明の建築設備としての認識

第4時代
☐ 計画原論の確立　戦後
☐ 理論的な体系化　建築物理学的傾倒―前田敏男
☐ 実験手法の確立と物性値の測定

図1　建築計画原論の発展と時代区分

COLUMN 2

ドイツ・バウビオロギー（Baubiologie）の基本概念

岩村和夫

1970年代の後半、ドイツは建築のパラダイムを巡って大きく揺れていた。遅れてきたポストモダンへの誘惑とともに、ナチスの戦争責任を引きずるドイツは、他国のような歴史的シンボリズムを気軽に渡り歩く無節操な「デザイン」の立場をとることに大きな倫理的ためらいを感じていたからである。その一方で、そうした議論とは無縁の地平で、現代建築のエネルギーや資源、そして「建築物理学（Bauphysik）」と深く係わる諸性能を、内外の環境や使う人間の心理や生理の視点から見直す動きが急速に芽生えていた。その伏線は60年代、さらには戦前からの州ごとにその地域性を色濃く反映した地道な試みの積み重ねにあった。そして、アメリカ60年代後半のバックミンスター・フラー（Richard Buckminster Fuller／1895〜1983）を中心とする動きや、オイルショックの出来事に触発されて、一気に加速したのであった。その時、生物学や生態学と建築との関係を、人間の心や身体性を通して考察する方法がとられた。それを「バウビオロギー（Baubiologie：建築生物学）」と呼んだのである。

その頃からの中心的人物の一人であるリヒャルト・ディートリッヒ（Richard J. Dietrich／1938〜2019）は、エネルギー効率の高い工業化技術を駆使したオープン・ビルディング構法によるニュータウンづくりの一端をルール地方で試みる一方、南ドイツの自宅を自然の材料を多用し、豊かな周辺自然環境との文脈を大切にした究極のエコハウスを実現していた。「バウビオロギー」は彼のそうした初期の旺盛な、しかし矛盾に満ちた実践の成果や知見によるところが大きい。つまり、生物学的な存在である人間から見て、その生命活動を可能にする地球や地域や身近な環境と、現代の建築という構築物との相互関係のあるべき姿を構想し、現代建築の常識を逐一見直すことからその展望を開こうとするものであった（図1）。

ダルムシュタットのフランツ・フォルハート（Franz Volhard／1948〜）や、カッセルのゲルノート・ミンケ（Gernot Minke／1937〜）等は、軽量粘土という地域の自然材料に的を絞ってそれぞれ独自の工法を開発し、自ら家づくりの職人となり土着的なバウビオロギーの実践家として持続的に活動してきた。また、シュトゥットガルト大学で同期に建築を学んだマンフレッド・ヘッガー（Manfred Hegger／1947〜2016）とヨアヒム・エブレ（Joachim Eble／1944〜）は、ともに80年代の半ばに時を同じくして全く異なる形の「エコロジー団地」をそれぞれ実現している。前者が新しい技術との統合を図るモダン・デザインを出発点としているのに対し、後者はルドルフ・シュタイナー（Rudolf Steiner／1861〜1925）の思想に深く影響を受け、モダン・デザインから距離を置いた形態上の特異性を身上としている。また、自然界に存在する構造体を精緻に分析する一方、建築構造の合理性を突き詰める過程でその合一性を発見したフライ・オットー（Frei Otto／1925〜2015）は、60年代から建築の構造デザインの世界に全く新たな視点を開き、シュトゥットガルト工科大学と自らのアトリエを拠点にして、軽量膜構造という独自の世界を生み出したのであった。

このように、実に多彩なアプローチで「バウビオロギー」は実践されてきた。しかしながら、その多くに共通する意識の中には、「近代」以降現代を構成してきた、生産・流通の側に偏った画一的な計画手法と、その結果としてヒトや自然に「不健康」な建築環境に対する強烈な懐疑と批判性を見て取ることができる。すなわち、「健康」を原点に据え、現代建築の非生物学性を指摘し、建築生産や流通の近代化・工業化の過程で駆逐された伝統的工法や材料の再評価を行う過程で、より広範な「近代」そのものに対する認識の問題が顕在化してきたのである。

日本建築学会の『建築雑誌』は1986年の6月号に「エコロジーと建築」の特集を組み、そこで建築、環境工学、経済学、植生学、建築生物学等、広範な関連分野からの論文を掲げた。その編集方針は「……建築や都市の

将来を考えるとき、エコロジーの概念を無縁のものとしては語りえなくなってきている。それは各種の人為的活動の結果がもたらす、今後の社会における人々の生活に与える影響とか制約といった側面であり、それはまた、各地域の自然や産業や文化に根ざした生活の要請という側面である。そして、今日、そのような状況に応じた建築や都市のあり方やその表現が求められており、それを裏付ける技術の開発が必要とされている……」という認識に拠っていた。またそこで紹介された「建築生物学連盟宣言」には、その後のバウビオロギーの展開によってややぼやけてしまった本来の意図が問題提起のかたちで明確に述べられているので、以下に再録する。

建築生物学連盟宣言（1980年）
1）画一的な建築造形の非人間性に対する反省を深めること：〈造形上の問題〉
2）極度に人工的な住生活、生産活動、教育活動の場を。建築生物学的な法則に則って再考すること：〈人工的環境の非生物的問題〉
3）建築資材の調達から都市計画まで、生態学的配慮による再編成を図ること：〈建築にかかわる計画・生産・流通の生態学的問題〉
4）建設におけるビューロクラシーによって崩壊した、建築による魂と精神と肉体の合一を再び求め、建築の

問題を芸術として、生物学的に社会的一貫性をもって構築すること：〈建築行為の総合性と芸術性の問題〉
5）後ろ向きの自然主義的建築論ではなく、人間と自然と建築とのかかわりを革新的な自然観で維持発展させること：〈建築と自然観の問題〉
6）進歩に対する不安や、国家に対する不信からくる単なる拒絶主義ではなく、極端な物質主義に対抗する環境形成上の自由を獲得すること：〈環境形成と物質主義の問題〉
7）工業化を否定するのではなく、有機体としての人間の存在に有効な技術の再編成を図ること：〈技術と人間の問題〉
8）社会の成長を認めた上で、建設行為の本質たるべき環境保全の位置付けを積極的に行うこと：〈建築行為と環境保全の問題〉

　この宣言に見える課題への取り組みは、優れて学際的、領域横断的なアプローチを前提としている。わが国で1990年来推進されてきた「環境共生住宅」や、近年の「サステイナブル建築」における基本認識の共通項の多くを、ここに見出すことができる。そして「地球環境問題」に関するグローバルな危機感と、持続可能な社会を支えるコミュニティのあり方などが後から新たに加わった点である。
　こうしてこれからの建築は、時代思潮として広く共有すべき現代的な課題と、地域によって顕在的、潜在的に発見される独特な課題をクロスさせ、身体的な体験に根ざしたベスト・プラクティスとして構想する。バウビオロギーはその大切さを訴え続けている。

参考文献
＊1　『建築雑誌』日本建築学会、1986年6月号
＊2　岩村和夫『鹿島選書211 建築環境論』鹿島出版会、1990年
＊3　岩村和夫編『サステイナブル建築最前線』ビオシティ、2000年
＊4　日本建築学会編『地球環境時代のまちづくり』丸善、2007年
＊5　日本建築学会編『第2版・地球環境建築のすすめ』彰国社、2009年（初版：2002年）
＊6　環境共生住宅推進協議会編『新版・環境共生住宅A-Z』ビオシティ、2009年（初版：1998年）

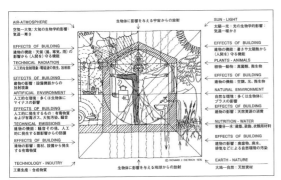

図1 リヒャルト・ディートリッヒによるバウビオロギーの基本概念（1976年）

温度差を利用する

夏季、小屋裏内の空気は日射によって外気よりも高温になる。「聴竹居」は、小屋裏や天井、床近くに空気の出口と入口を適切に設け、温度差を利用した空気の流れをつくり室内の熱気を速やかに排出して涼を得る、夏を旨とした住宅。

聴竹居
1928年

設計：藤井厚二
所在：京都府大山崎町
敷地面積：約12,000坪
延床面積：173m²
構造・規模：木造・1階建て

1920年代、欧米のスタイルを取り込んだ和洋折衷住宅の普及に対して、日本固有の環境に調和した建築様式を確立すべしとの信念において取り組んできた一連の実験住宅群の5番目の実験住宅。藤井厚二の自邸でもある

天井面の排気口から室内の空気を小屋裏に引き入れ、屋根の妻面に設けられた小屋裏通風窓から排出する。外気は、床面近くの開口部から、また地中に設けられた導気筒につながる導気口から地中の熱で冷やされて室内に引き込まれる。これは今でいうクールチューブである。床下と天井裏を通気筒で縦につなぎ、床下の湿った冷たい空気で小屋裏を冷やすという試みも行われている。

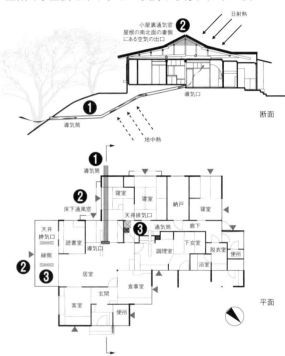

断面

平面

窓

導気筒・導気口 ❶

西側斜面の地中に設けた導気筒の外気取入れ口は、淀川に沿って吹く風を斜面で受け止め、木立を抜けて冷気を含んだ空気を取り込む。取り込まれた空気は導気筒を通る間に地中の熱で冷やされ、約300mmある床面の段差を利用して設けた導気口から室内に導かれる。

右：畳の座式と板張りの腰掛け式の目線を合わせるために設けた327mmの段差を利用した導気口

空気の出口・入口 ❷

建物の下方に空気の入口を設け、上方に出口をつくることで、空気の流れをつくる。

左：縁側の床面近くに設けられた外気の入口。上：床下通風窓。床下の空気は、通気筒によって小屋裏に引っ張られ換気される

排気口・通気筒 ❸

天井には、室内の空気を小屋裏に導くための排気口がある。通気筒は、床下と天井裏を縦につなぎ、床下の比較的低温高湿な空気で小屋裏を冷やしている。

右：縁側の天井にある開閉式の通気筒。夏は開放して空気を取り込むが、冬は閉じ、小屋裏への空気の動きはない

空気の温度差による換気のしくみ（→30頁2-2参照）

「温度差換気」とは、室内外の空気の圧力差を利用した換気方法で、室内外の空気の温度差と開口部の高さに依存する。これによって無風時にも室内の空気を入れ換え、涼を得ることが可能となる。

1. 内部発熱等により、暖められた室内の空気は密度が小さく軽いため上昇する。
2. 上部の暖かい空気と室外の空気に圧力差ができる。
3. 圧力差によって暖かい空気が室内上部開口部から室外へ流出し、室内が負圧となり、下部開口部からは新鮮な外気が入る。

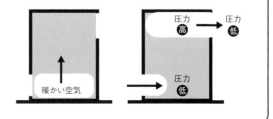

エネルギー・物質を循環させる

Domo Multangla
1936年

設計：山越邦彦
所在：東京都杉並区
敷地面積：約600坪
構造・規模：木造・2階建て

採光を考えた間取り、屋根を使った太陽熱給湯システムを採用し、菜園と浄化槽システムにより、生活から生じる廃棄物を燃料や堆肥として活用している。太陽のエネルギーを源にして、熱エネルギーや物質を循環させるしくみをもつ住宅。

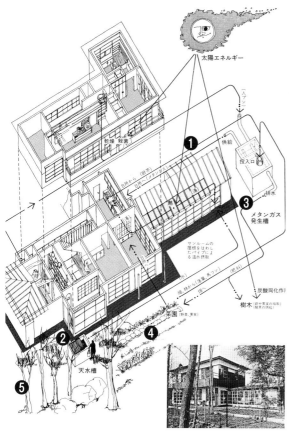

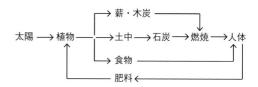

「Domo Multangla（ドーモ・ムルタングラ）」はエスペラント語で多角的住宅の意味。自邸「Domo Dinamika（動力学的住宅）」に続いて建築家・山越邦彦が設計した、経済学者・林要の住宅である。太陽エネルギーの利用、ごみや人糞による燃料（メタンガス）の生成、台所ごみによる肥料を利用した菜園、雨水の利用などの自然エネルギーを多角的に利用し、都市生活者が無理なく自給自足を図ることができる住宅を目指している。

山越の考える太陽エネルギーを源とした循環システムの一例
食物から化石燃料を使った暖房まで、私たちは太陽を源にした循環の中にある。その循環の鎖が多いほどエネルギーは有効に利用できるという考え方を表現した図（出典：『Domo Multangla　多角生活の住宅』『住宅』1940年7月号、47頁）

アクソノメトリックと南側外観。日当たりの悪い部屋ができないよう南面向きに居室を並べた細長い平面。エネルギーを効率的に使用するために、太陽集熱を行うサンルームに風呂と台所を隣接して配置（出典：『建築文化』1974年10月号）

流れ・循環のデザイン

　地球は、太陽からの日射を受け、地球上で行われるさまざまな生命活動の結果、生成された熱を宇宙空間に捨てることで、生命が生存できる熱環境を維持している。このような大きな流れの中に、建築をつくり壊すという物質の循環、水の循環、大気の循環、人が食物を食べ排泄するという循環など、形あるもの、ないもののさまざまな循環の鎖がある。持続可能性を考えた建築のあり方、サステナブルデザインとは、このような流れと循環のイメージをもち、その中にうまく整合した建物を考えること。

地球環境システム
（参考：宿谷昌則編著『エクセルギーと環境の理論』井上書院、2010年、242頁、図4.0.1。一部変更のうえ作図）

屋根

太陽熱の利用 ❶
ガラスを太陽熱の吸収面として考え、ガラス張りのサンルームの屋根にパイプをはわせて温水を採取。

雨水

雨水の利用 ❷
コンクリートの天水槽に雨水をため、防火などの非常用、洗濯、入浴に利用。

土

汚物と台所ごみの燃料化 ❸
メタンガス発生槽で人糞と台所ごみを処理しながらメタンガスを発生させて調理の燃料に利用。ガス発生槽からの排水は肥料として菜園や樹木に供給して、食べ物や薪（燃料）をつくるといった循環システムの構築を試みている。

菜園 ❹
従来の眺めるだけの庭ではなく、合理的な循環の計画を立て、生活者の廃棄物を肥料として食べ物をつくる「生産する庭」を体現している。

雑木林 ❺
燃料を生産し、その落葉は堆肥の原料として利用される。循環の鎖としての役割とともに、田園美の保存、防風林としての役割ももつ。

風を通す

教室と廊下の間には中庭があり、川側と中庭側のそれぞれに外気に面した開口部をもつ。この2面の開口部によって、教室には風が通り、自然光が入る。自然豊かな場所にあって自然の風と光を利用した木造の小さな学校。

日土小学校（東校舎）
1958年

設計：松村正恒
所在：愛媛県八幡浜市
敷地面積：3,533m²
建築面積：715.17m²
延床面積：428.19m²
構造・規模：木造・2階建て

光と風を導くために、水路のある中庭を擁した空間構成と、庇や窓に導かれる光と風を微調整するしかけが施されている。教室には地窓と欄間窓があり、下から上への風の流れをつくることができる。川に面した開口部は、大きな庇やルーバーによって日差しを調整し、上部の窓のすりガラスにより拡散された自然光を採り入れる。

左：教室内部の様子。1950年代当時、電力が十分でなかったことから、室内に自然光を導入し電灯照明に頼らない試みとして、中庭をもち、両面に開口部がある教室が全国でいくつか考えられていた。愛媛県八幡浜市役所建設課に在籍した松村の設計による日土小学校もその流れの1つであろう

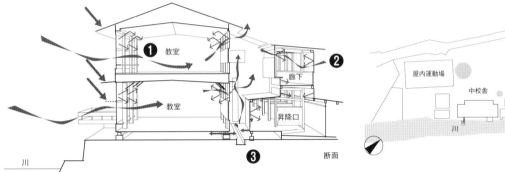

窓

中庭と川に面した教室の窓 ❶

風の出入口になる。上部の窓をすりガラス、天井を斜めとすることで、自然光を拡散させて室内に導く。

中庭に面した教室の開口部。ただし、すりガラス面は輝度が上昇しまぶしさを生じさせることもある

地窓と欄間窓のある廊下 ❷

高さの違う開口部を設けることで風が抜ける。

中庭に面して地窓と欄間窓のある廊下

水路のある中庭 ❸

中庭と校舎の床下は連続し、床下では縦横無尽に風が動き、無風時には、水路によって冷やされた床下の空気と、上部との温度差で上昇気流をつくると考えられる。

2階は軒の出によって日射を遮へいし、1階は小庇とルーバーによって日射を調整する

風による換気のしくみ（→30頁2-1参照）

「風力換気」とは、窓のある壁面に風が当たることで生じる室内と室外の圧力差を利用した換気方法。面に生じる圧力は、風圧係数と風速に依存し、風圧係数は建物の形状ごとに実験などで求める。風上側には圧縮力、風下側と側面には引張力が働く。風上側と風下側の両方に窓を配すると、空気を押し込む力と引張る力を利用できるため、たくさんの風が通り、室内空気を清浄に保つとともに涼を得ることができる（図1）。

開口部の位置によって、室内の風の通り道が変わる。換気の目的は室内の汚染物質を速やかに屋外に排出することであり、そのためには広い範囲の空気を入れ換えられるように窓の位置を対角線状にする、上下の配置にするなどの工夫することが重要（図2）。

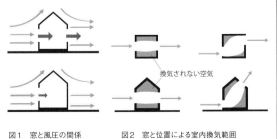

換気されない空気

図1　窓と風圧の関係　　図2　窓と位置による室内換気範囲

排熱を利用する

外壁の2枚のガラスの間を、室内の空調された空気の通り道として利用することで、
窓側(ペリメーターゾーン)の空調に必要なエネルギーを削減しつつ温熱環境も改善。
現在では当たり前になりつつある「ダブルスキン」を採用した日本初のオフィスビル。

NCRビル(現日本財団)
1962年

設計:吉村順三
所在:東京都港区
敷地面積:2,247.9m² / 建築面積:
1,591.5m² / 延床面積:19329m²
構造・規模:鉄骨鉄筋コンクリート造・
地下4階、地上8階建て

三方を道路に囲まれた敷地のため、3面とも正面となるようにデザインされている。現在は、
日本財団が所有し、ほぼ当時の空調システムのまま使用している

2枚のガラス窓の間に人が通れる程度のすきまを設けた外壁は、室内空気の排気を屋上のタワーマシン(排気ファン)へ送るためのエアフローウィンドーとなっており、空調機と建物が一体となった空調システムを形成している。室内側の窓は、下枠に室内空気を取り入れる目隠しを兼ねたスリットが一体化され、その下の窓は自然換気に利用したり、メンテナンス時にダブルスキン内に入れるようになっているなど、各機能が繊細に納められている。

窓

室内空気の吸込み口 ❶
環境調整に利用された後の室内空気は、下枠の消音ボックスからダブルスキン内に入り、ダブルスキンの間を上昇して屋上のタワーマシンから排気される。

窓枠と一体化したスリットをもつダブルスキン

外気の取入れ口 ❷
各階に設置された空調機から新鮮な外気を取り入れ、温度を調整して室内に吹き込む。

熱線吸収ガラス ❸
室内側は普通ガラス、3〜8階の外側のガラスは熱線吸収ガラスを使用。夏季は、熱線吸収ガラスによって日射を防ぎ、排気される室内空気によって表面温度の上昇を防ぐ。冬季は外気温が0℃であっても、排気される室内空気を通すことでガラスの表面温度は室内温度に近くなり、寒さが防げる。

自然換気用に開けた片引き兼浮出し窓下窓

下窓 ❹
避難通路と中間期の自然換気を確保するために、下窓は外側は突出し窓、室内側は片引き兼浮出し窓で開閉が可能。

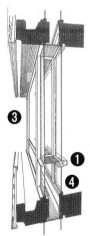

ダブルスキン断面
(出典:奥村昭雄
『奥村昭雄のディテール』彰国社、
1986年)

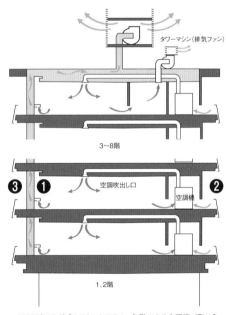

タワーマシン(排気ファン)

3〜8階

❸ ❶ 空調吹出し口 ❷

空調機

1,2階

NCRビルのダブルスキンシステム。各階にある空調機が取り入れた新鮮な外気は温度調整されて、天井吹出し口から室内に供給。室内空気の排気分はダブルスキン内を上昇し、最上階の天井裏を通って、屋上に設置されたタワーマシンから排気される

ダブルスキンによる熱負荷削減のしくみ

オフィスビル室内において、外壁から3〜5mの範囲をペリメーターゾーンといい、外気の影響を受けやすいため、夏は暑く冬は寒い。そのため、通常、窓近傍には大きな空調機を設置して外気の影響を調整している。一方、ダブルスキンのビルでは、排気される室内空気を2枚のガラスの間に通すことによってガラスの表面温度が室温に近くなり、窓から逃げる熱量(熱損失)が減り、全体的な熱負荷が減る。併せて窓近傍の空調機が不要となり混合損失*もなくなる。さらに窓からの放射熱や冬季のコールドドラフト(59頁)も小さくなるので、省エネルギーと共に快適性を向上させることができる。

*混合損失:1つの空調システムの中で暖気と冷気が混じりロスを生じること。ガラスを多用したオフィスビルでは、室内中央(インテリアゾーン)はパソコンや人体からの発熱によって冬でも冷房を行うが、ペリメーターゾーンでは暖房が必要となり、この際に混合損失が生じる。

寒冷地にて閉じつつ開く

札幌の家・自邸
1968年

設計：上遠野徹
所在：北海道札幌市
敷地面積：1,387.7m²
建築面積：198.0m²（増築部分除く）
延床面積：165.1m²（増築部分除く）
構造・規模：鉄骨造・1階建て（竣工時／増築後／2階建て）

積雪寒冷地にありながら断熱性と採光性を満たす開放型住宅として50年以上もの間、住み続けられた。長く住み続けられたこの「北の住まい」は、寒冷地に建つ開放型住宅のパイオニアといえるだろう。

　「札幌の家」は、1968年竣工の鉄骨造の平屋で、北海道を代表する建築家の自邸である。北海道・室蘭の製鉄所生産のコルテン鋼（耐候性鋼）や札幌近郊の江別産のレンガなど、北海道産の材料が巧みに活用されている。

　一般に寒冷地の住宅は、「閉じる技術」としての断熱・気密・防露が必然とされる。一方、採光や換気などの「開く技術」も不可欠で、両者の組み合わせ方が設計者に問われる。設計者であり住まい手でもある上遠野徹は、外壁の断熱性向上に加え、断熱性と採光性を満たす開口部について1つの解を導いた。それは、複層ガラスと太鼓張り障子の組み合わせである。

1階居間。天井仕上げは、もともと檜を使っていたが、乾燥による材の節の落ちが多かったため、住み始めてから北海道産の「シナ」に変更。地場産材にこだわった設計者の思いが凝縮されている。居間の天井高さ2,350mmは、座ることが多い日本人のライフスタイルを反映した計画になっていて、立つと天井が近く感じるが、実際に座ると高さ2,100mmの窓から入る光は豊かで外の景色が居心地の良さを与える

断面詳細

床

床暖房 ❶

当時は珍しい床暖房が採用されている。厚さ120mmのコンクリート躯体の上に発泡スチロール断熱100mm、さらにその上にモルタル仕上げ80mmの内部に温水配管（直径25mm）の銅管が埋設されている。50年間、床下配管には漏水などの故障は一切なく（ボイラーは交換）、現在も稼働している。床暖房は全室に設置されており、床面はすべてバリアフリーである（竣工当時、バリアフリーは正確な定義がなかった）。

窓

複層ガラス ❷

断熱性と採光性の双方を満たすために、当時としては稀少な複層ガラス（特注仕上げ）が採用されている。竣工当時、北海道で一般的な窓は、スチール製サッシと単層ガラスの二重だったが、熱損失が極めて大きく、内窓と外窓の間での結露も問題となっていた。また当時、断熱性と採光性は二律背反とされたので、熱損失を抑えるために窓面積を必然的に小さくする傾向にあったが、複層ガラスの採用によって諸問題はある程度の改善をみた。

ガスケット式の複層ガラスは厚さ6mmの中空層が確保され、サッシはコルテン鋼板グラファイト仕上げ（サッシを含めた窓の熱貫流率の推定値：3.5 W/(m²·K)前後）。天井高さ2,350 mmのうち窓面高さが2,100 mmを占めるので日中の室内は、自然光が入るほどよく明るい。

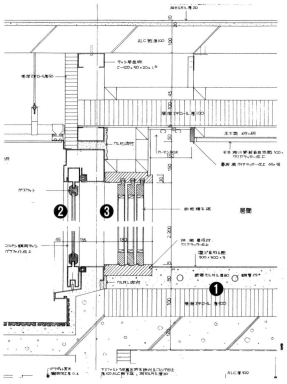

断面詳細

太鼓張り障子と複層ガラスが収まる開口部

太鼓張り障子 ❸

複層ガラスの内側に障子戸が設けられ、すべての障子戸が戸袋に収まる。通常の障子は、木枠の片面にのみ和紙が張られているが、ここでは木枠の両面に張られた「太鼓張り障子」が採用されている。2枚の和紙の間に20 mmの空気層があるため、片面和紙の障子より断熱性が高い。冬は庭からの雪面反射光が大きいが、障子が外からの豊かな光を拡散させ、室内の採光に対する十分な機能を果たしている。

壁

高断熱な外壁 ❹

外壁はレンガで（210×60×60 mm）、その室内側に厚さ100 mmのコンクリートブロックを積層し、その内側に厚さ100 mmの発泡スチロールが設けられている。当時、100 mm厚の断熱は極めて珍しく、「札幌の家」は実験住宅としての側面がある。設計者・上遠野は、自身が使用した発泡スチロールと、現在広く普及しているスタイロフォームの断熱性の違いは認識していなかったとのことだが、50年もの暮らしの中で断熱の工夫に対する自信は、晩年まで失われなかった。

庭から居間を見る。柱と梁はコルテン鋼（無塗装）、外壁はレンガ張り

「札幌の家」熱性能と太鼓張り障子・カーテンの効果

■暖房なし（夜）で室温は14℃

外気温が氷点（0℃）以下で、暖房なしの夜間の居間室温は下がっても14℃であった。日中は日射によるダイレクトゲインに加え、床暖房とFF式灯油ストーブにより室温を20℃前後に保つ。冬季の室温とグローブ温度の計測結果（2020年）から、平均放射温度（MRT）と予測平均温冷感申告（PMV）を試算したところ、MRTは空気温度とほぼ同じであった。また、暖房なしの夜間のPMVは−0.7（やや寒い）、日中の暖房時のPMVは±0（暑くも寒くもない）で熱的快適域に入っていた。これらは「札幌の家」が50年以上にわたり快適であったことを示しており、現代の住宅と比べても何ら遜色のない質の高さである。設計者が「冷え」を感じないように計画した、半世紀前の環境・設備技術（高断熱＋床暖房＋蓄熱）の効果の高さをうかがい知ることができる。

■太鼓張り障子＋カーテンの複合効果

複層ガラスのみ

複層ガラス＋太鼓張り障子

複層ガラス＋太鼓張り障子＋カーテン

居間の複層ガラスの室内側にある「太鼓張り障子」と、夜間はさらに厚手のカーテンを閉じた3層構造として、窓面からの冷放射と冷気（ドラフト）の侵入を防いでいる。

複層ガラスのみでは、ガラスの室内側表面温度が約17℃、冷気が溜まりやすい窓面下部は約13℃である。太鼓張障子を閉めると、障子の表面温度は約21℃になり、前者と比べて約4℃高くなる。障子は日中、低い角度から入る太陽光と雪面反射光を拡散光に変え、冷放射を抑えている。さらに、夕方にカーテンを閉めることで、カーテンの表面温度は約23℃になり、周囲の床・壁・天井面とほぼ同じになる。「札幌の家」では建築外皮の高断熱性と床暖房に加えて、居住者が日中・夜間で設えを調整することによって、高質な「温もり」を室内にもたらしている。

暖かさ涼しさを蓄える

熱を蓄えるためのコンクリート外断熱工法、日射や涼風を室内に取り込むための窓、夏の日差しを遮るノウゼンカズラなどを、居住者が上手に調整しながら暮らしている「つくばの家Ⅰ」は、研究者でもある建築家の日々進化する実験住宅。

つくばの家Ⅰ
1984年

設計：小玉祐一郎
所在：茨城県つくば市
敷地面積：284m²
建築面積：76m²／延床面積：166m²
構造・規模：鉄筋コンクリート造（一部木造）・3階建て

1階食堂。窓からの日射が直接当たる床は、日射を蓄えるために熱容量の大きいレンガタイル敷きとし、色は、日射を吸収しやすい黒色としている

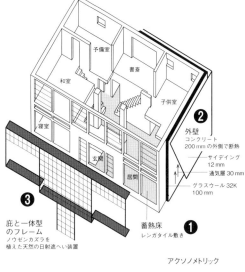

❷ 外壁
コンクリート200mmの外側で断熱
── サイディング 12mm
── 通気層 30mm
── グラスウール 32K 100mm

❶ 蓄熱床
レンガタイル敷き

❸ 庇と一体型のフレーム
ノウゼンカズラを植えた天然の日射遮へい装置

アクソノメトリック

床暖房システム。居間北側のバルカン温風暖房のチャンバー内に温水放熱器を設置し、室内の空気を加熱して床下の通気層に送り、床面を温めた後、南側の窓下から室内に吹き出す。実際はダイレクトゲインと薪ストーブで十分暖かく、床暖房はあまり使用していない

「つくばの家Ⅰ」は鉄筋コンクリート造（一部木造）の3階建ての住宅で、1階南側には吹抜けのある居間、食堂があり、2階は吹抜けを介して個室があり、3階は一部を木造とした子供室となっている。

この住宅は、いわゆるダイレクトゲインを利用しており、冬は南側の吹抜けに面した大きな窓からたくさんの日射を取り入れ、レンガ敷きの床や、室内に表されたコンクリートの躯体（外断熱）に蓄えられる。夕方以降、外気温が下がると、躯体が熱を放出して室内に暖かさを供給する。一方、夏は夜間に南北の窓を開けて涼風を室内に取り込み冷気を躯体に蓄え、翌朝、気温が上がり始めると躯体から涼しさを供給する。壁や床に蓄えた冷気を長時間使うために、昼は窓を閉めて温度の高い外気をシャットアウトし、南側窓の前に庇と一体型のフレームに植えられたノウゼンカズラが天然の日射遮へい装置となって夏の日差しを遮っている。これらの機能は、樹木のメンテナンスや居住者が季節や時間に応じて窓の開閉を行うといった調整行動によって効果を発揮するもので、住み始めてから少しずつコツをつかみ、年々快適性が増している。

建設時、実験的に採用したオイルファーネスからの温風を床下に送り込む床暖房、太陽熱給湯システムなどの経年変化を体感し、新しい技術や昔からの技術を評価しながら、設備更新にともない実験的な試みを続けている。

床

床暖房 ❶

居間は、コンクリートスラブの上にデッキプレートを敷き、竣工当初はその溝に、室内の暖気やオイルファーネス（油焚温風暖房機）からの温風を送り込み床暖房を試みていた。その後、薪ストーブに変えたため、現在はヒートポンプ温水放熱器で温風をつくっている。一方、食堂は床暖房にせず、大地の熱を直接利用している。床スラブ下に断熱材を入れていないため、夏は地面の冷たさで気持ちがいい床になっている。

壁

熱を蓄える壁 ❷

熱を蓄えるコンクリート壁の厚さは200 mm。壁の外側は100 mmのグラスウールによって断熱し、通気層を設けたうえでボード仕上げとし、外部の寒さや暑さが伝わらないようになっている。
吹抜けがあるため気積が大きい居間と食堂は、エアコンのように空気を暖める暖房機器では、上下の温度差が生じて快適な熱環境にすることは難しい。大量の日射を床や壁に蓄える「つくばの家Ⅰ」は、床や壁全体がほんのりと暖かいため、空気温度が多少低めでも快適感を得ることができる。居住者は外気温が0℃以下の冬の朝でも、冷え込みが気にならないと言う（109頁、図1）。

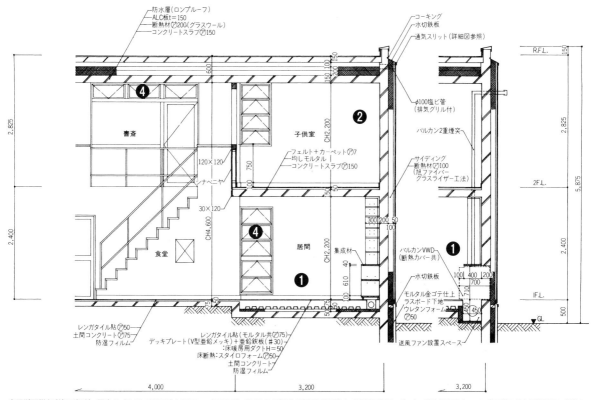

東西断面詳細（竣工当時）。図中のバルカンVWDがオイルファーネスのことであり、この温風を床下に送り込んで床暖房を行っていた。夏は北面のオーニングの開口部を夜間換気に開放し、換気に利用

緑

ノウゼンカズラの日よけ ❸

竣工当時に植えた南側の大きな開口部の前のノウゼンカズラは、蔓性落葉樹で、庇と一体化した面格子に枝を絡ませ、夏になると葉を茂らせ天然の日よけとなる。壁面緑化は、日中蒸散によって空気温度より低くなった葉の茂った面で日射を遮へいするため、遮へい効果に加え涼しさも生み、夜間に蓄えた室内の冷気を長い時間保つことができる（109頁、図2）。敷地内には、ノウゼンカズラのほかにも竣工時からたくさんの樹木が育ち、心理的な涼感も得ることができる。
一方、冬にはノウゼンカズラや敷地の落葉樹が葉を落とし、日射を室内に入れることができる。庭は室内の環境調整装置となっている。

上：南側外観（3月）。下：同（6月）

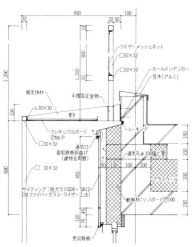

庇を兼ねたノウゼンカズラのフレーム詳細

107

窓

日射と空気の入口と出口 ❹

FIX、引違い、オーニングで構成されている南側の窓は、おもに日射や空気の入口となっている。FIXと引違い窓は日射を取り入れ、オーニング窓は夏に防犯対策をしながら通風を行うためのものとなっている。2、3階の窓は空気の出口として有効で、夜間換気に利用されている。南北に風の出入口を設け、夏には夜間に窓を開け、昼間は閉めるといった、外気温の変化に応じた窓の開閉操作によって、建設時に想定していたよりも涼しく快適にすごしている。
冬は、竣工後に設けた障子を閉めて断熱性能を高めている。

左:棒の先にテニスボールをつけた専用の開閉装置を使用して、環境に応じてこまめな開閉をしている。右:夜間換気の際に風の出入口となる1階書斎奥の窓

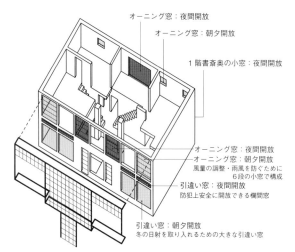

「つくばの家I」の窓の開け方。開口部は、それぞれの用途に合わせた開閉方式の窓によって構成されている。風をスムーズに通すために、実は北側の小窓が重要で、とくに1階居間の奥(書斎)の窓を開けると風が気持ちよく流れるため24時間開け放している

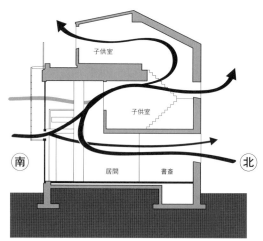

夜間換気経路。居住者から聞いた窓開放場所と夜間の換気経路の関係

「つくばの家I」試行の歴史 --

1984年 竣工　夏の日射を遮る落葉樹やノウゼンカズラを植える
　　　　夏の午前中は窓を閉め、夕方から開けるといった夜間蓄冷のコツをつかむ。

1990年 吹抜けに面した2階子供室に間仕切り障子を設置
　　　　中学生になった子供のプライバシーを確保するために設置。

1994年 ペントハウスを増築
　　　　子供の大学受験に合わせて子供室をつくる。併せてサウナ室も設置。

強制循環型ソーラー給湯設備が壊れ、自然貯湯型ソーラー給湯設備を導入
　　　　ソーラー給湯のポンプが故障。部品の在庫がなくメンテナンスが不可能に。その後に導入したのは、よりシンプルな自然貯湯型のソーラー給湯器。

2004年 オイルファーネスが壊れ、薪ストーブを導入。薪割りを開始
　　　　オーストラリア製のオイルファーネスは頑丈だったが、取扱店がなくなりメンテナンス不可能に。都市ガス供給がない地域のため、この機会に熱源を灯油から電気に変更。補助暖房としてヒートポンプ温水輻射暖房を設置。給湯器も灯油ボイラー型から深夜電力を使用する高性能ヒートポンプ式給湯器に変更した。

単層ガラスの窓部分にインナーサッシを取り付け
　　　　建設当時は複層ガラス用サッシがなかったため単層ガラスだった窓の熱性能を補強。一部には発熱ガラスを試験的に使用。ガラス表面に特殊金属を溶融した発熱ガラスは、通電することでガラス自体が発熱。コールドドラフト防止と冷放射を防ぐ効果がある。

夏に暑いペントハウス用にエアコンを設置
　　　　冷風の一部をダクトで居間にも送る。使用するのは大勢の客が来る日など年に数回。

2010年 太陽光発電システムを導入
　　　　屋根仕上げ材の再塗装、修復にあわせて太陽光発電システム(3kw)を導入。自然貯湯型のソーラー給湯器をやめ、ヒートポンプにソーラーを組み込んだ給湯システムに変更。

1階食堂から居間を見る。南側の窓は風や日射の入口になる

暖かさ涼しさを蓄える技術

「つくばの家Ⅰ」で採用されている「外断熱」とは、一般にコンクリート造の場合に使う用語で、コンクリートの壁や屋根の外側を断熱する工法のことである。コンクリートは、容積比熱*が大きい材料の代表であり、鉄筋コンクリート造は壁厚もある。そのため熱容量が大きく暖まりにくく、冷めにくい。一方、断熱材は一般に容積比熱は小さく、熱貫流率の値も小さいため熱を貯めにくく、流れにくい。

外断熱をして、室内に仕上げをせずにコンクリート表しにすると、室内に大きな熱の貯蔵タンクをもつことになる。一方、木は容積比熱の小さい素材の代表で、コンクリートの2分の1以下。「つくばの家Ⅰ」は大きな熱のタンクがあるため、南側の大きな開口部から入る大量の日射をコンクリートに貯め有効に活用できるが、木造で同様の窓面積をもつと、昼間はオーバーヒートして暑くなりすぎ、夜はたとえ十分な断熱をしたとしても室温が下がり、1日を通じて室温が大きく上下する（図1）。

コンクリートの躯体を外断熱した場合、夏の昼間は窓を開けず、夜に窓を開ける（夜間換気）暮らし方をすると、熱容量の大きさを利用して涼しく過ごすことができる。外気温の高い昼間に窓を閉め、庇や壁面緑化などで日射をきちんと遮へいすることで、夜間にためた涼を利用して室温を低いまま平準化させることができる（図2、3）。

暖かさや冷たさを蓄えるデザインとは、太陽から室内までの熱の動きをイメージして、熱容量の大きい素材と断熱材、日射や風を取り込む窓と遮る日よけを上手に組み合わせ、居住者の調整行動がともなうことで成立する。

＊容積比熱：1m³の物体を1℃上昇させるのに必要な熱量。単位はkJ/(m³・K)。
■熱容量の大きな素材の例（容積比熱は116頁のデータより換算）
水　容積比熱：4,192 kJ/(m³・K)／熱伝導率：0.6 w/(m・K)
鉄　容積比熱：3,758 kJ/(m³・K)／熱伝導率：53 w/(m・K)
コンクリート　容積比熱：1,936 kJ/(m³・K)／熱伝導率：1.6 w/(m・K)
■熱容量の小さな素材の例
断熱材（グラスウール）　容積比熱：27 kJ/(m³・K)／熱伝導率：0.036 w/(m・K)
木材（スギ）　容積比熱：636 kJ/(m³・K)／熱伝導率：0.12 w/(m・K)

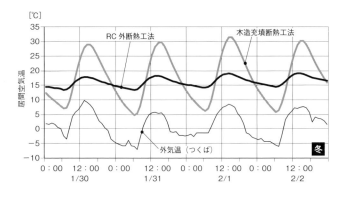

図1　コンクリート外断熱工法と木造充填断熱工法の室温変動の比較（自然室温）。
コンクリート外断熱工法の「つくばの家Ⅰ」と同じ形で次世代省エネ基準の断熱を施した木造住宅の居間の空気温度をシミュレーションした結果。
どちらも内部発熱はなしとして計算したが、実際の「つくばの家Ⅰ」では、人体や調理、電器製品などからの発熱があるため、日中は20℃くらいまで室温が上昇し、ほとんど暖房を使用しない生活をしている

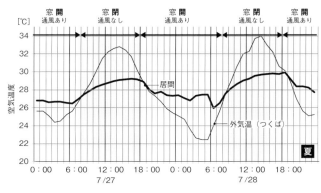

図2　「つくばの家Ⅰ」で夜間換気をした場合の室温変動。
壁面緑化による日射遮へいと、現状のライフスタイルに合わせた窓明けを行った場合のシミュレーション結果

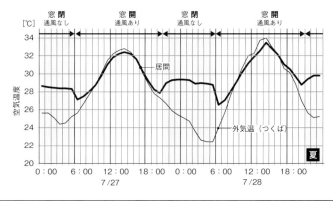

図3　「つくばの家Ⅰ」で壁面緑化がなく夜間換気をしない場合の室温変動。
同じ建物でも住まい方が違うと室内環境は大きく変わる

■シミュレーション概要

使用ソフト	Sim/Heat（建築環境ソリューションズ）
気象データ	拡張アメダス気象データ 標準年（茨城県つくば市長峰）
共　　通	内部発熱なし、換気回数0.5回/h
冬　　季	暖房はなしとした自然室温
夏　　季	窓開けをスケジュール入力した通風計算による自然室温

太陽・樹木・大地の
ポテンシャルを生かす

相模原の住宅
1992年

設計：野沢正光
所在：神奈川県相模原市
敷地面積：244.5m²
建築面積：115.8m²
延床面積：218m²
構造・規模：鉄骨造・地下1階、地上2階建て

太陽のエネルギー、敷地の高低差、敷地の真ん中にある大きな栴檀の木など、敷地のもつポテンシャルが読み解かれた「相模原の住宅」は、四季を感じ、環境を楽しみながら気持ちのよい暮らしが営まれている建築家の自邸。

　敷地中央にある栴檀の木を残すため、中庭を挟み2つの棟が配置されている。前面道路側の棟1階には玄関、2階には客間や風呂を配し、奥の棟の地階に書斎、1階に台所と居間、2階に寝室がある。中庭の木陰は、夏になると2つの棟に涼しさをもたらしている。

　2棟の南面の屋根の下に外気を通し太陽熱で暖められた空気を床下を経由して室内に入れ、換気しながら床暖房を行うOMソーラーシステムを採用している。夏はその暖気で湯をつくり給湯に利用している。太陽熱集熱と共に、暖かさを逃さないための断熱、それを長時間使う

ための蓄熱の組み合わせが慎重に検討されている。

　南北に1mほどの高低差のある敷地の特性を生かして、地盤の低い北側に向けて地下室の上部に開口部を設け、自然光を入れている。地下室の壁はコンクリート打放しとすることで地中熱を室内に伝える構造のため、1日を通して室温はほとんど変化せず、年間の変化もわずかである。仕事場である地下室は、夏になるとほかの居室に比べ大変涼しく、家族の避暑空間ともなっている。暗く静かで熱環境も穏やかな地下室は、家の中にある異質の空間として居住者を楽しませている。

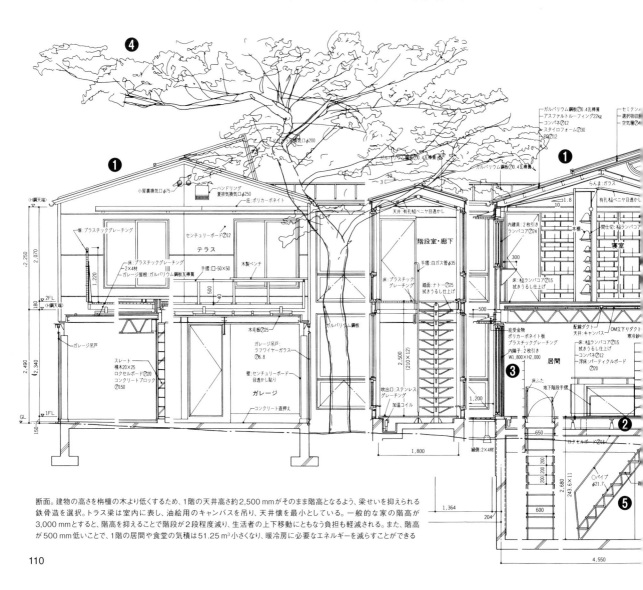

断面。建物の高さを栴檀の木より低くするため、1階の天井高さ約2,500mmがそのまま階高となるよう、梁せいを抑えられる鉄骨造を選択。トラス梁は室内に表し、油絵用のキャンバスを吊り、天井懐を最小としている。一般的な家の階高が3,000mmとすると、階高を抑えることで階段が2段程度減り、生活者の上下移動にともなう負担も軽減される。また、階高が500mm低いことで、1階の居間や食堂の気積が51.25m³小さくなり、暖冷房に必要なエネルギーを減らすことができる

屋根

集熱屋根 ❶

切妻屋根の南側全体が集熱屋根。素材は濃い色の鉄板による瓦棒葺きで、棟近くには強化ガラスが並べられている。野地板の下で断熱し、屋根材と野地板に挟まれた空間が通気層。小屋裏にある制御装置付きのファン（ハンドリングボックス）で軒先から外気を取り込み、通気層を通りながら暖められた高温の空気が、上下をつなぐダクトによって床下に送り込まれる。

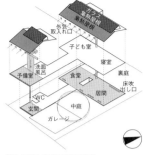

集熱屋根と床暖房室の構成

床

集熱空気が通る床下空間 ❷

1階の床材と断熱された土間コンクリートの間にある高さ250 mmの床下空間全体が暖気の通り道となり、集熱空気がそこに送り込まれる。暖かい空気は土間コンクリートに熱を伝えつつ、床材に設けられた吹出し口から室内に送り込まれる。暖気や土間からの放射によって、床表面温度は室温よりやや高くなるため、室温が比較的低くても快適感を得ることができる（60頁）。コンクリートは容積比熱が大きいため、集熱できない日没後は日中に蓄えた熱を緩やかに放出し室温の急激な低下を防ぐ。

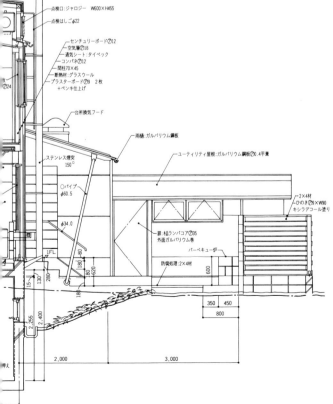

窓・壁

木製複層ガラスサッシと蓄熱壁 ❸

窓から逃げる熱を最小限にするため、設計当時はまだ珍しかった木製複層ガラスサッシを導入。大きな壁面積をもつ両妻側は、室内の仕上げなしのコンクリートブロックに熱を蓄えるために外側で断熱をし、室温調整を図っている。

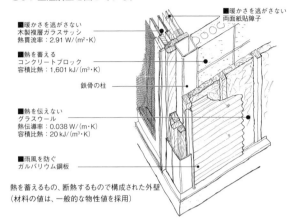

■暖かさを逃がさない
木製複層ガラスサッシ
熱貫流率：2.91 W/(m²·K)

■暖かさを逃がさない
両面紙貼障子

■熱を蓄える
コンクリートブロック
容積比熱：1,601 kJ/(m³·K)

鉄骨の柱

■熱を伝えない
グラスウール
熱伝導率：0.038 W/(m·K)
容積比熱：20 kJ/(m³·K)

■雨風を防ぐ
ガルバリウム鋼板

熱を蓄えるもの、断熱するもので構成された外壁
（材料の値は、一般的な物性値を採用）

緑

中庭の樹木 ❹

栴檀は落葉高木であり、万葉集に詠まれたほど古くから日本の暖地に自生している。春には淡紫色の五弁の花、秋には楕円形の実をつける。中庭に残された栴檀の木は、2棟をつなぐガラス張りの階段室や居間、寝室から見え、居住者に季節の移り変わりを伝える。

中庭に残された栴檀の木

土

地中熱を利用した地下室 ❺

地中に埋まった打放しコンクリートの壁は、地面の熱をそのまま内部に伝える。南北の高低差で地上に出た部分の壁には、室内側に断熱材を打ち込み、外部の熱を取り入れないようにしている。外気より温度の低い地下壁面の夏型結露対策として、梅雨時と夏季に自動排水装置付きの除湿器を稼働させ、空気中の水分量を調整している。

中庭と裏庭に挟まれた奥の棟1階の居間を食堂からみる。2つの庭に面することで、両面からの自然光で穏やかな明るさを保ち、夏は風通しが良い

「相模原の住宅」のサステナブルな歴史

1992年　12月 竣工
梅檀の木を残したので、近所の人に「木を伐らずに家を建てられよかったですね」と喜ばれる。

1992年　裏庭を菜園化し、コンポストを設置
紙ごみは裏庭で焼却処分し、生ごみは肥料化して野菜づくりに利用し、ごみを大幅に削減。
裏庭は、「相模原の住宅」の生活をまさに裏から支える重要なサービススペース。

1993年　暖炉を設置
建築時に予定していた暖炉を設置。狭い場所に多少無理をして設置したため、煙突が屋外に
長く露出し、極寒の時期には外部の冷気が煙突内を下降して煙が幾分逆流してしまった。暖
かい空気は軽く、冷たい空気は重いことを実感する体験となる。

1997年　エアコンを設置
室内からは姿がみえないように、腰窓下の収納を一部改修して吹出し口と吸込み口を設け、
床置き用のエアコンを家具内部に設置。

2002年　車庫の上を緑化
改修用に開発した鉄板製の屋上緑化パネルを実験的に設置。植物は現在も元気に生育中。

2005年　車庫の上に雨水タンクを設置
車庫の上の植物への散水に利用。

2007年　大規模修繕
竣工後16年を経て、木製の塀、木枠に溶接金物をつけた塀、屋外の木製テラス、外壁の塗装、
庇のない部分に設置した木製建具（ハンドルで障子を引き込む）は修繕が必要な状況となっ
た。一方、設計時には不安のあったシナベニヤの床材（ランバーコアに漆塗）、キャンバス
を貼った天井、壁用のアスロックを水平に敷いた玄関土間（集熱空気のダクトに使用）は、
思ったより傷まず改修は不要だった。
改修のテーマは、①老朽化した部分のメンテナンス、②当時は珍しかった木製複層ガラスサッ
シをアルゴンガス入りの低放射（Low-E）トリプルガラスの木製サッシに変更、③天井
懐が小さく夏に暑かった2階を改善するため、既存の屋根の上に屋根を架けて二重屋根とし、
夏の日射熱の影響を低減。併せて太陽集熱システムの一部である制御装置付きファンも最新
モデルに更新し性能改善を図った。

2008年　植栽日よけを育て始める
夕方の西日よけとして、裏庭に面した窓を覆うようにゴーヤで壁面緑化を試みる。

上：外観（竣工当時）。中央：緑化した車庫の屋上。
下：外観（2010年）。中庭の梅檀の木が生い茂る

樹木と地面を生かした夏の暮らし

　樹木の葉は日陰をつくり、また、光合成と蒸散作用によって、葉の表面が気温よりも低くなり、冷気が生み出される(66頁)。「相模原の住宅」では、中庭と裏庭に面した窓を風の入口と出口として利用し、樹木や植物で冷やされた風を居間や寝室に取り込むことができる。

　地面は、夏の間に熱をゆっくりとため、地中の温度が上がり始め たころに冬を迎えるため、半年ほどずれて温度が変化する。また、外気温が34℃になる暑い夏も、地面には冬の冷たさが残っており、地下室の空気温度は26℃程度で一定となる(図1)。

　地下室は、夏に外気温が27～35℃に変化し、地上の居室が29～34℃を推移するなかでも、25～26℃とほぼ一定している(図2)。

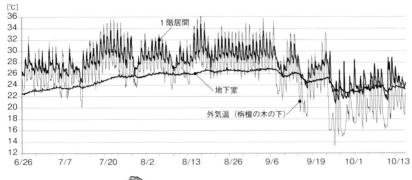

図1　「相模原の住宅」の夏の気温変化(6月26日～10月13日)。
二重壁や断熱材を使用しない地下室としたため、地面の温度変化と同様に半年季節がずれた温度変化をみせる地下室

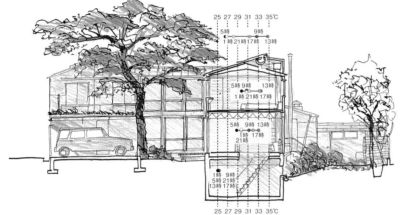

図2　外気、地下室、1階居間、2階寝室の日変動(2010年7月22日)。
地下室は地上の居室とまったく異なる熱環境。居住者は、地上を生活の場、地下は仕事や趣味の部屋として、環境の違いを生かして楽しみながら生活を営んでいる

太陽を生かすしくみ

　太陽からの日射は、紫外線、可視光線と赤外線に分けられる(22頁)。太陽光発電は可視光線を利用して電気をつくるシステムで、太陽熱利用はおもに可視光線と赤外線を利用して湯や高温の空気をつくるシステムである。

　冬季、住宅室内に求められる空気温度は18～23℃、湯の温度は30～60℃程度と比較的低温であるため、空気や水を媒体とした機械による集熱システム(図3、4)や、建物の形に工夫をして直接利用するダイレクトゲイン(51頁)などの手法によって、熱をまかなうことができる。

太陽の熱を効果的に集めるしくみ

　効果的に集熱するためには、材料の組み合わせに工夫が必要。たとえば、「相模原の住宅」の屋根材に用いた色の濃い鉄板は、日射吸収率が0.9と高く、高い集熱効果が期待できる。しかし、屋根面で外気に触れることで対流による熱損失もある。そこで、屋根材(鉄板)の上部にガラスを載せ、対流で熱が逃げることを防ぎ、空気をさらに高温にし、暖房や給湯として利用している(図5)。また、ガラスには日射は透過するが長波長放射は透過しないという特性があるため(22頁)、日射を透過して集熱しながらも、暖めた空気から放出される長波長放射は逃がさない。これをガラスの温室効果という。

図3　空気式の太陽熱暖房給湯システム(OMソーラーシステム)の例

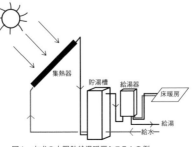

図4　水式の太陽熱給湯暖房システムの例

図5　浜松における晴天時の1月正午を例とした日射量と屋根集熱量の例(データ提供:OMソーラー)

住まいに2本の煙突を立てる

高間三郎（設備設計家）×野沢正光（建築家）

■意匠と設備、相互に手を伸ばし合う

——お二人は大高正人事務所で知り合って以来、意匠と設備、双方の情報を共有しながら設計していくプロセスを実践しておられますね。

高間 そうですね。大高さんは、意匠と設備の中間的人材が欲しいと言っていました。大高さんが勤めていた前川國男事務所がそういう考えだったんでしょう。そもそも設備と意匠を一緒に考えるというのは、外国では珍しいことではありません。

野沢 フランク・ロイド・ライトやアントニン・レーモンドもそういう人でした。レーモンド事務所にいた吉村順三さんも、同じ考えでした。

僕は学生時代、その吉村さんに学んだせいか設備好きで（笑）、設備的要素を含めて建築を考えたい。だから、意匠と設備の領域が重なったところに興味のない設備設計者とは話ができません。でも残念ながら、そういう人材はあまりいないので、大高事務所時代からずっと、高間さんと仕事をしてきているんです。

高間 奥村昭雄さんは、吉村さんの設備エンジニア的な存在でもありましたね。その代表作がNCRビル（1962年、103頁）。

野沢 奥村さんは、「吉村さんは設備系のことを考えるのがすごく好きだけど、あまり突っ込むと設計領域が広がりすぎて、設計の主題がぼやけてしまう。吉村さんは、そこができる人材を探していた」と言っていました。だから、自分がそれを引き受けようと思ったそうです。

高間 井上宇市先生[*1]は、建築家が伸ばした手を受けてくれるのが設備計画者で、設備のメカニズムの容量を決めるエンジニアを設備設計者、と定義していますね。でも設備計画者はあまりいない。

野沢 建築という箱の断熱性能や蓄熱をきちんと解析できなかった時代は、開口部をどうするか、どんな方法で空調するか、きちんと議論できなかったかもしれない。でもこの20～25年、いろいろなことができるようになったと思う。

高間 設計は戦略論です。デザイナーや施主が好むパターンを予測して、どのあたりで予算との折り合いをつけていくか。そのパズルを解いていく。

■出会いや体験に学ぶ

野沢 われわれの仕事は、技術者としての専門性を身につけていくと同時に、市民性を鍛えていくことがとても大事だと思う。豊かな空間の質や快適さを知らないと、そういうニーズには対応できない。

高間 僕は海外に行ったら、少し無理をしてでも、一番いいホテルに泊まるようにしています。蛇口やシャワーの出方がどうか、体験することが大切じゃないかと。

野沢 読書もそうだと思う。今の自分じゃ消化できそうもないような難しい本も一応読んでおく。少しだけ背伸びしてみる。

高間 代々木の国立屋内総合競技場（設計：丹下健三、1964年）など、その当時、活躍している建築家の仕事にかかわることができたことも、僕にとってすごくいい経験でしたね。

野沢 ポジティブな人たちと出会って、チームを組んで仕事をする。でも、それは運にも左右されますね。

高間 たしかに、ジョージ・レフ[*2]と出会えたのは運が良かった。30代前半のころ、ソーラーの第一人者である彼に「会いたい」と手紙を書いたら、会ってくれたんです。彼の作品を見せてくれて、「君はどう思うんだ」と聞いてくるすごくオープンな人でした。また、マルコム・ウェルズ[*3]にも手紙を書いて会いに行き、彼が手がけた地覆ソーラー住宅「ソラリア」などを見る機会にも恵まれました。雑誌『Progressive Architecture』で彼の作品を見て興味を抱いたのです。1970年代、彼らの取り組みは異端とみなされていま

したが、エコロジカルな建築に対するアプローチは、現代のわれわれに重要な視点を提供していると思います。

■豊かさをデザインする

——今は、将来が見えにくい時代だと思うんです。どういう方向に進むべきかわからない学生が多いのではないでしょうか。

野沢　社会にアンテナを張り、誰に会うべきか考え、自分で領域を切り開いていく。建築をやるなら、新しい領域を切り開くことを考えオリジナルな人生をつくるくらいの意識がないと。そういう意味では、環境系はグローバルに活躍できる可能性を秘めた領域でしょう。

高間　最近の住宅は、どんどんデジタル化されてきているから、ヴァーチャルなものをどう取り入れるべきか、僕らのテーマでもあります。でも最近、感性が抜け落ちたような人が増えているのが気になりますね。

野沢　人間が機械に囲まれるようになったのはたかだかこの200年くらいのこと。産業革命以前の人間は、もっと身体で生きていたと思うんです。

　吉村順三の軽井沢の家（1962年）には、煙突が2本あるんです。1つはボイラーのための煙突、もう1つは暖炉の煙突です。設備的に言えば、暖炉のほうはなくてもいいのかもしれない。しかし暖炉は、50万年前から刻み込まれた人間の身体の記憶を象徴するものなんですよ。僕らが人間であることを自覚するために、その煙突があるんです。

　考えてみると、ラルフ・アースキン[4]の自宅など多くの著名な住宅にも「2本の煙突」があることに気づきます。今後ヴァーチャルなものが発達してくると、「2本の煙突」、つまりそれが象徴する豊かさをデザインすることが、これまで以上に求められると思うんです。

（聞き手＝宇野朋子、北瀬幹哉、鈴木信恵、廣谷純子）

註
*1　建築設備工学博士（1918〜2009）。東京帝国大学卒業。早稲田大学戸塚キャンパス地域冷房（1953年）、国立屋内総合競技場（1964年）などの設備を設計。著書＝『空気調和ハンドブック』（丸善、1956年）ほか。
*2　コロラド州立大学教授（1913〜2009）。太陽熱研究者として、米国をはじめ東欧、アジア、アフリカなど世界各国のプロジェクトに参画。
*3　建築家（1926〜2009）。環境に優しい地下・地覆建築の設計、また多くの著作や講演などにより、環境建築の普及に取り組み「近代の地下建築の父」と呼ばれた。
*4　建築家（1914〜2005）。イギリス、スウェーデンを中心に設計活動を行う。チームXへの参画のほか、寒冷地における環境デザインなど国際的に活躍。

NEXT21（設計：大阪ガスNEXT21建設委員会、1993年）。大阪ガスによる実験集合住宅。高間氏は、計画当初から住棟全体の基本委員として参画。都市住居に適した設備、鳥のサンクチュアリなどについて検討した

ヴィラ・アースキン（設計：ラルフ・アースキン、1963年）。スウェーデン、ストックホルム近郊、湖を望む斜面に建つ自宅兼スタジオ。二重屋根による断熱や雪への対処など、寒冷地でのパッシブデザインが試みられた

人間と環境を
緩やかにつなぐ

人と自然（太陽、風、外気、景観）との距離が緩やかにここちよくつながる建築家の自邸である。新しい材料、構法、技術を積極的にバランス良く用いることで、ほどよい距離感をつくり出している。

アシタノイエ
2004年

設計：小泉雅生／小泉アトリエ＋メジロスタジオ
所在：神奈川県横浜市
敷地面積：281.00m²
建築面積：112.28m²
延床面積：142.39m²
構造・規模：木造・2階建て

「アシタノイエ」の敷地は東側の尾根道から西に下りる高低差3mの斜面上にある。尾根道と連続するように屋上緑化した屋根を設け、さらに2階の床へとつなぐことにより、宅地造成により壊された地形を建築物と一体化して再編集している。また、既存の樹木を囲む平面計画により、建築物に自然の変化を取り込み、周囲環境との関係も緩やかにつないでいる。

家族6人の異なる生活を支えるための距離感を大切に計画されている。平面・断面計画を自由にし、自然光があふれる空間との両立を実現するため、高断熱・高気密のみでなく、光壁、潜熱蓄熱体、極薄フローリング材などの採用、大開口を設けると共に家全体の色調を白系へ統一するなど、さまざまな試みが行われている。

地形断面

子室　子室　子室　浴室

居間　屋外デッキ（人工木材）

内庭

親室

外庭

玄関　外庭
クスノキ

1階平面

1階居間。リビング東側にある斜面デッキをレフ板として機能させ、室内に明るく優しい光を運び込んでいる。家全体の色調を白系とすることで、光の反射を利用して室内照度を均一化し、室内全体が柔らかく安定した光に包まれている。人工照明も内壁の欄間上部に上向きに配置し、天井面で光を反射させた間接照明をベースとしており、室内の照度は高くはないが、輝度が強い箇所が少なく、むしろここちよさを生み出している

❷　❶

❸

床

潜熱蓄熱体 ❸

木造住宅は熱容量が小さいため、温熱環境のバランスがとりづらく、室温変動が大きくなりがちである。「アシタノイエ」では不足しがちな熱容量を補うため、潜熱蓄熱体*を外壁と床全面に使用している。熱的バリアフリーを目指し、床暖房パネルの下に潜熱蓄熱体を入れることで床下へ逃げる熱を減らし、床暖房停止後にも放熱が持続するしくみとなっている。さらに、床仕上げには3mmの極薄フローリング材を使用することで、室内側へ熱を伝えやすくしている。

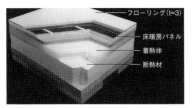

＊潜熱蓄熱体：ケーシングに充てんされた潜熱蓄熱材（PCM）が融解するときに熱を吸収し、凝固するときに熱を放出する建材

床断面サンプル

壁

高い断熱性能がもたらす暮らし

「アシタノイエ」は熱損失係数Q値が2.16 W/(m²·K)（令和元年省エネルギー基準、日射利用住宅、3地域相当）の断熱性能を有する。外皮の熱性能が高いため、温熱環境で制限されることなく、自由な平面計画を生かした生活が実現されている。

光壁 ❶

トロンブウォールの有効性は以前から謳われているが、日本で採用しにくい理由として貴重な採光を遮ることと直結している。「アシタノイエ」には進化した現代版のトロンブウォールが「光壁」として考案されている。「光壁」は外側から内側に向けて、真空複層ガラス、通気層、潜熱蓄熱体、有孔ケイ酸カルシウム板で構成されている。蓄熱部位として機能するだけでなく、潜熱蓄熱体を通して光が室内に入り込むため、障子のような柔らかい光が得られる。

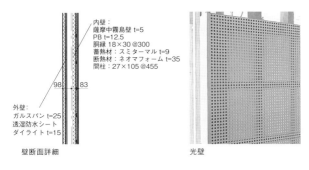

内壁：
薩摩中霧島壁 t=5
PB t=12.5
胴縁 18×30 @300
蓄熱材：スミターマル t=9
断熱材：ネオマフォーム t=35
間柱：27×105 @455

98 83

外壁：
ガルスパン t=25
透湿防水シート
ダイライト t=15

壁断面詳細　　光壁

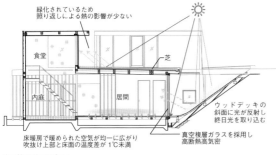

緑化されているため照り返しによる熱の影響が少ない

食堂

内庭

居間

ウッドデッキの斜面に光が反射し終日光を取り込む

床暖房で暖められた空気が均一に広がり吹抜け上部と床面の温度差が1℃未満

真空複層ガラスを採用し高断熱高気密

光と熱のダイアグラム

窓

開口率60.4% ❷

住宅の室内環境を安定させることだけを考えれば、住宅を閉じ、外界と室内を切り離してしまえばよい。その場合、断熱・気密上の弱点である開口部は小さく抑えられる。しかし、ここでは開口部のもつ「採光」「通風」「眺望」といった機能を人間生活に欠かせないものであるととらえ、60.4%もの開口率（床面に対する開口部面積）をとっている。ただし、熱的な弱さは十分に認識し、木製気密サッシ＋断熱性能の高い複層真空ガラス（0.8 W/(m²·K)）を用いることで開口部全体の断熱性能を向上させている。また、片引き窓にクレセントを左右2つずつつけることで気密性能を向上させている。

熱性能のバランス

　床・壁・天井の断熱化に加え、断熱上の弱点となりやすい開口部性能を上げることにより、Q値2.16W/(m²·K)（令和元年省エネルギー基準3地域相当）の断熱性能を有している。さらに、融点を23℃に設定した潜熱蓄熱材を積極的に使用し、エネルギー負荷を減らした熱環境コントロールを目指している。

■冬の室内温熱環境（2006年2月5日）
　外気温は-3.7℃まで低下したが、室温は11.6℃までの低下にとどまった。最高室温は18.0℃であり、断熱・蓄熱の相乗効果により温度変動が平準化している様子がみられた。

■夏の室内温熱環境（2006年8月5日）
　外気温は最高38.2℃まで上昇したが、室温は33.5℃までの上昇にとどまった。一方、明け方は外気温が23.7℃まで低下したが、室温は27.5℃で高温安定している。

　断熱性能の高い建物では、いかに室内の熱を放熱させるしくみをつくるかが課題である。

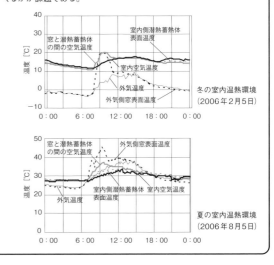

冬の室内温熱環境（2006年2月5日）

夏の室内温熱環境（2006年8月5日）

厳しい夏・冬に備えた
室内気候をつくる

夏は外気温30℃を超える日が約70日間、冬は深い積雪のある北陸・福井県の在宅医療チームの拠点である。RC外断熱工法と冷温水パネルによって室内気候の基盤をつくり、スタッフの住みこなしによって創造性の高い空間を形成している。

オレンジリビングベース
2017年

設計：上遠野建築事務所
環境計画：札幌市立大学斉藤研究室
所在：福井県福井市
敷地面積：496.62m²
建築面積：358.88m²（1階車庫含む）
延床面積：642.51㎡
構造・規模：鉄筋コンクリート造・3階建て

医師、看護師、ケアマネージャー、薬剤師など多領域の専門職からなる在宅医療チームの拠点である。スタッフが居場所を自由に選び、互いの専門領域を越えた思考や行動を生む創造性の高い空間になっている。

北陸地域の気候特性から、RC外断熱工法・冷温水パネルを採用し、通年で安定した室内気候を形成している。2階の事務室は北側の窓を大きく開放し（H=4,690mm）、隣家が接する南側はプライバシー確保と日射遮へいの目的から天井高が低く抑えられている（H=2,590mm）。北側では上下方向にわずかな温度差が生まれ、夏は北側下部から取り入れた外気が高窓を抜ける。

事務室には冷温水パネルのほか、補助用に薪ストーブ、エアコンが設けられている。夏は、冷水パネルを稼働しながら、自然換気をすることで心地よい「涼しさ」が得られる。高さ4mの冷温水パネルの水温は18～20℃（夏）、30～32℃（冬）程度で常時運転する

前面道路に開放的な北側外観

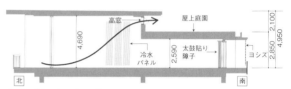

夏の自然換気＋放射冷房の様子

118

壁・窓

外断熱工法 ❶

壁体の断熱は、厚さ100mm（外壁）、150mm（屋根）とした。町家が立ち並ぶ周辺環境との調和を意図して、北側開口部は木製サッシ＋Low-E複層ガラス、南側開口部の外窓はアルミサッシ＋網入りガラス、内窓は樹脂サッシ＋Low-E複層ガラス＋太鼓張り障子の構成とした。さらに、屋上の一部を緑化し、南側バルコニーには防暑対策として外付けの簾を設けている。

設備

冷温水パネル ❷

2階の事務室中央には高さ4mの冷温水パネルを設け、夏はコンクリート内部に蓄冷、冬は蓄熱し、周壁から冷放射（夏）、温放射（冬）が放たれるよう計画されている。RC外断熱工法の利点、放射暖冷房の特性を踏まえ、春・秋には冷温水パネルを緩やかに運転し、必要に応じた窓開けによる通風・換気を併用することで、スタッフが自由に居場所を選択できる安定した室内環境を確保している。

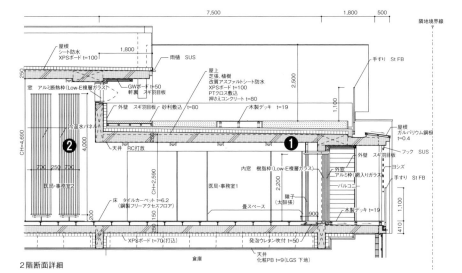

2階断面詳細

南面バルコニーの日射遮へい

季節に応じた住みこなしによる室内気候の形成

図1は夏季と冬季の外気温と2、3階の室温変動である。夏季は日中の外気温が30℃以上になる日が多いが、2階の室温は25〜27℃である。外気温が平均5℃前後の冬季でも、2階は21〜23℃を維持している。北側の窓面上部の庇が天空からの冷放射を遮るともに、外断熱による躯体の熱容量を生かすことによって、穏やかな温放射が得られる室内気候が形成されているのだ。

図2は、夏季7月初旬（冷水パネル稼働＋通風）のスタッフの居場所である。室中央の冷水パネル近傍にもたらされる冷放射と冷気流（ドラフト）が心地よいと感じるスタッフがいる一方、事務室中央はやや冷えるため北側の日射が当たらない場所を選び、窓からの風が心地よいと感じているスタッフもいる。図3は9月の状況で、外気温が夏よりも下がったため室中央の冷水パネルの運転を止め、通風だけに切り替えたところ、窓際で作業をするスタッフが現れていることがわかる。

現地でのインタビューを通じ、季節や設備の運転状況によってスタッフそれぞれが心地よい場所を選びリラックスして業務にあたっていること、さらに空間に対する悦びや愛着が創出されたことが確認できた。

● 涼しい　◆ 明るい　□ 落ち着く、仕事がしやすい
● 適温　　　　　　　○ 風が気持ちよい

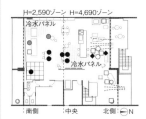

図2　夏季7月初旬（冷水パネル稼働＋通風）のスタッフの居場所

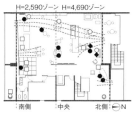

図3　夏季9月半ば（通風のみ）のスタッフの居場所

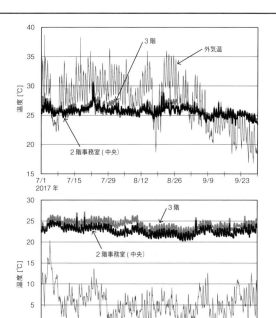

図1　「オレンジリビングベース」における外気温と室温の測定結果（2017年7〜9月〈上〉、12月〜2018年2月〈下〉）

参考文献：山本佳苗・増永英尚・紅谷浩之・上遠野克・斉藤雅也「『涼しさ』感を伴う夏の住みこなしプロセスの調査研究」『空気調和・衛生工学会北海道支部　第52回学術講演会』2018年。斉藤雅也・増永英尚・上遠野克「オレンジリビングベースの熱環境と住みこなし」『日本建築学会第49回熱シンポジウム予稿集』2019年

工業化住宅からバイオクライマティックデザイン住宅へ

須永修通

1. はじめに

バイオクライマティックデザイン（BD）は「地球環境保全」を強く意識するものであるから、1979年の省エネ法制定からの省エネ基準の変遷、ゼロ・エネルギー建築*、エネルギー自立住宅*、さらに昨今の居住者の健康性や快適性、意識・行動に対する配慮へと続くこれまでの潮流を理解し、実践していく必要がある。

住宅建築では、地域ごとに伝統・在来工法の住宅が数多くあり、また、建築家がデザインした作品が重要視されてきた。しかし性能面からみると、わが国で独自に大きく発展し、エネルギー自立住宅へと続く工業化住宅の果たした役割は大変大きい。ここでは、工業化住宅と住宅の環境性能向上の歴史を振り返り、現状を把握することで、未来のBD住宅へとつなげたい。

2. 工業化住宅と断熱基準

住宅メーカーが生産する工業化住宅は、大量生産され画一的なデザインとなることなどから一部の人からあまり好ましく思われない時代もあったが、耐震性などの性能面が優れており、日本の住宅の質の向上に大変大きな役割を果たしてきている。日本の住宅メーカー・工業化住宅の優秀さと販売数は、世界に類を見ない。

この工業化住宅の省エネルギーは、国の指針に沿って住宅関係業界が対応する形で進められてきた[*1]。契機は1973年のオイルショックで、この時から国内外で省エネ住宅の実用化研究が始まったが、わが国では、省エネルギー化（断熱気密化など）に対しても、国による認定制度が機能したために性能向上が進んだ。

住宅の省エネルギー基準は、1980年の最初の省エネ基準告示から、1992年（新省エネ基準）、1999年（次世代省エネ基準）に改定され、この1999年基準になって断熱性能は寒冷地域に関してはようやく西欧諸国に近い値となった（92〜95頁）。その後、2013年（H25基準）に大改定された。一次エネルギー消費量基準[**]が導入され、また、断熱性能は熱損失係数から外皮平均熱貫流率へ、夏期日射取得係数は冷房期の平均日射熱取得率へと変更された。さらに、2016年度（H28基準）にも窓枠の影響を日射熱取得率に考慮するなどの改定が行われた。

断熱性能については、2016年基準と1999年基準はほぼ同じである。この2016年基準は、図1のように、アメリカやフランスに比べ、温暖な地域（4〜7地域）では性能が低くなっている。昨今の地球温暖化対策の観点から住宅においてもさらなる省エネが必要であり、2015年にZEH（Zero Energy House）、2018年にZEH+、また2015年にHEAT20（G1、G2）基準が提案され、さらに2018年からはHEAT20（G3）が検討されている[**]。わが国では、5・6地域に全住宅世帯の7割が含まれるためこの地域の断熱基準を強化することの効果は大きい。

省エネ基準は努力義務であり拘束力がない（2020年義務化予定が延期）が、住宅建築関係者はこれらを遵守するのはもちろん、さらに高い性能を持たせるよう努力すべきである。また、国は早急に義務づける必要がある。

なお、1999年には、住宅の性能表示制度も開始され、断熱性能には3つの等級（等級4：1999年基準適合、等級3：同1992年、等級2：同1980年）がつけられた。

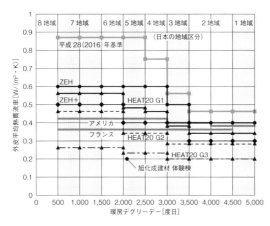

図1　住宅の断熱性能に対する基準の比較（「2020年を見据えた住宅の高断熱化技術開発委員会 HEAT20設計WGからの報告 2016〜2018年度」「環境共生イニシアチブ、平成31年度ZEH支援事業ほか公募要領」を参考に作成）

*建築内で使われる全エネルギーを対象としている。
**省エネ基準の一次エネルギー消費量やZEH、HEAT20などでは家電に使用されるエネルギーを含めていない。

3. 環境共生住宅認定制度*2

　ここで紹介する「環境共生住宅」は、建設省(現国土交通省)により1990年の「地球温暖化防止計画」の実施にともなって、建築・環境省エネルギー機構に設けられた研究会により研究開発・普及推進されてきたものである。この環境共生住宅の定義は、同機構のホームページに「地球環境を保全するという観点から、エネルギー・資源・廃棄物などの面で充分な配慮がなされ、また周辺の自然環境と親密に美しく調和し、住み手が主体的に係りながら、健康で快適に生活できるよう工夫された住宅、およびその地域環境」と示されている。

　環境共生住宅認定制度は、1998年にスタートしたもので、「環境共生住宅の普及を図ると同時に環境への配慮の重要性を広く啓発する」ことを目的としている。

　図2の認定制度の概念をみると、住宅の基礎の部分にある必須要件と、柱の部分にあたる提案類型の2つの要素から成り立っていることがわかる。認定されるためには、必須要件の4分野(類型)7項目のすべてを満たし、かつ、提案類型の2項目以上で、非常に優れた提案をする必要がある。必須要件は、たとえば省エネルギー性能では新省エネ基準(等級3)以上と最上位の性能ではないが、7項目すべてを満たすのは当時としてはなかなか難しいものであった。認定基準は2009年度に改定され、建築の評価制度CASBEE***が採り入れられている。

「個別供給型」「システム供給型」「団地供給型」の3つの型があるが、この制度でも工業化住宅(システム認定型)が主役であった。

***CASBEE(建築環境総合性能評価システム)は、(1)建築物のライフサイクルを通じた評価ができること、(2)「建築物の環境品質・性能(Q)」と「建築物の環境負荷(L)」の両側面から評価すること、(3)「環境効率」の考え方を用いて新たに開発された評価指標「BEE(建築物の環境性能効率:Building Environmental Efficiency)」で評価する、という3つの理念に基づいて開発された。BEEによるランキングでは、「Sランク(素晴らしい)」から、「Aランク(大変良い)」「B+ランク(良い)」「B-ランク(やや劣る)」「Cランク(劣る)」という5段階の格付けが与えられる(*2)。

4. 自立循環型住宅*3

　自立循環型住宅とは、①気候や敷地特性など立地条件と住まい方に応じて極力自然エネルギーを活用したうえで、②建物と設備機器の選択に注意を払うことによって居住性や利便性の水準を向上させつつ、③居住時のエネルギー消費量(二酸化炭素排出量)を2000年頃の標準的な住宅と比較して50%以上削減可能で、④2010年までに十分実用化できる住宅、と定義された。国土交通省国土技術政策総合研究所と建築研究所による、2001(H13)年度から4カ年にわたる研究・開発プロジェクトにより創出されたもので、その成果はガイドライン*3としてまとめられ、日本各地で講習会等が実施された。

　このガイドラインには、表1のように、設備技術を含む13の省エネルギー要素について、設計に有用な事例や情報と採用する手法による削減の程度(レベル0〜4など:手法によりレベルの数は異なる)が示されている。

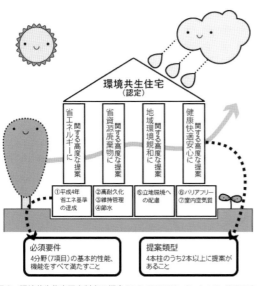

図2　環境共生住宅認定制度の概念(出典:建築環境・省エネルギー機構HP)

表1　自立循環型住宅で取り上げられている省エネルギー技術要素

削減対象のエネルギー用途	省エネルギー要素技術		
	自然エネルギー活用技術	建物外皮の熱遮断技術	省エネルギー設備技術
暖房	日射熱の利用	断熱外皮計画	暖冷房設備計画(暖房)
冷房	自然熱の利用	日射遮蔽手法	暖冷房設備計画(冷房)
換気	—	—	換気設備計画
給湯	太陽熱給湯	—	給湯設備計画
照明	昼光利用	—	照明設備計画
家電	—	—	高効率家電機器の導入
調理	—	—	—
電力	太陽光発電	—	—
水	—	—	水と生ゴミの処理と効率的利用

(出典:次世代省エネルギー基準解説書編集委員会編『住宅の省エネルギー基準の解説 3版』建築環境・省エネルギー機構、2009年)

5. ゼロ・エネルギー住宅／エネルギー自立住宅

2008年頃から世界中で二酸化炭素排出量削減への動きが加速した。わが国では、経済産業省や国土交通省などの主導でZEB(Zero Energy Building)に対する各種の研究委員会が開かれた。2009年12月には建築関連17団体が「建築関連分野の地球温暖化対策ビジョン2050」と題して、①新築建築について、今後10〜20年の間にカーボン・ニュートラル化を推進、②既存建築も含めたすべての建築で、2050年までにカーボン・ニュートラル化、③都市や地域、社会を含めたカーボン・ニュートラル化を推進する、とした提言を行った。

この提言で示されたゼロ・カーボン建築は、図3の1のように、建築の必要エネルギーを極力削減したうえで、運用時のエネルギーすべてを、二酸化炭素の増加に寄与しない再生可能エネルギーで賄うものである。また、カーボン・ニュートラル建築は、図3の2のように、運用時の一部のエネルギーを二酸化炭素を排出するエネルギーで賄うが、そのすべてを他の建築や地域で削減されたもの(排出権など)で賄うものを言う。ゼロ・エネルギー建築(住宅)は、ゼロ・カーボン建築を指すと考えられる。

また、ゼロ・エネルギー建築で、オンサイトでの再生可能エネルギーの利用(たとえば、太陽光発電量)が消費される量を上回る場合、その余剰二酸化炭素削減量を積算していくと、ついには建設時に排出した量を上回る。このような建築をゼロ・エミッション建築という。

ゼロ・エネルギー建築やゼロ・エミッション建築を達成するには、図4のように、さまざまな省エネ・創エネ手法を地域の気候に合わせ効率よく組み合わせる必要が

ある。これは、さまざまな手法のインテグレーションもしくはベスト・ミックスと呼ばれる。なお、これまでに出てこなかった手法で重要なものとしては、蓄熱(室温の変動を小さくする)、太陽熱給湯、蓄電システム、HEMS(Home Energy Management System)などがある。

これらのさまざまな手法のうち、筆者が最も重要と思っているのは断熱性能(特に窓)である。図5は超高断熱住宅の例で、外皮平均熱貫流率は0.2[W/㎡K](窓は約1[W/㎡K])であり、図1のようにHEAT20・G3の1・2地域の断熱性能レベルである。延べ床面積約130㎡であるが、暖房は2.5kW、冷房は4.0kWのエアコン1台で賄われ、年間の暖冷房エネルギー消費量は418kWh(年間暖冷費11,300円)と試算されている。太陽光発電を搭載すれば大幅なプラス・エネルギー住宅となる。

さらに、これらの住宅に十分な容量の蓄電池を組み合わせると、電力会社から電力を購入しなくとも生活ができるエネルギー自立住宅となる。実は、ゼロ・エネルギー住宅は1998年から[4]、電気自動車と組み合わせた(V2H)エネルギー自立住宅は2017年から[5]、住宅メーカーより市販されており、これらは省エネ基準に適合することから始まったメーカー各社の努力が結実した結果といえる。なお、蓄電池は、まだまだ高価であるが、2012年に補助事業が開始されており、また、太陽光発電の余剰電力買取制度の契約(10年間)が2019年度から順次終了となることから、今後普及していくものと思われる。

6. バイオクライマティックデザイン住宅へ

近年、ヒートショックや熱中症などの問題がクローズアップされている。住宅内の寒さ暑さによる健康影響については、古くから脳卒中の発生率が断熱性能の良い住宅では小さくなる[6]などの研究があったが、最近では断熱性能が良い住宅が普及している地域で冬季死亡率が少ない傾向がある[7]などの多くの研究が行われ、現在ではWHO(世界保健機関)から住宅内の最低室温を18℃以上にすることが提案されている[8]。

一方、全国webアンケート調査の結果[9]では、断熱性能の高い住宅では、「寒さや暑さで使いたくない部屋の割合が小さく、掃除や料理が億劫でない、活動的になる」などの意識や行動に関する多くの肯定的な回答が多い。また、図5の超高断熱住宅の宿泊体験者からも、「窓廻

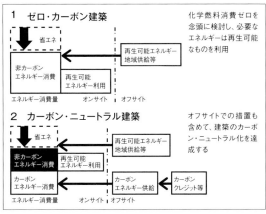

図3 ゼロ・カーボン、カーボン・ニュートラルの概念 (出典:建築関連17団体「建築関連分野の地球温暖化対策ビジョン2050」日本建築学会ホームページ、2009年)

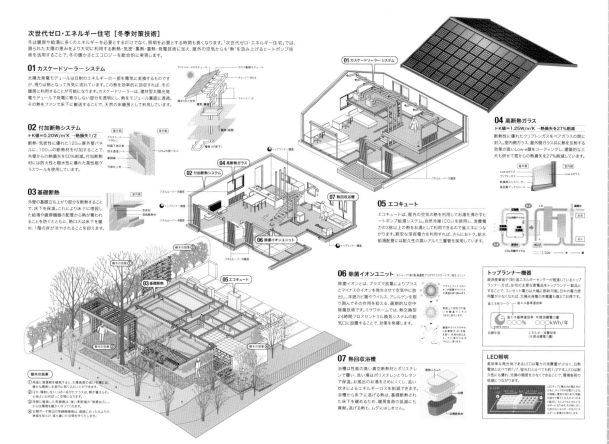

次世代ゼロ・エネルギー住宅 [冬季対策技術]

冬期暖房や給湯に多くのエネルギーを必要とするだけでなく、照明も必要とする時間も長くなります。「次世代ゼロ・エネルギー住宅」では、限られた太陽の恵みをより大切に利用する断熱・気密・集熱・蓄熱・発電技術に加え、屋外の空気からも"熱"を汲み上げるヒートポンプ技術を活用することで、冬の暖かさとエコロジーを総合的に実現します。

01 カスケードソーラー システム

太陽光発電モジュールは日射のエネルギーの一部を電気に変換するものですが、残りは熱となって外気に流れていきます。この熱を効率的に回収すれば、冬の暖房利用することが可能になります。カスケードソーラーは、建材型太陽光発電モジュールで発電に寄与しない部分を透明にし、熱をモジュール裏面に透過。その熱をファンで床下に搬送することで、天然の床暖房として利用しています。

02 付加断熱システム
▶K値=0.20W/m²K →熱損失1/2

断熱・気密性に優れた120mm厚外壁パネルに、100mmの断熱材を付加することで、外壁からの熱損失を50%削減します。付加断熱材には防火性と撥水性に優れた高性能グラスウールを使用しています。

03 基礎断熱

外壁の基礎立ち上がり部分を断熱することで、床下を保温。これにより床下へ埋設した給湯や暖房機器の配管から熱が奪われることを防ぐとともに、熱ロスは床下を暖め、1階の床が冷やされることを抑えます。

04 高断熱ガラス
▶K値=1.25W/m²K →熱損失が27%削減

断熱性に優れたクリプトンガスをペアガラスの間に封入。室内側ガラス、屋外側ガラス共に熱を反射する効果のあるlow-e膜をコーティングし、環境的な工夫も併せ持たせることでガラスの熱損失を27%削減しています。

05 エコキュート

エコキュートは、屋外の空気の熱を利用してお湯を沸かすヒートポンプ給湯システム。自然冷媒（CO₂）を使用し、消費電力の3倍以上の熱をお湯として利用できるので省エネにつながります。割安な深夜電力を利用すれば、さらにおトク。給水給湯配管には耐久性の高いアルミ三層管を採用しています。

06 除菌イオンユニット

除菌イオンとは、プラズマ放電によりプラスとマイナスのイオンを発生させて空気中に放出し、浮遊カビ菌やウイルス、アレルゲンを取り囲んでその作用を抑える、画期的な空中除菌技術です。ミサワホームでは、熱交換型24時間フロアセントラル換気システムの給気口に設置することで、効果を発揮します。

トップランナー機器

経済産業省や(財)省エネルギーセンターが推進しているトップランナー方式。住宅の主要な家電品をトップランナー製品とすることで、コンセント電力は大幅に節約可能。日中の電力使用量が少なくなれば、太陽光発電の恩恵も増えて実用的です。

07 熱回収浴槽

浴槽は性能の高い真空断熱材とポリスチレンで保温し、洗い場はポリスチレンとウレタンで保温。お風呂のお湯をさめにくくし、追い炊きによるエネルギーロスを削減できます。浴槽から床下に逃げる熱は、基礎断熱された床下を暖めるため、暖房負荷の低減にも貢献。逃げる熱も、ムダにはしません。

LED照明

高効率な発光素子であるLEDは電力の消費量が少なく、白熱電球と比べて約1/7、蛍光灯と比べても約1/2ですしEDは耐久性にも優れ、交換の頻度を少なくすることで、環境負荷の低減にもつながります。

図4 ゼロ・エミッション住宅での省エネ・創エネ技術の組み合わせ例。ミサワホーム「ライフサイクルCO₂ゼロ住宅」(出典：日本太陽エネルギー学会編『太陽／風力エネルギー講演論文集』日本太陽エネルギー学会、2009年)

りに結露がなくてビックリ、どの部屋に行っても温度差を感じない、コーヒーをいれて朝の時間をゆったり過ごせる」などの回答があり、高断熱住宅ではストレスの少ない生活を送れることがわかる。

　また、温熱性能の高い住宅においても、居住者の省エネや快適性などへの意識が高い家庭は、低い家庭より、通風をするなどの省エネ行動が多い[10]。これらの家庭

では省エネ行動を行うことによって、自分たちの生活を楽しんでいることがうかがわれる。

　このように、温熱性能の高い住宅とすることは、居住者の健康や意識・ライフスタイルにも良い影響をもたらし、さらに「悦び」を与えることになるといえる。

　このような「悦び」を演出することは建築家の仕事である。また、2016年基準を満たしていないものが約4,500万戸もある既存住宅は、ほぼすべて個別解となり、その改修にも、建築家の活躍が期待される。

註
*1　林基哉、須永修通、長谷川兼一「住宅建築のサスティナブル・デザインのためのTSS手法の開発」『住宅総合財団研究論文集』No.32、2006年、307〜318頁。
*2　環境・省エネルギー機構ホームページ。
*3　国土交通省国土技術政策総合研究所・建築研究所監修『自立循環型住宅への設計ガイドライン』建築・環境省エネルギー機構、2005年。
*4　ミサワホーム「HYBRID-Z」。
*5　積水化学工業「スマートパワーステーション"100% Edition"」。
*6　長谷川兼一ほか「脳卒中死亡に関連する住環境要因に関する調査研究」『日本建築学会環境系論文集』第768号、2020年、169〜176頁など。
*7　国土交通省「断熱改修等による居住者の健康への影響調査 中間報告（第3回）」2019年1月。
*8　"WHO Housing and Health Guidelines", 2018.
*9　旭化成建材 快適空間研究所『あたたかい暮らしのヒミツ』エクスナレッジ、2020年。
*10　須永修通ほか「高性能戸建住宅におけるHEMSと省エネルギー行動の効果」BECC JAPAN 2014.

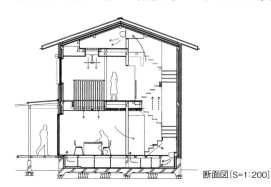

断面図[S=1:200]

図5 超高断熱住宅の例 気候区分5地域：茨城県猿島郡境町。断熱材は熱伝導率0.02W/mKのフェノールフォームで、屋根180mm、壁150mm、基礎100mm。窓は樹脂サッシ、ダブルLow-E3層ガラス。C値0.12cm²/m²。全熱交換全館換気システム（旭化成建材快適空間研究所「ネオマの家」）

資料編

1. 基準値

■室内環境基準

「建築物環境衛生管理基準」は、より高い室内環境を実現することを目指した、空気調和設備を設けている場合の室内空気環境の基準である。人の温冷感（快適性）には、温度、相対湿度のほかに、気流速度、放射温度や着衣量、代謝量の影響があり（35頁参照）、それらを含めて総合的に判断することが大切である。また、非空調空間では、年間の外気温度の変化によって快適な温度範囲が変化することも示されている。

基準項目	建築物環境衛生管理基準	学校環境衛生基準
温度	(1) 17℃以上28℃以下* (2) 居室内温度を外気温より低くする場合は、その差を著しくしないこと*	17℃以上、28℃以下であることが望ましい
相対湿度	40%以上 70%以下*	30%以上、80%以下であることが望ましい
気流速度	0.5 m/s 以下	0.5 m/s 以下であることが望ましい
浮遊粉じんの量	0.15 mg/m³以下	0.10 mg/m³以下であること
一酸化炭素の含有率	10 ppm（厚生労働省令で定める特例ではその数値）以下	10 ppm 以下であること
二酸化炭素の含有率	1,000 ppm（0.1%）以下	1,500 ppm（0.15%）以下であることが望ましい
ホルムアルデヒドの量	0.1 mg/m³（0.08 ppm）以下	0.10 mg/m³以下であること

* 空気調和設備を設けている場合。

■化学物質の使用制限

シックハウス対策として規制を受ける化学物質は、クロルピリホス（シロアリ駆除剤）とホルムアルデヒド（接着剤、塗料に含まれる）である（建築基準法第28条の2第三号、同施行令第20条の5）。クロルピリホスが添加された建築材料は、居室を有する建築物には使用できない。ホルムアルデヒドを発散する建築材料は、内装材への使用制限と換気設備の設置が義務付けられる（換気量の計算は31頁参照）。

建築材料の区分	JIS, JASなどの表示記号	ホルムアルデヒドの発散速度	内装仕上げの制限
建築基準法の規制対象外	F☆☆☆☆	5μg/(m²·h)以下	制限なしに使える
第三種ホルムアルデヒド発散建築材料	F☆☆☆	5μg/(m²·h)超〜20μg/(m²·h)以下	使用面積が制限される
第二種ホルムアルデヒド発散建築材料	F☆☆	20μg/(m²·h)超〜120μg/(m²·h)以下	
第一種ホルムアルデヒド発散建築材料	旧E_2, Fc_2 または表示なし	120μg/(m²·h)超	使用禁止

■温熱快適性

上下方向の温度差や放射の不均一は温熱快適性に影響する。暑熱環境では気温が30℃程度までは気流速度の増加により、対流と蒸散による放熱が増え、快適性が増す。ただし、強すぎる気流は不快を招く。また、相対湿度が高い場合は蒸発が抑えられる（33頁参照）。

基準項目	推奨基準	備考
上下温度分布	足下と椅座（床上1.1 m）の温度差は3℃以内とする 床温26℃、頭部22℃程度が局部温冷感の中立（暑くも寒くもない）温度。「頭寒足熱」を示している	ASHRAE（アメリカ冷房冷凍空調学会）による基準 堀祐治博士論文「不均一熱環境における快適性評価とその予測手法に関する研究」2000年
不均一放射	冷たい窓面などの不均一性の限界は、面放射温度のベクトル差で10 K 以内とされている	ASHRAE による基準
床暖房の床温	床暖房時を含む床温の推奨範囲は 19〜29℃とされている 床温は 30℃以下とする（低温やけどを防ぐため）	ASHRAE による基準
夏季に好まれる気流速度	0.2〜1m/s が好まれる気流速度とされている 風速が速い場合は長時間当たらないようにする	

■推奨輝度比*

輝度 [cd/m²] は、光を目で見たときの光量であり、みかけの面積あたりの光度である。対象物の輝度に対して周りの輝度が高い場合、視認性が低下する。視野内の輝度分布は均一な方が望ましい。ただし、輝度比が全くない場合は退屈な空間に感じる（22頁参照）。

輝度比の種類	住宅	事務所	工場
作業対象と周囲との輝度比	3:1〜1:1	3:1〜1:1	3:1〜1:3
作業対象とやや離れた面との輝度比	5:1〜1:5	5:1〜1:5	10:1〜1:10
照明器具、窓とそれに隣接する面との輝度比	—	—	20:1〜1:1

玄関ホールでは昼間の屋外自然光による数万ルクスの照度に目が順応していると、ホール内部が暗く見えるので、照度を高くすることが望ましい。

* 出典：IES, IES Code for Interior Lighting, 1973.

■窓の大きさの基準

居室には採光を得ることのできる開口部を設ける必要がある。基準開口率は、採光に必要な開口部の、床面積に対する割合（建築基準法第28条、同施行令第19条）。照度を確保できる照明設備があれば緩和される。

建築物の種類と対象となる部屋	基準開口率
幼稚園・小学校・中学校・高等学校・認定こども園(教室)*1、保育所・認定こども園(保育室)	1/5
住宅(居室)、病院・診療所(病室)、寄宿舎(寝室)、下宿(宿泊室)、児童福祉施設等*2(寝室・主たる用途の居室)	1/7
病院・診療所・児童福祉施設等*2(談話室)	1/10

*1　適切な照明設備があれば、1/7などの緩和措置がある。

*2　児童福祉施設、助産所、身体障害者社会参加支援施設、保護施設、婦人保護施設、老人福祉施設、有料老人ホーム、母子保健施設、障害者支援施設、地域活動支援センター、福祉ホーム、障害福祉サービス事業の用に供する施設のこと(建築基準法施行令第19条)。

■推奨照度*1

照度 [lx] は、受照面の光量であり、受照面に入る受照面積あたりの光束であらわす。安全かつ快適な視環境の実現のために必要とされる照度である。推奨照度とそれに対応する設計照度の範囲が示されている（例えば推奨照度750 lxでは、設計照度の範囲は500〜1,000 lxなど）。

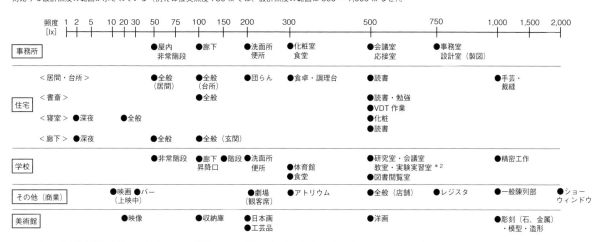

JISで規定する照明設計基準。作業または活動について、基準面における維持照度の推奨値。推奨照度は、基準面の平均照度。床上0.8 m(机上視作業)、床上0.4 m(座業)、床または地面のいずれかを基準面と仮定。推奨照度は、JIS Z 9110-1979の範囲から単一値(推奨照度)に改訂。

例）事務所：300〜750 lx (1979版)から750 lx (2010版)に変更。住宅では、それぞれの室用途に応じて全般照明と局部照明を併用することが望ましい（図中の「全般」は最低限確保すべき照度）。

*1　JIS Z 9110:2010より抜粋。

*2　教室およびそれに準ずる場所の照度の下限値は300 lx。また、教室および黒板の照度は500 lx以上が望ましい(文部科学省告示第60号)。

■室内騒音に関する騒音レベル*

人の聴覚は、音の周波数によって感度が異なり、低音ほど感度が低い。騒音レベル（dB）は、その特性を補正して人の感じる音の程度をあらわしたものであり、A特性音圧レベルともいう。室内の騒音レベルは、日本建築学会の推奨値として、1級（◎）建築学会が推奨する性能、2級（○）一般的な性能水準、3級（×）やむを得ない場合に許容される性能が示されている。室内の暗騒音が小さい（静か）場合は、より低いランクの騒音レベルが求められる。

騒音レベル dB(A)	20	25	30	35	40	45	50	55	60
自室内の騒音の聞こえ方		ほとんど聞こえない	非常に小さく聞こえる	小さく聞こえる	聞こえる	多少大きく聞こえる	大きく聞こえる	かなり大きく聞こえる	非常に大きく聞こえるうるさい
会話への影響					支障なし	十分可能	普通の会話は可能		声を大きくすれば可能
集合住宅				寝室・居間◎	○	×			
ホテル			客室・宴会場・会議室◎	○	×				
				レストラン・ロビー◎	○	×			
					物販店舗◎	○	×		
オフィス			役員室・会議室・個室◎	○	×				
				オープン事務所◎	○	×			
					計算機室◎	○	×		
学校			教室・職員室・図書室◎	○	×				
		講堂・音楽室◎	○	×					
				体育館◎	○	×			
病院			病室(個室)◎	○	×				
			病室(複床室)◎	○	×				
教会				礼拝堂◎	○	×			
放送局	ラジオスタジオ◎ アナウンスブース◎	テレビスタジオ◎	○	×					
			調整室◎	○	×				
録音スタジオ	◎	○	×						
コンサートホール・オペラハウス		◎	○						
劇場・多目的ホール		◎	○						
映画館・美術館・博物館			◎	○	×				
展示場				◎	○	×			
商業建物				デパート◎	○	×			
				スーパーマーケット◎	○	×			

*　日本建築学会編『建築物の遮音性能基準と設計指針　第二版』(技報堂出版、1997年)を参考に作成。

2. 物性値

■熱伝導率・比熱

熱伝導率 [W/(m・K)] は材料の厚さあたり、両面の温度差あたりの熱流量（W）をあらわす。同じ厚さでは、熱伝導率が小さいものほど熱抵抗 [m²・K/W] が大きく、断熱性能が高い。一般に密度の小さい材料の方が熱伝導率は小さい。また、一般に断熱材と呼ばれるものは、熱伝導率が 0.05 W/(m・K) を下回る素材である。比熱 [J/(kg・K)] は材料の質量あたりの熱容量 [J/K] である。比熱と密度の積は容積比熱 [J/(m³・K)] といい、材料の体積あたりの熱容量である（26、27 頁参照）。

［一般材料］*

材料名		熱伝導率 [W/(m・K)]	密度 [kg/m³]	比熱 [J/(kg・K)]	備考
セメント コンクリート レンガ	セメントモルタル	1.5	2,000	800	
	コンクリート	1.6	2,200	880	
	軽量骨材コンクリート　1 種	0.81	1,900	1,000	
	軽量骨材コンクリート　2 種	0.58	1,600	1,000	
	軽量気泡コンクリートパネル（ALC）	0.19	500〜700	1,100	JIS A 5416
	コンクリートブロック（重量）	1.1	2,300	780	
	コンクリートブロック（軽量）	0.53	1,500	1,100	
	押出セメント板	0.40	1,900	1,130	
	レンガ	0.62	1,650	840	
	かわら・スレート	1.0	2,000	750	
岩石・土壌	岩石	3.1	2,800	860	
	土壌	1.0	1,500	2,300	
金属類	銅	370	8,300	390	
	アルミニウム	210	2,700	880	
	鋼	55	7,900	460	
	鉛	35	11,400	129	
	ステンレス鋼	15	7,400	470	
ガラス プラスチック ゴム	フロートガラス	1.0	2,500	770	
	アクリルガラス	0.20	1,050	1,470	
	PVC（塩化ビニル）	0.17	1,390	1,680	
	ポリウレタン	0.30	──	1,500	
	FRP（繊維強化プラスチック）	0.26	1,600	1,200	
木質系 木質繊維材	天然木材　1 種	0.12	700	1,200	ヒノキ、マツ、エゾマツなど
	〃　　2 種	0.15	530	1,200	マツ、ラワンなど
	〃　　3 種	0.19	920	1,200	ナラ、サクラ、ブナなど
	合板	0.16	550	1,300	
	木毛セメント板	0.13	565	1,880	
	木片セメント板	0.15	600	1,680	
	ハードボード	0.17	900	1,370	JIS A 5905
	パーティクルボード	0.15	550	1,300	JIS A 5908
	MDF（中質繊維板）	0.12	600	1,370	
	CLT パネル（直交集成板）	0.12	360	1,600	
せっこう	せっこうボード	0.22	750	1,100	JIS A 6901
	せっこうプラスター	0.60	1,900	880	
壁	漆喰	0.74	1,300	1,100	
	土壁	0.69	1,300	880	
	京壁	0.68	1,300	880	
床材ほか	畳床	0.15	230	1,300	
	タイル	1.30	2,400	840	
	カーペット類	0.073	400	840	
	アスファルト類	0.11	1,000	920	

＊　出典：建築研究所『平成 28 年省エネルギー基準に準拠したエネルギー消費性能の評価に関する技術情報（住宅）』2021 年。日本建築学会編『建築設計資料集成 1 環境』丸善、1978 年。日本熱物性学会編『新編 熱物性ハンドブック』養賢堂、2008 年。空気調和・衛生工学会編『空気調和設備 計画設計の実務の知識』オーム社、1995 年。宮野秋彦『建物の断熱と防湿』学芸出版社、1981 年。空気調和・衛生工学会『試して学ぶ熱負荷 HASPEE』2021 年。断熱建材協会『断熱建材ガイドブック』2017 年。一部変更のうえ作成。

[断熱材]

材料名			熱伝導率 [W/(m·K)]	密度 [kg/m³]	比熱 *1 [J/(kg·K)]	備考
繊維系断熱材	グラスウール断熱材	通常品	10-50	0.05 以下	10±2	840	JIS A 9521：2017
			16-45	0.045 以下	16±2		
			24-38	0.038 以下	24±2		
			40-36	0.036 以下	40±4		
			64-35	0.035 以下	64±6		
			96-33	0.033 以下	96±9		
		高性能品	HG16−38	0.038 以下	16±2	840	JIS A 9521：2017
			HG24−36	0.036 以下	24±2		
			HG32−35	0.035 以下	32±4		
			HG40−34	0.034 以下	40±4		
			HG48−33	0.033 以下	48±4		
	吹込み用グラスウール断熱材	天井	LFGW1052	0.052 以下	10 以上	840	JIS A 9523：2016
			LFGW1852		18 以上		
		屋根・床・壁	LFGW2040	0.040 以下	20 以上	840	
			LFGW3540		35 以上		
			LFGW4036	0.036 以下	40 以上		
	ロックウール断熱材		LA	0.045 以下	24 以上	840	JIS A 9521：2017
			MA	0.038 以下	30 以上		
			HA	0.036 以下	60 以上		
	吹込み用ロックウール断熱材	天井	LFRW2547	0.047 以下	25 以上	840	JIS A 9523：2016
		屋根・床・壁	LFRW6038	0.038 以下	60 以上		
プラスチック系断熱材	ビーズ法ポリスチレンフォーム断熱材		1号	0.034 以下	30 以上	1,300*2	JIS A 9521：2017
			2号	0.036 以下	25 以上		
			3号	0.038 以下	20 以上		
			4号	0.041 以下	15 以上		
	押出法ポリスチレンフォーム断熱材		1種 b A	0.040 以下	20 以上	1,300*2	JIS A 9521：2017
			2種 b A	0.034 以下	25 以上		
			3種 a A	0.028 以下			
			3種 b D	0.022 以下			
	硬質ウレタンフォーム断熱材		1種 1号	0.029 以下	35 以上	1,700*2	JIS A 9521：2017
			2種 1号 A	0.023 以下	35 以上		
			2号 A	0.024 以下	25 以上		
			3号	0.027 以下	35 以上		
			4号	0.028 以下	25 以上		
	吹付け硬質ウレタンフォーム断熱材		A種1	0.034 以下	36*2	1,700*2	JIS A 9526：2015
			A種3	0.040 以下	15*2		
	ポリエチレンフォーム断熱材		1種	0.042 以下	10 以上	1,300*2	JIS A 9521：2017
			2種	0.038 以下	20 以上		
			3種	0.034 以下	10 以上		
	フェノールフォーム断熱材		1種 1号 A	0.022 以下	45 以上	1,700*2	JIS A 9521：2017
			3号 E	0.018 以下	15 以上		
			2種 1号	0.036 以下	45 以上		
			2号	0.034 以下	35 以上		
			3号	0.028 以下	25 以上		
			3種 1号	0.035 以下	13 以上		
木質繊維系断熱材	A級インシュレーションボード			0.058 以下	350 未満	1,800	JIS A 5905
	タタミボード			0.056 以下	270 未満		
	シージングボード			0.067 以下	400 未満		
	吹込み用セルローズファイバー断熱材	天井	LFCF2540	0.040 以下	25 以上	1,800	JIS A 9523：2016
		屋根・床・壁	LFCF4540		45 以上		
			LFCF6040		60 以上		

容積比熱 [J/(m³・K)] ＝比熱 [J/kgK]×密度 [kg/m³]

＊1　出典：日本建築学会編『建築学便覧 1』丸善。
＊2　出典：設計用最大熱負荷計算法改訂小委員会『試して学ぶ熱負荷 HASPEE』空気調和衛生工学会。

[その他]

名称	熱伝導率 [W/mK]	密度 [kg/m³]	比熱 [kJ/kgK]
水（10℃）	0.60	998	4.2
氷	2.20	917	2.1
雪	0.060	100	1.8
空気（静止）	0.022	1.3	1.0
水蒸気	0.020	──	──

[新素材]

材料名	熱伝導率 [W/mK]	密度 [kg/m³]	概要
真空断熱材（VIP）	0.002～0.005	──	ガスバリアフィルムの内部を真空にすることで空気による熱伝導をかぎりなくゼロに近づけた、断熱材。芯材は、真空状態にした特殊なグラスウール。課題は端部の熱橋や経年変化など
エアロゲル	0.012～0.014	110～120	軽量で高い断熱性能をもつ半透明の素材。可視光透過率は95～97%（厚 800mm）

■空気層（中空層）の熱抵抗 *

空気層では、伝導、放射、対流と移流による熱移動があり複雑であるため、空気層の熱移動の全体を一体として、熱抵抗［m²·K/W］として扱うことが多い。熱抵抗値は、密閉性の高い場合に大きく、厚さが2cm程度までは厚みがあるほど大きくなり、2cm程度を超えるとほぼ一定となる。

種類	空気層の厚さ da[cm]	熱抵抗 [m²·K/W]*²
工場生産で気密なもの	2以下	0.09×da
	2以上	0.18
上記以外のもの	1以下	0.09×da
	1以上	0.09

* 出典：建築研究所『平成28年省エネルギー基準に準拠したエネルギー消費性能の評価に関する技術情報（住宅）』2021年。

■透湿率・透湿抵抗*¹

材料内での湿気（水蒸気）の移動は、熱移動と同じように考えることができる。透湿率［kg/(m·s·Pa)］は材料の厚さあたり、両面の水蒸気圧差あたりの水分流量［kg/s］をあらわし、熱伝導率［W/(m·K)］に対応する。湿気伝導率ともいう。透湿抵抗［m²·s·Pa/kg］は、熱抵抗［m²·K/W］に対応する。

[一般材料]

材料名			透湿率 [kg/(m·s·Pa)] /10¹²	厚さ [mm]	透湿抵抗 [m²·s·Pa/kg] ×10⁸	備考
コンクリート セメント れんが	モルタル	密度 2,120[kg/m³]、水セメント比 50%、調合 1：1	1.62	25	150	
	コンクリート		2.98	100	336	
	軽量気泡コンクリートパネル(ALC)	表面処理なし	37.9	100	26.4	
	重量コンクリートブロック	重量=18.2kg	7.2	200	280	
	軽量コンクリートブロック	重量=12.2kg	7.7	200	260	
せっこう	せっこうボード		39.7	12	3.0	
	せっこう系天井材	化粧せっこう	7.8	9	12	
左官材料	漆喰	密度 1,560[kg/m³]	52.1	12	2.3	
	土壁	塗装なし	20.7	100	48.3	
焼成品	窯業系サイディング		2.1	12	58	
木質系 木質繊維材	木質ボード(OSB)		0.594	12	200	測定湿度 25%RH
	ファイバーボード(MDF)		3.96	12	30	測定湿度 25%RH
	軟質繊維板		18.8	12	6.4	測定湿度 25%RH
	マツ	密度 400[kg/m³]	2.74	12	44	測定湿度 40%RH
	スギ(心材)		1.49	20	130	測定湿度 40%RH
	スギ(辺材)		4.00	20	50	測定湿度 40%RH
	合板		1.11	12	110	測定湿度 25%RH
無機系 ボード系	ケイ酸カルシウム板		52.1	24.7	4.74	
	ガラス繊維強化セメント(GRC)板		——	——	350	
	難燃木毛セメント板		80	24	3	JIS A 5404
	断熱木毛セメント板		39	24.2	6.2	
通気層	通気層＋外装材(カテゴリーⅠ)	外壁：通気層厚さ18mm以上			8.6	
	通気層＋外装材(カテゴリーⅡ)	外壁：通気層厚さ18mm以上(通気経路上に障害物がある場合)、通気層厚さ9mm以上 屋根：通気層厚さ18mm以上	——	——	17	
	通気層＋外装材(カテゴリーⅢ)	外壁：通気層厚さ9mm以上(通気経路上に障害物がある場合) 屋根：通気層厚さ9mm以上	——	——	26	
塩ビ壁紙	一般ビニル壁紙(普通品)		——	0.5	160	
	通気性壁紙		——	0.5	38	
	発泡性壁紙		——	1.4	110	
床材	ビニル床シート(クッションフロア D0)	発泡層あり		2.8	1,400	
	ビニル床シート(クッションフロア P0)			1.8	460	
	カーペット(ビチュメン下地)				230	
	カーペット(PVC 下地)				300	
天井材	ロックウール系天井材	ロックウール吸音板	5.9	12.5	21	
	ロックウール系天井材(表面塗装あり)	エマルジョン塗装	——	12	2.4	
	インシュレーション天井材(エンボス塗装)	軟質繊維板 A 級	——	12.5	8.6	
	せっこう系天井材	化粧せっこう	7.8	9	12	
防湿材	ポリ塩化ビニルフィルム		——	0.5	2,400	
	ビニルシート		——	0.2	380	
	防湿クラフト紙：グラスウール用		——	——	80	
	フォームスチレンペーパー	密度 80～130kg/m³		1.4	67.2	
	アスファルトフェルト	20kg/ 巻	——	——	24	
	アスファルトフェルト	22kg/ 巻	——	——	1,440	
	透湿防水シート	透湿防水シート A	——	——	1.9*²	JIS A 6111：2004
	住宅用プラスチック系防湿フィルム	A 種	——	——	820	JIS A 6930：1997
	〃	B 種	——	——	1,440	JIS A 6930：1997

	材料名		透湿率	厚さ	透湿抵抗	備考
塗膜	エナメル2回塗り		——		390〜200	
	ラッカー2回塗り		——		40〜30	
	アルミニウムペイント2回塗り		——		140	
	アスファルト系アルミナペイント		——		80	
	ビニル系プラスター壁刷毛塗り2回		——		24	
	ビニル系杉板刷毛塗り2回		——		52〜62	
	塩化ゴム系杉板刷毛塗り2回		——		72〜76	
	フタール系杉板刷毛塗り2回		——		57〜80	
	防湿塗膜	ロンコート吹付 3kg/m²	——		290	
	防湿塗膜	ロンコート吹付 2kg/m²	——		240	
	防湿塗膜:(防湿処理剤塗布)	ロンコート吹付 2kg/m²	——		870	
透湿シート	寒冷紗				0.48	
	不織布			25	1.44	
繊維系断熱材	グラスウール・ロックウール		170	100	5.9	
	セルローズファイバー		155	100	6.5	
プラスチック系断熱材	ビーズ法ポリスチレンフォーム	1号	3.6	25.0	69.0	JIS A 9521：2017[3]
	〃	2号	5.1	25.0	48.8	
	〃	3号	6.3	25.0	40.0	
	〃	4号	7.3	25.0	34.5	
	押出法ポリスチレンフォーム	1種・2種・3種	3.6	25.0	69.0	
	硬質ウレタンフォーム	1種1号・2号	4.6	25.0	54.1	
	〃	1種3号	5.6	25.0	44.4	
	〃	2種	1.0	25.0	250.0	
	〃	3種	4.6	25.0	54.1	
	ポリエチレンフォーム	1種1号	0.8	25.0	333.3	
	〃	1種2号	1.3	25.0	200.0	
	〃	2種	0.8	25.0	333.3	
	〃	3種	3.8	25.0	66.7	
	フェノールフォーム	1種1号・2号	1.5	25.0	166.7	
	〃	1種3号	2.5	25.0	100.0	
	〃	2種・3種	3.6	25.0	69.0	

*1　出典：防露設計研究会編、池田哲朗監修『住宅の結露防止』学芸出版社、2004年。

*2　透湿性（透湿抵抗）[m²・s・Pa/μg]を[m²・s・Pa/kg]に単位換算した数値。

*3　透湿抵抗は、厚さ25mmあたりの透湿係数[kg/(m²・s・Pa)]の逆数を求め、有効数字となるよう四捨五入した数値。透湿率は、厚さ25mあたりの透湿係数[kg/(m²・s・Pa)]に0.025mを乗じて有効数字2桁となるよう四捨五入した数値。

■表面の湿気伝達抵抗*

表面近傍の湿気伝達抵抗は熱伝達抵抗に対応する。また、壁などの透湿に比べて極めて小さい。

気流速度[m/s]	湿気伝達抵抗[(m²・s・Pa)/ng]
0.1	39×10⁻⁶
0.5	24×10⁻⁶
1.0	19×10⁻⁶
2.0	16×10⁻⁶

*　出典：防露設計研究会編、池田哲朗監修『住宅の結露防止』学芸出版社、2004年。

■ガラスの日射熱取得率[1]

日射熱取得率は、壁体などの室外側面に入射する日射に対する、透過する日射と、壁体に吸収されたのちに室内側に伝達される熱流の和の割合である。ガラスの室外側に遮蔽物があるほうが、室内側にあるよりも効果的に日射を遮蔽でき、日射熱取得率が小さい（55頁参照）。

ガラスの仕様		日射熱取得率（垂直面）[2]		
		付属部材なし	和障子	外付けブラインド
三層複層	2枚以上のガラス表面にLow-E膜を使用したLow-E三層複層ガラス	日射取得型　0.54	0.34	0.12
		日射遮へい型　0.33	0.22	0.08
	Low-E三層複層ガラス	日射取得型　0.59	0.37	0.14
		日射遮へい型　0.37	0.25	0.10
	三層複層ガラス	0.72	0.38	0.18
二層複層	Low-E二層複層ガラス	日射取得型　0.64	0.38	0.15
		日射遮へい型　0.40	0.26	0.11
	二層複層ガラス	0.79	0.38	0.17
	単板ガラス2枚を組み合わせたもの[3]	0.79	0.38	0.17
単層	単板ガラス	0.88	0.38	0.19

*1　出典：建築研究所『平成28年省エネルギー基準に準拠したエネルギー消費性能の評価に関する技術情報（住宅）』2021年。

*2　数値は枠などの影響がない開口部の値であり、枠が木製・樹脂製建具の場合は数値に0.72を乗じ、枠が木製・樹脂製と金属製の複合材料建具、金属製熱遮断構造、金属製建具の場合は数値に0.8を乗じる。

*3　中間部にブラインドが設置されたものを含む。

■開口部の熱貫流率（U値）*1

開口部の熱貫流率［W/(m²・K)］は、ガラスの枚数と空気層の数、空気層のガスの封入の有無、空気層の厚さ、ガラスの低放射膜（Low-E 膜）の有無、建具の材料により異なる。ガラスの断熱性能が高くても、金属建具などでは、建具が熱橋となり結露が生じる恐れがある。

部位	建具の仕様		ガラスの仕様	中空層の仕様（アルゴンガスの有無・厚さ[mm]）	熱貫流率 [W/(m²・K)]
窓	木製または樹脂製		2 枚以上のガラス表面に Low-E 膜を使用した Low-E 三層複層ガラス	7 以上	1.60
			Low-E 三層複層ガラス	ガスあり（6 以上）・ガスなし（9 以上）	1.70
			Low-E 複層ガラス	ガスあり（12 以上）・ガスなし（10 以上）	1.90
				ガスあり（8 以上 12 未満）	2.33
				ガスあり（4 以上 8 未満）・ガスなし（5 以上 10 未満）	2.91
			遮熱複層ガラス／複層ガラス	10 以上	2.91
				6 以上 10 未満	3.49
			単板ガラス	——	6.51
	木製と金属製の複合 樹脂製と金属製の複合		Low-E 複層ガラス	16 以上	2.15
				ガスあり（8 以上 16 未満）・ガスなし（10 以上）	2.33
				ガスあり（4 以上 8 未満）・ガスなし（5 以上 10 未満）	3.49
			遮熱複層ガラス／複層ガラス	10 以上	3.49
				6 以上 10 未満	4.07
	金属製熱遮断構造		Low-E 複層ガラス	ガスあり（8 以上）・ガスなし（10 以上）	2.91
				ガスあり（4 以上 8 未満）・ガスなし（6 以上 10 未満）	3.49
			遮熱複層ガラス／複層ガラス	10 以上	3.49
				6 以上 10 未満	4.07
	金属製		Low-E 複層ガラス	ガスあり（8 以上）・ガスなし（10 以上）	3.49
				ガスあり（4 以上 8 未満）・ガスなし（5 以上 10 未満）	4.07
			遮熱複層ガラス／複層ガラス	10 以上	4.07
				4 以上 10 未満	4.65
			単板ガラス 2 枚を組み合わせたもの *2	12 以上	4.07
				6 以上 12 未満	4.65
			単板ガラス	——	6.51
扉	枠：木製 戸：木製断熱積層構造		三層複層ガラス	12 以上	2.33
			Low-E 複層ガラス	10 以上	2.33
				6 以上 10 未満	2.91
			複層ガラス	10 以上	2.91
			ガラスのないもの	——	2.33
	枠：金属製熱遮断構造 戸：金属製断熱フラッシュ構造		Low-E 複層ガラス	ガスあり（12 以上）	1.75
			ガラスのないもの	——	1.75
	枠：金属製熱遮断構造、木製と金属の複合 または樹脂製と金属製の複合 戸：金属製断熱フラッシュ構造		Low-E 複層ガラス	10 以上	2.33
				6 以上 10 未満	2.91
			複層ガラス	10 以上	2.91
			ガラスのないもの	——	2.33
	枠：金属製熱遮断構造 戸：金属製断熱フラッシュ構造		Low-E 複層ガラス／ 10 以上、複層ガラス／ 12 以上、ガラスのないもの		3.49
	枠：指定なし	戸：木製	複層ガラス／ 4 以上 ガラスのないもの		4.65
		戸：金属製フラッシュ構造			4.07
		戸：金属製ハニカムフラッシュ構造			4.65

*1　出典：建築研究所『平成 28 年省エネルギー基準に準拠したエネルギー消費性能の評価に関する技術情報（住宅）』2021年。
*2　中間部にブラインドが設置されたものを含む。

■材料表面の日射吸収率および長波長放射率 *1

材料の吸収率（放射率）*2 は、短波長域（光）から長波長域（熱）までを含む日射と長波長域の赤外線（熱）では異なる。一般に、明るい色の材料・光沢のある材料ほど日射吸収率が小さく、反射率が大きい。長波長放射率（吸収率）は、金属のように艶のある材料以外は 0.9 程度である。

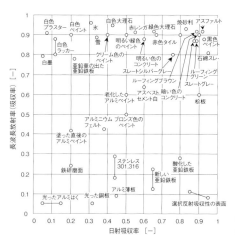

*1　小原俊平、成瀬哲生作製。出典：日本建築学会編『建築設計資料集成 1 環境』丸善、1978年。
*2　それぞれの波長における放射率と吸収率は等しい。

■材料の透過性状と透過率 *

材料の可視光の透過性状を示す。透過性状が拡散で透過率が高いほど、室内の均斉度（23頁参照）が高くなる。

材 料		透過性状	透過率 [%]
ガラス類	透明ガラス（垂直入射）	透 明	90
	透明ガラス	〃	83
	すりガラス（垂直入射）	半透明 半拡散	75〜85
	すりガラス	〃	60〜70
	型板ガラス（垂直入射）	半透明	85〜90
	型板ガラス	〃	60〜70
	みがき網入りガラス	透 明	75〜80
	普通網入りガラス	半透明	60〜70
	吸熱ガラス	透 明	50〜75
	乳白すきがけガラス	拡 散	40〜60
	全乳白ガラス	〃	8〜20
	ガラスブロック（目地付）	〃	30〜40
	吸熱ガラスブロック（目地付）	〃	25〜35
	写真用色フィルター（淡色）	透 明	40〜70
	写真用色フィルター（濃色）	〃	5〜30
紙類	トレーシングペーパー	半拡散	65〜75
	トレーシングクロス、薄美濃紙	〃	50〜60
	障 子 紙	拡 散	35〜50
	白色吸取紙	〃	20〜30
	新 聞 紙	〃	10〜20
	模 造 紙	〃	2〜5
	ざ ら 紙	〃	1〜2
布類・その他	透明ナイロン地	半透明	65〜75
	薄地白木綿	〃	2〜5
	淡色薄地カーテン	拡 散	10〜30
	濃色薄地カーテン	〃	1〜5
	厚地カーテン	〃	0.1〜1
	遮光用黒ビロード	〃	〜0.00
	透明アクリライト（無色）	透 明	70〜90
	透明アクリライト（濃色）	〃	50〜75
	半透明プラスチック（白色）	半透明	30〜50
	半透明プラスチック（濃色）	〃	1〜10
	大理石薄板	拡 散	5〜20

断りのない限り拡散光入射

* 出典：小木曽定彰「室内環境計画」『新訂 建築学大系 22』彰国社、1969 年。

■各種防熱ガラスの垂直入射分光透過率 *

普通板ガラスは赤外線域（長波長）の光の透過率が高く、冬季の室内からの放射による熱損失が大きい。低放射（Low-E）ガラスは可視光の透過率が普通ガラスと変わらないが、赤外線域（長波長）の放射率が低いことで、日射取得や眺望を保ちつつ室内からの放射による熱損失を抑えることができる。

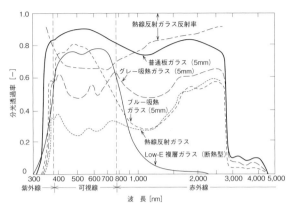

* 『建築環境工学 I ー日照・光・音ー』より一部変更のうえ作図。

■入射角別の普通（透明）板ガラスの反射率、吸収率、透過率 *

ガラスの外側にあたった直達日射は、10％程度がガラスに吸収され、ガラスの温度上昇となり、その後ガラス内外に放熱される。直達日射のガラスの透過量は、ガラスへの入射角が小さい（垂直に近い）ほど大きく、内部への熱負荷・熱取得の影響が大きい。

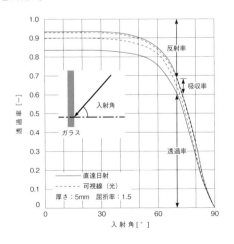

■入射角別の窓ガラスの透過率 *

ガラスの表面状態により、入射する日射や可視光の量が変わる。拡散性の高いガラスは、入射角が小さい場合も透過率が低くなる。

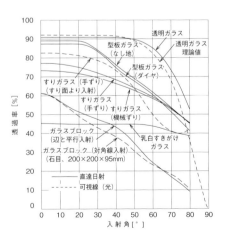

* 出典：松浦邦男、高橋大弐『建築環境工学 I ー日照・光・音ー』朝倉書店、2001 年。

131

３.測定機器と測定方法

■屋外環境要素

実際に計測する際には、測定器の取り扱いに注意する。たとえば、日射計や風速計は日射や風がさえぎられない高い位置、温湿度計は 1.5 m 程度の高さで日射が直接あたらないような工夫が必要である。移動計測では、測定器を設置したポールなどを利用するとよい。同時に複数点を計測する場合は、時間による環境変化に注意する。

測定対象	専門的な測定器	簡易的な測定器*
乾球温度	通風筒付き乾湿計	メモリー付温湿度計
湿球温度（湿度）		
法線面直達日射量	直達日射計	デジタル照度計
水平面全天日射量	全天日射計	
風向	風向風速計	吹き流し(78頁参照)
風速		ベーン型風速計
放射量	夜間放射計	——
降水量	転倒枡雨量計	——
降雪量	積雪深計	——
紫外線量	紫外線強度計	魚眼レンズ・紫外線日よけチャート

* 簡易的な測定器は種々あるが、ここでは比較的安価なものを紹介している。複数の要素をまとめて測定する気象観測システムには、気象庁等で用いている高精度のもののほか、安価（数十万円）なものもある。

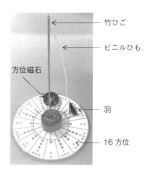

高さ 1.5 ～ 2.0m 程度のポール

①日射量：全天日射計
②気温・相対湿度：温湿度センサー
③データロガー、GPS
　（保冷バック等に入れて保護）
④風速：熱線式風速計
⑤風向：風向検知器（右）

右：風向検知器。ポール（上図）に取りつけた台の上に設置。計測地点で方位磁石を使って北を合わせ、1～2分観察して主風向を特定する

竹ひご
ビニルひも
方位磁石
羽
16方位

■室内温熱環境要素

測定対象	専門的な測定器	簡易的な測定器
乾球温度	アスマン乾湿計 熱電対(温度)* 湿度センサー	メモリー付湿度計
湿球温度（湿度）		
気流	超音波風速計 熱線風速計 多点風速計	ベーン型風速計
表面温度	赤外線放射カメラ 熱電対	放射温度計
代謝（活動量）	ヒューマンカロリーメーター ダグラスバッグ	一覧表の利用
着衣量	サーマルマネキン	一覧表による加算

* 一般的なものはT熱電対（銅・コンスタンタン）。日射などの影響を小さくし、測定対象の温度に近づけるために線径の300倍以上の長さ（線径0.2 mmなら6 cm以上）、被覆をはいで使用する。

■室内光環境要素

測定対象	専門的な測定器	簡易的な測定器
照度	照度計	メモリー付照度計
輝度	輝度計	——

■天空率・放射環境

魚眼カメラを利用すると、天空や周囲からの放射の影響を見積もることができる。魚眼写真（正射影）の面積割合は、形態係数に対応する。下左の写真では、空の部分の面積割合が天空率となる。右図では、舗装面からの放射の影響が大きいことがわかる。

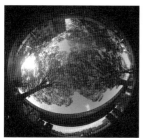

樹木
舗装

魚眼写真。上面（左）、正面（右）

■紫外線量

放射日よけチャート（左）により紫外線量を見積もることができる。魚眼レンズで撮影した天空写真とチャートを重ねた（右）ときの天空部分の点数が紫外線量に対応する。真上に設けられた日よけによって紫外線が遮られていることがわかる。

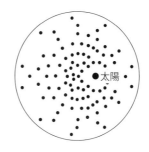
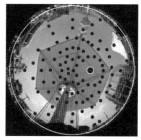

●太陽

日よけチャート（左）と天空写真（右）。

出典：川西利昌『紫外線・熱中症を防ぐ日除け』技報堂出版、2012年。T. Kawanishi, "UV Shade Chart", Proceeding of UV Conference, Davos, Switzerland Sep. 2007.

■空気質

測定対象	専門的な測定器	簡易的な測定器	備考
二酸化炭素	空気質測定器	北川式ガス検知管	北川式ガス検知管は、さまざまなガスに対応した検知管がある。その場でガス濃度が確認できる
一酸化炭素			
粉塵	粉塵計	――	
VOC (ホルムアルデヒドなど)	空気質測定器 エアーサンプラー	北川式ガス検知管 パッシブ型採取機器	エアーサンプラーによって採取した気体を、ガスクロマトグラフィーなどで分析 パッシブ型採取機器は、一定時間放置後、専門の機関に分析を依頼する
臭気	臭気計	ハンディタイプ	
カビ 腐朽菌	エアーサンプラー	拭き取り採取	エアーサンプラーにより空気中の浮遊菌を採取し、培養して分析 菌を拭き取り採取し、培養し、分析する

■エネルギー消費量

測定対象	供給会社の測定器	専門的な測定器	簡易的な測定器	備考
電力	電力量計(電気メーター)	電力量計	電力量計(コンセントタイプ)	電力量は(簡易的に)クランプメーターにより電流を計測し、コンセントの電圧 (100 Vなど)をかけることで計算できる
ガス	ガスメーター	流量計	タイマー機能付デジタルカメラ	供給会社のメーターを定期的に読み取る(タイマー機能付カメラで撮影) 請求書記載の使用量を日数補正して月積算値とする
水道	水道メーター	流量計		

メモリー付温湿度計(左)、温湿度CO₂濃度計(右)　デジタル照度計

ベーン型風速計

熱線風速計

放射温度計

輝度計

北川式ガス検知管

粉塵計

電力量計(コンセントタイプ)

電力量計(電気メーター)

ガスメーター

水道メーター

4.気象データ

対象 地域	名称	地点数	気象要素・備考
日本	地上気象観測(気象庁)	約150	気圧、気温、湿度、風向、降水量、積雪の深さ、降雪の深さ、日照時間、日射量、雲、視程、大気現象など(無償)
	地域気象観測(AMeDAS)(気象庁)	約840	降水量・風向・風速、気温、日照時間、積雪深・日射量、降水量のみを加えると約1,300地点(無償)
	拡張アメダス気象データ(株式会社気象データシステム)	約840	気温、絶対湿度、全天日射量、大気放射量、風向、風速、降水量、日照時間
	NEDO日射量データベース閲覧システム(NEDO MET PV)	837	日射量、日照時間、風向・風速、気温、降水量、積雪深(無償)
世界	NNDC Climate Data Online (米国海洋大気庁 NOAA)	10,000 以上	気温・露点・気圧・視程・風速・降水量など(無償)
	EnergyPlus Weather Data (U.S.Department of Energy's(DOE))	2,100 以上	EnegyPlus用の気象データ。気温・湿度・風速・日射量など(無償)
	WEADAC(Weather Data for Air-Conditioning)(株式会社気象データシステム)	3,726	熱負荷計算に必要な世界の気象データを作成するプログラム
	パッシブ気候図(クアトロ)	842	外気温・日射量・風向風速・湿度(一部無償)

5.単位換算表

■比熱

J/(kg・K)	kcal/kg・℃
1	2.389×10^{-4}
4.186×10^3	1

■熱伝導率

W/(m・K)	kcal/(h・m・℃)
1	2.389×10^{-4}
1.163	1

■温度

t(℃)=T(K)−273.15
t(℉)=1.8t(℃)+32

■熱流

W	kcal/h	cal/s
1	8.600×10^{-1}	2.389×10^{-1}
1.163	1	2.778×10^{-1}
4.186	3.6	1

■熱量

J=W・s	kcal	kW・h
1	2.389×10^{-4}	2.778×10^{-7}
4.186	1	1.163×10^{-3}
3.600×10^6	8.600×10^2	1

■圧力

Pa	mmHg	kgf/cm²
1	7.501×10^{-3}	1.012×10^{-5}
1.333×10^2	1	1.360×10^{-3}
9.807×10^4	7.356×10^2	1

■熱伝達率・熱貫流率・熱伝達係数

W/(m²・K)	kcal/(h・m²・℃)
1	8.600×10^{-1}
1.163	1

索引

あとがき

　環境配慮を意図した建築デザインのコンセプトはこれまでに種々提示されており、それぞれのコンセプトに倣って設計された建築物も多く存在する。『建築家なしの建築』[*1]で紹介されているヴァナキュラー・アーキテクチャーは気候・風土の必然性に密接した原始的な事例であるが、建築物の環境への適応能力を垣間見ることができる。また、化石エネルギーを使わずに自然のポテンシャルを積極的に活用して、レベルの高い室内環境形成を意図したパッシブデザイン・アーキテクチャーや、建物を取り巻く環境も含めて、エネルギー・物質の循環系の中で環境負荷を最大限抑制し、豊かな建築環境を創出することを目指す環境共生住宅など、いずれも環境への適応や環境配慮を中核とした建築デザインの可能性を秘めている。

　本書で着目している「バイオクライマティックデザイン（以下、BD）」の思想は1960年代に提唱されていたといわれている[*2]。本書では、BDを改めて定義しているが、現在からBDの魅力を俯瞰すると、その他の環境配慮を目指した建築デザインのコンセプトを包括し、より上位の概念に位置づけられることに気づく（本書8頁、「バイオクライマティックデザインとは」参照）。BDは、環境配慮のための建築デザインとして、目指すべき本質をとらえている。

　BDの手法そのものは決して目新しいものではないが、デザインに向かうプロセスに新規性を見出すことができる。つまり、本書で主張しているBDには、建築空間で身近に生じる物理現象やそれらの魅力を当事者が理解し、より良い建築環境にシフトさせるべく手がかりをみつけ、それらを実践していくことの意義を、設計者と使用者の互いが気づくべきだ、という思いが現れている。また、別の視点から見ると、与条件としての気候条件を含む周辺環境、シェルターとしての建築物、人間のふるまい、これら三者の相互作用の結果として建築環境が形成されるわけだが、三者を適切にバランスさせることを意識して建築をデザインすれば、必然的に環境配慮につながることに期待している。

　さらに、BDのコンセプトには、人間も自然環境の一部であることを認識しているところに特徴がある（本書10頁、「バイオクライマティックデザインがめざすもの」参照）。シェルターとしての建築物に内在されている人間のふるまいや感覚に、環境配慮のコンセプトの成否が託されている。現代は利便性が高く、使用者が建築物の環境調整のしくみを理解していなくとも、簡単な操作であらゆることが制御可能になりつつある。しかしながら、そもそも建築環境は人間のふるまいとの

相互作用によって形成され、人間も自然環境の一部と考えると、シェルターとしての建築物は人間の身の丈にあったデザインが求められる。したがって、より良い建築環境をつくるためには、建築空間に内在された人間のふるまいや感覚さえも、環境配慮のカギになるわけである。

　本書は、執筆に携わった筆者一同が時間をかけて議論した成果の一部であると共に、BDの真価を世に問う大きな一歩を踏み出すきっかけとなった。BDが広く認知されることを切望する。

長谷川兼一

註
＊1　B.ルドフスキー『建築家なしの建築』渡辺武信訳、鹿島出版会、1984年。
＊2　V. Olgyay, *Design with Climate, bioclimatic approach to architectural regionalism*, Princeton University Press, 1963.

編集後記

　このプロジェクトは、委員一同が「バイオクライマティックデザイン（BD）とは何だろうか？」という戸惑いを抱えながらスタートしました。そんな中、「みつける・つくる」といったキーワードが生まれ、気候・光・熱・風・人間というカテゴリーと共に、1・2章のビジュアルページのサンプルができたことで、本書の方向性と共に、BDの定義が明確になりました。とはいえ、その先も山あり谷ありの進行でしたが、バイオクライマティックデザイン小委員会主査である須永修通先生、企画刊行小委員会の主査である長谷川兼一先生の大きな包容力と的確なアドバイスに支えられ、若手の建築環境工学の研究者と意匠設計者が自由にアイデアを出し、議論を深めながら進めてきました。約3年間、委員一同で「どのように表現すれば、BDをわかりやすく伝えられるか」と考え続け、提案し続けた集大成が本書になります。バイオクライマティックデザインの概念を用いることで、意匠設計と建築環境工学をつなぎ、まさにタイトル通りの「設計のための建築環境学」を学ぶ教科書ができました。執筆にご協力いただいた委員会所属以外の先生方には心よりお礼申し上げます。

　最後になりますが、今までに例のない（と自負している）本書が生まれたのは、神中智子（彰国社）という編集者あってのことです。表現方法に苦しむ私たち委員と共に悩み、考え、いろいろな提案をいただき今日まで導いてくれました。委員を代表し、感謝の意を表します。

2011年4月　廣谷純子

写真・図版提供

アーバン・ファクトリー　藤江 創　61図13・14

淺田秀男　22図2

旭化成建材快適空間研究所　123図5

アトリエブンク　65図8

五十嵐淳建築設計事務所　50図1・2

岩浪 睦　118

大岡龍三　31図9

大坪沙弥香　22図3、23図6・7・9、24下、25下、27図3・5、28中央、29下、33下、35図8、85図12

上遠野建築事務所　104上、105図面、119上図面

金子尚志　72図4・5、73図8、103写真、107写真、108下

北瀬幹哉　102下3点、108上2点、111下、112下

熊本県立大学辻原研究室　79図4、80図8、81図11・12

熊本県立大学辻原研究室＋細井研究室　79図5

栗原宏光　106

小泉アトリエ　116上、117図面

小玉祐一郎　107図面

酒井宏治／GRAYTONE　64図7

須永修通　53図10

彰国社写真部　57図7、100上、102上、111上、112上・下上、116下、117写真

髙田眞人　132上写真・下左2点

高間三郎　115上

大建工業　77図9

谷口 新　45図12左

辻原万規彦　78図1・2、81図10

筒井英雄　115下

東京理科大学井上隆研究室　55図3

野沢正光建築工房　110、111右上図面、112下中央、113図2

橋村 明（上遠野建築事務所）　104下、105右上・左下写真

深澤大輔　82図1、85図11

ポラス暮し科学研究所　77図11

丸口弘之（黒松内町立黒松内中学校）　62図1

ミサワホーム　69図9〜11

ミサワホーム総合研究所　53図12・13、123図4

安田雄市　72図6

山本育憲　36写真、37写真

＊上記および本文中に特記なきものは、担当執筆者（2頁）の提供による。

作図協力：大坪沙弥香

設計のための建築環境学　第2版
みつける・つくるバイオクライマティックデザイン

2011年 5 月10日　第 1 版 発 行
2021年 4 月10日　第 2 版 発 行

編　者　日　本　建　築　学　会
発行者　下　出　雅　徳
発行所　株式会社　彰　国　社

162-0067 東京都新宿区富久町8-21
電話 03-3359-3231(大代表)
振替口座　　00160-2-173401

自然科学書協会会員
工 学 書 協 会 会 員

Printed in Japan

Ⓒ日本建築学会　2021年
ISBN978-4-395-32165-0　C 3052　https://www.shokokusha.co.jp

印刷：壮光舎印刷　製本：ブロケード

著作権者と
の協定によ
り検印省略